Horst Hamm   —   Fremdgegegangen – freigeschrieben

BS-Remittende

Horst Hamm

Fremdgegangen – freigeschrieben

Eine Einführung in die
deutschsprachige Gastarbeiterliteratur

Königshausen & Neumann

Das Umschlagbild von Jordan Pop-Iliev ist dem Bildband *Die in der Fremde arbeiten ...* (hrsg. v. B. Gesthuisen u. T. Jerman) entnommen. Wir danken dem Trikont- Verlag (Duisburg) für die freundliche Abdruckgenehmigung.

CIP-Titelaufnahme der Deutschen Bibliothek

Hamm, Horst:
Fremdgegangen — freigeschrieben : e. Einf. in d. deutschsprachige Gastarbeiterliteratur / Horst Hamm. — Würzburg : Königshausen u. Neumann, 1988
ISBN 3-88479-357-8

© Verlag Dr. Johannes Königshausen + Dr. Thomas Neumann, Würzburg 1988
Umschlag: Hummel / Homeyer
Satz und Druck: Königshausen + Neumann — Bindung: Triltsch, Würzburg
Alle Rechte vorbehalten
Auch die fotomechanische Vervielfältigung des Werkes oder von Teilen daraus
(Fotokopie, Mikrokopie) bedarf der vorherigen Zustimmung des Verlags
Printed in Germany
ISBN 3-88479-357-8

Carl Pietzcker gewidmet

Sich vorzustellen, daß wer weiß wie viele Millionen aus diesem Land nach Kanada, den Staaten auswandern, wo es doch umgekehrt sein müßte. Ohne Unterlaß, als wäre es ein Ritual, wiederholt sich die Austreibung aus dem Paradies, sie müssen im Schweiß ihres Angesichts ihr Brot essen. Davor wird alle theoretische Gesellschaftskritik überflüssig.
Theodor W. Adorno

Inhalt

Vorwort	9
I. Vom Auswanderungs- zum Einwanderungsland	14
1. Deutschland — ein Auswanderungsland	14
2. Vom Auswanderungs- zum Einwanderungsland	18
3. Vom Untermenschen zum Gastarbeiter	22
II. Literarische Gehversuche	29
1. Die schreibenden Italiener	32
2. Die schreibenden Türken	40
III. Literatur der Betroffenheit — authentische Literatur	48
IV. Heimat: Wunsch- und Trugbild	55
1. Ursachen der Heimatlosigkeit	55
2. Die literarische Gestaltung	59
a) Ursachen der Migration	59
b) Deutschland — das gelobte Land	62
c) Die Vertreibung aus dem Paradies	64
d) Der Wirklichkeit auf der Spur	67
e) Die Verklärung der Heimat	70
f) Ernüchterung	82
V. Auf der Suche nach Identität	88
1. Die erste Generation	88
2. Die zweite Generation	90
3. Schreiben als Lebenshilfe	96
4. Die literarische Gestaltung	99
a) In zwei Sprachen leben	99
b) Die Sehnsucht der zweiten Generation	101
c) Die erste Generation: Politisches Schreiben als Selbstrettung	107
d) Sprache als Waffe	114

VI. Ausländer raus — ein neues Feindbild nach altem Muster 119
   1. Rassismus made in Germany 119
   2. Das wütende Selbst: Fixpunkt der Projektion 121
   3. Ausländerfeindlichkeit in der Bundesrepublik 123
   4. Literatur als Waffe 129
      a) Betrieblicher Alltag 129
      b) „Judenfrage" neu gestellt 135
      c) Von der Unmöglichkeit friedlichen Zusammenlebens ... 136
      d) „Und nun schieben sie uns ab" 139

VII. „Frauen, die sterben, ohne daß sie gelebt hätten" 144
   1. Frauen in der türkischen Gesellschaft 146
   2. Türkische Frauen in der Fremde 150
   3. Schreibend zur Emanzipation 152

VIII. Das gesprochene Wort 157
   1. Der Märchenerzähler 160
   2. Der Kaffeehauserzähler 162

IX. Literatur auf Abruf? 164

Anmerkungen 168
Primärliteratur 195
Sammelbände 195
Einzelveröffentlichungen 196
Sekundärliteratur 200

Vorwort

Ausländische Autoren, die in der Bundesrepublik leben und in deutscher Sprache schreiben, treten seit mehr als zwanzig Jahren an die Öffentlichkeit. Was früher allerdings Ausnahme war, ist inzwischen die Regel; seit den achtziger Jahren erscheint eine Veröffentlichung nach der anderen. Die Fülle der Erzählungen, Satiren, Märchen, Novellen und Gedichte, die dem deutschen Leser zur Auswahl stehen, läßt sich kaum noch überschauen. Ohne daß es besondere Aufmerksamkeit erregt hätte, entstand hier eine Literatur, deren Autoren eine von deutscher Tradition unabhängige und eigenständige Sprachform entwickelten und die auf Themen zurückgreifen, die deutschen Schriftstellern fremd sind.

In dieser Einführung habe ich mir die Aufgabe gestellt, die thematischen Schwerpunkte dieser Literatur darzustellen und aus den Lebensbedingungen von Gastarbeitern und Ausländern zu begreifen. Ich orientiere mich dabei nicht an nationalen Gruppen und deren unterschiedlicher kultureller Tradition, sondern an den Inhalten der Gastarbeiterliteratur. Indem ich nationale Besonderheiten außer acht lasse und die Literatur der Einwanderer als Einheit verstehe, kann ich deren hauptsächliche Themen und Motive aufgreifen und so ausländerspezifische Belange herausarbeiten, die in ihr gespiegelt sind.

Diese Literatur dokumentiert Zeitgeschichte. Der Wanderungsprozeß von Millionen Ein- und Auswanderern ist in ihr niedergeschrieben. Die Strukturveränderung auf dem südländischen Arbeitsmarkt, die Industrialisierung rückständiger Landregionen, die Verelendung, Vertreibung, Binnen- und Auswanderung großer Teile der Landbevölkerung findet hier literarische Gestalt. Als Sprachrohr der Sprachlosen wenden sich die eingewanderten Autoren an die bundesdeutsche Öffentlichkeit, um die Lebenswirklichkeit aller darzustellen und zu verbessern.

Nicht alles, was zur deutschsprachigen Gastarbeiterliteratur zählt, wurde auch in deutscher Sprache geschrieben. Die Gedichtbände Aras Örens beispielsweise sind aus dem Türkischen übersetzt, genauso wie Güney Dals Roman „Europastraße 5" oder die Veröffentlichungen Aysel Özakins. Dennoch hat es seine Berechtigung, auch Übersetzungen hinzuzurechnen.

Denn zumeist sind sie für ein deutsches Lesepublikum geschrieben und im Heimatland nicht veröffentlicht, eine Übersetzung ist von vorn herein eingeplant. Zudem ist allen Texten die historische Situation in der Bundesrepublik und die Erfahrung der Fremde gemein. Beides bestimmt sie.

Der Begriff „deutschsprachige Gastarbeiterliteratur" ist umstritten. Harald Weinrich benutzt den Begriff ebenfalls[1], hält aber in einem später veröffentlichten Aufsatz den umfassenderen Namen „Ausländerliteratur" für angebracht[2], weil neben Gastarbeitern noch andere Ausländer — Asylanten, Aussiedler oder ausländische Studenten beispielsweise — in deutscher Sprache schreiben. Heimke Schierloh[3] und Dieter Horn[4] plädieren für „Migrantenliteratur", für einen Namen also, der den Prozeß der Migration — eine notwendige Voraussetzung dieser Literatur — aufnimmt. Es sind Etikettierungen, „die alle etwas Provisorisches an sich haben und die Schwierigkeit verdeutlichen, einen jungen, in der Entwicklung begriffenen Literaturzweig in den Kanon vertrauter literarischer Formen und Gattungen einzuordnen."[5]

Die Verwendung des Begriffes „deutschsprachige Gastarbeiterliteratur" kann das bestehende Unbehagen nicht restlos beseitigen, es gibt allerdings gute Gründe, sich vorläufig für diesen Begriff zu entscheiden: Ohne das Engagement südländischer Gastarbeiter wäre der ganze Literaturzweig nicht denkbar. Ihrer Initiative ist es zu danken, daß sich ausländische Autoren, die in deutscher Sprache schreiben, als Gruppe zusammenschlossen; und erst in ihrem Sog veröffentlichten andere Ausländer ihre literarischen Produkte, in wesentlich geringerem Umfang allerdings.

Die Verwendung des Begriffs „deutschsprachige Gastarbeiterliteratur" setzt zudem ein politisches Zeichen. Vor allem Medien, Politiker und Behörden ersetzten das diffamierende Wort „Gastarbeiter" sprachbeschönigend durch andere Bezeichnungen: Von EG-Mitbürgern und Nicht-EG-Ausländern ist die Rede, von Migranten oder Arbeitsemigranten, gelegentlich auch von Einwanderern. An der gesellschaftlichen Verachtung und Ausbeutung der 4,5 Millionen Ausländer, die derzeit in der Bundesrepublik und in West-Berlin leben und arbeiten, hat sich durch die Begriffsreinigung nichts verändert. Einwanderer gehören nach wie vor zu den benachteiligtsten Gruppen der Bevölkerung. Auch deshalb hat das diskriminierende Wort „Gastarbeiter" zur Bezeichnung ihres Schreibens seine Berechtigung. Der Begriff „deutschsprachige Gastarbeiterliteratur" beinhaltet, daß sich hier eine mißachtete und ausgebeutete Minderheit zu Wort meldet.

Dem Vorwort müßte an dieser Stelle ein Forschungsbericht folgen. Dieses Kapitel erübrigt sich mangels Forschung. Es gibt bislang nur wenige Bücher, die sich der „Gastarbeiterliteratur" nähern und nur einige verstreut veröffentlichte Aufsätze. Ich will diese Veröffentlichungen an dieser Stelle kurz erwähnen und werde auf deren Ergebnisse im Laufe meiner Arbeit zurückgreifen.

Hervorzuheben gilt es die Arbeit des Instituts für Deutsch als Fremdsprache an der Universität München. Seit 1979 hat das Institut mehrere Preisausschreiben veranstaltet, an denen sich nur Schreiber mit nichtdeutscher Muttersprache beteiligen konnten. Die Texte wurden gesammelt, von Irmgard Ackermann herausgegeben und vom Deutschen Taschenbuchverlag publiziert. In ausführlichen Nachworten sowie in verschiedenen Aufsätzen wiesen Harald Weinrich und Irmgard Ackermann immer wieder auf das Vorhandensein dieser Literatur hin, hoben deren Themenschwerpunkte und gelegentlich einzelne Autoren hervor, ohne allerdings umfassend auf den neuen Literaturzweig einzugehen.

Die Zeitschrift „Literaturwissenschaft und Linguistik" widmete 1984 ein ganzes Heft der „Gastarbeiterliteratur". Bezeichnenderweise sind auch hier Ackermann und Weinrich federführend. Ackermann beschreibt die „Integrationsvorstellungen und Integrationsdarstellungen in der Ausländerliteratur" und stellt die Identitätskonflikte dar, die mit Eindeutschung verbunden sind. Weinrich gibt erneut eine allgemeine Einführung und erweitert einen Aufsatz, den er bereits 1983 im „Merkur" veröffentlichte. Peter Seibert stellt das politische Konzept der Ausländerliteratur vor und stellt sie in die Tradition der Arbeiterliteratur, Helmut Scheuer und Georg Stenzaly bearbeiten in ihren Aufsätzen Nebenaspekte; einmal den „Gastarbeiter in Literatur, Film und Lied deutscher Autoren", daneben die Bühnenarbeit türkischer Theatergruppen in West-Berlin.

Andere Veröffentlichungen bleiben im Rahmen dieser Ergebnisse: Heimke Schierloh (1984) versucht auf knapp zwanzig Seiten die Gastarbeiterliteratur aus dem Alltag der Gastarbeiter zu begreifen und stellt diesem Versuch „einige soziologische Bemerkungen" voran; Dieter Horn (1986) führt auf wenigen Seiten in die Gastarbeiterliteratur ein, indem er Themen, politisches Konzept und einzelne Autoren vorstellt.

Bemerkenswerterweise haben die ausländischen Autoren bisher am meisten zum Verständnis ihrer Literatur beigetragen. Yüksel Pazarkaya (1984b, 1985b, 1982) beschrieb in drei Aufsätzen die Entwicklung der türkischen Gastarbeiterliteratur von den Anfängen 1965 bis in die achtziger Jahre. Hier muß auch der Turkologe Wolfgang Riemann (1983) erwähnt werden: Er referiert den Stellenwert, den „Deutschland" in der türkischen Literatur hat und widmet den Gastarbeitern, die in der Türkei ihre Erfahrungen literarisch verarbeiten, besonderen Raum. In Kapitel II.2. werde ich auf die Ergebnisse dieser vier Aufsätze zurückgreifen.

Was Pazarkaya und Riemann zum Verständnis der türkischen Literatur beigetragen haben, leisteten Franco Biondi (1984b) und Gino Chiellino (1985) für die italienische Literatur. Um die Entwicklung italienischer Gastarbeiterautoren zu begreifen, werde ich mich in Kapitel II.1. auf ihre Arbeiten stützen.

In verschiedenen Aufsätzen haben Franco Biondi (1981, 1983, 1985, 1986) und Rafik Schami (1983, 1985d) immer wieder das Konzept aller Gastarbeiterautoren vorgestellt und politisch untermauert. Ich werde deren Thesen und Ausführungen teilweise in meine Arbeit integrieren.

Hervorzuheben gilt es eine von Ackermann und Weinrich (1986) herausgegebene „Standortbestimmung zur Ausländerliteratur". In ihr kommen 16 ausländische Autoren in kurzen Statements zu Wort. Das Buch vermittelt einen Überblick über die Anliegen der einzelnen Schreiber, über die Motivation des Schreibens, die Schwierigkeiten im Umgang mit fremder Sprache sowie Stellenwert und Selbstverständnis der Gastarbeiterliteratur. Es begnügt sich allerdings damit, jeweils einen knappen Eindruck wiederzugeben.

Monika Frederking (1985) veröffentlichte bisher die einzige größere literaturwissenschaftliche Arbeit zum Thema Migrantenliteratur; sie beschränkt sich allerdings auf die Literatur türkischer Einwanderer und greift mit Aras Ören und Aysel Özakin zwei Autoren/innen heraus, die bislang nicht (Ören) bzw. fast nicht (Özakin) in deutscher Sprache geschrieben haben und deren Werke nur als Übersetzungen zu haben sind. Einzig der Satiriker Şinasi Dikmen — der dritte Autor, den Frederking näher untersucht — schreibt in deutscher Sprache. Dennoch ist diese Arbeit sehr fruchtbar, weil hier zum ersten Mal literarische Qualität und Tradition schreibender Ausländer detailliert erforscht und dargestellt werden.

Mehr stand mir zum Zeitpunkt der Abfassung meiner Arbeit nicht zur Verfügung; ich habe einige Neuerscheinungen, die mir erst später zugänglich wurden, im Literaturverzeichnis ergänzt. Dem steht eine Fülle soziologischer Literatur über Gastarbeiter gegenüber. Fragen zur Auswanderung und ihren Ursachen, zur Identität in der Fremde oder zu Sprachschwierigkeiten werden in verschiedensten Abhandlungen erforscht. Einzelne Arbeiten gehen den Schwierigkeiten nach, Gastarbeiter, speziell Kinder und Frauen, in die Bundesrepublik zu integrieren. Identitäts- und Heimatlosigkeit vieler Einwanderer werden näher beleuchtet. Auf die Ergebnisse dieser Forschungsarbeiten werde ich mich immer wieder stützen, um zu zeigen, unter welchen Bedingungen Gastarbeiterliteratur entstanden ist.

*

Diese Arbeit wurde im Dezember 1986 fertiggestellt. Vielen Freunden und Bekannten habe ich zu danken, die mir mit Anregungen und Rat zur Seite standen. Zwei will ich besonders hervorheben: Joachim Dyck, der mich in schwieriger Situation vorbehaltlos als Doktorand annahm und der mich bei der Abfassung dieser Arbeit nicht mit der Einhaltung wissenschaftlicher Kategorien traktierte. Vor allem aber meinem jugoslawischen Freund Martin Čaveliš, ohne den ich dieses Thema wohl nie angegangen wäre: Ihm verdanke ich in jeder Phase der Arbeit die meisten Anregungen und Hilfeleistungen.

Freiburg, Oktober 1987

I. Vom Auswanderungs- zum Einwanderungsland

1. Deutschland — ein Auswanderungsland

Während des Dritten Reiches mußten Deutsche ins Ausland fliehen, weil sie von Nationalsozialisten aus politischen und rassischen Gründen verfolgt wurden. Damals waren viele froh, daß sie in der Schweiz, in Frankreich, Rußland, Mexiko, den Vereinigten Staaten oder in Südamerika ein Unterkommen fanden. So konnten sich von den schätzungsweise 500.000 bei der Machtübernahme Hitlers in Deutschland lebenden Juden ungefähr 270.000 durch Flucht ins Ausland retten; 45.000 Kommunisten flohen in die Sowjetunion, ein großer Teil der geistigen Elite in die Länder der westlichen Allianz, vor allem in die Vereinigten Staaten: Thomas Mann, Carl Zuckmayer, Alfred Döblin oder Bertolt Brecht gehörten zu ihnen, genauso wie Albert Einstein oder Sigmund Freud, der 1938, nach der Okkupation Österreichs, aus Wien nach Großbritannien floh. Wenige Namen, die für viele stehen. Ohne die Bereitschaft anderer Staaten wären viele dieser Flüchtlinge in den Konzentrations- und Vernichtungslagern der Nationalsozialisten ermordet worden.

Die Geschichte deutscher Emigration und Auswanderung wird nicht erst seit 1933 geschrieben. In den zwölf Jahren faschistischer Blutherrschaft mußten sich zwar Hunderttausende ins Ausland retten, ihre Zahl ist jedoch vergleichsweise gering, stellt man sie den Zahlen der deutschen Auswanderung im 19. Jahrhundert gegenüber: Rund 5,5 Millionen Deutsche sind zwischen Wiener Kongreß und Erstem Weltkrieg ausgewandert, die meisten in die Vereinigten Staaten. Eine so stattliche Zahl, daß 1973 9,9 Prozent der Gesamtbevölkerung der USA von sich sagten, sie seien deutscher Abstammung.[6]

Die deutsche Massenauswanderung nach Übersee verlief in drei Hauptphasen. Vor 1830 war sie relativ gering, abgesehen „von einem sprunghaften Anstieg 1816/17 auf etwa 20.000 im Gefolge von Mißernte und Hungersnot."[7] Die Auswanderung nach 1830 war Folge der „wirtschaftsliberalen Reformen von oben"[8]: Was als Bauernbefreiung in die Geschichtsbücher einging, führte dazu, daß unzählige Kleinbauern seit der Wende zum 19. Jahrhundert Hof und Gut verloren und sich fortan als bezahlte Lohnarbeiter oder Tagelöhner verdingen mußten.

Die europäische Massenauswanderung stand zudem in engem Zusammenhang mit der außerordentlichen Vermehrung der Bevölkerung, die sich „von etwa 140 Millionen Menschen im Jahre 1750 auf etwa 255 Millionen im Jahre 1850 fast verdoppelte."[9] In Deutschland stieg die Bevölkerung zwischen 1800 und 1900 um über 130 Prozent von 24,5 Millionen Einwohner auf 64,9 Millionen.[10]

Bevölkerungsvermehrung, Bauernbefreiung und fortschreitende Industrialisierung verschärften die soziale Lage: „Bei nur geringfügigen Lohnerhöhungen zwischen 1820 und 1850 verdoppelten sich in der gleichen Zeit die Preise für Roggen, Kartoffeln und Kleidung."[11] Der Begriff „Pauperismus" entstand für eine neue Form der Verelendung: „Pauperismus ist da vorhanden, wo sich eine zahlreiche Volksklasse durch die anstrengendste Arbeit höchstens das notwendigste Auskommen verdienen kann", heißt es im Brockhaus aus dem Jahre 1843.[12] Kleinbauern, Handwerker, Lohnarbeiter und Tagelöhner waren die Opfer des allgemeinen Notstands.

Der Kapitalismus, der sich im 19. Jahrhundert in Deutschland mit immer sichtbareren Folgen durchsetzte, zwang bislang unabhängige Bauern zur Binnenwanderung in die neu entstehenden oder aufblühenden Industriezentren, vornehmlich des preußischen Westens, und schließlich, sofern sie dort keine Arbeit finden konnten oder sie in Krisenzeiten wieder verloren, zur Auswanderung. Die Geschichte dieser Zeit ist derjenigen vergleichbar, die sich seit dem Zweiten Weltkrieg in den agrarisch strukturierten Staaten Südeuropas und den meisten Ländern der Dritten Welt abspielt. Auch dort setzt der Kapitalismus seine Zeichen, Zeichen, an denen sich menschliche Tragödien ablesen lassen: Verarmung und Landflucht, Aufblähung der Großstädte, Verslumung, Arbeitslosigkeit und Vergrößerung der Not; der Binnenwanderung folgt die Auswanderung: „Ganz ohne Aussicht, fast ohne Körperbedeckung und nicht das tägliche Brot mehr, stehe ich, mein Weib und beide Kinder tränend hier und erkenne, daß in Europa für uns kein Heil ist", schrieb ein Bäckerknecht bereits 1826 an die Regierung des Großherzogtums Nassau und bat, ihm die Auswanderung zu genehmigen.[13] Ein Kleinbauer aus Anatolien könnte heute Vergleichbares schreiben.

Die deutsche Massenauswanderung nach Übersee läßt sich in Zahlen festhalten: Der Juli-Revolution 1830 in Paris und den an sie anschließenden Revolutionierungsversuchen in Deutschland folgte die erste große Auswanderungswelle. In den Jahren nach 1830 zog es jährlich zwischen 10.000 und 30.000 Menschen nach Übersee, zumeist in die Vereinigten Staaten.[14] „Die Krise von 1846/47 riß die Auswanderungskurve über die Revolutionszeit hinweg auf den Sattel von 1852 (176.402), von dem aus sie steil auf den nadelsteilen Gipfel von 1854 (239.246) hochschnellte."[15] In keinem Jahr sind mehr Deutsche ausgewandert. Bis zur ersten Weltwirtschaftskrise 1857/59 wanderten fast 1,3 Millionen nach Übersee aus. Ursache war vor allem der Strukturwandel auf dem Arbeitsmarkt. Die schützenden Zunftschranken waren eingerissen — die Zünfte regelten vom Mittelalter bis zu den Stein/Hardenberg'schen Reformen 1807/11 Handel und Gewerbe, ja selbst das Zusammenleben der Menschen in den Städten —, und auf dem Land wurden kleine Bauern von Hof und Gut vertrieben. Die kleinen Handwerker und Bauern, die in den Industriezentren nach Arbeit suchten, mußten sich den Bedingungen des freien (Arbeits-)Marktes unterwerfen. Deshalb vor allem wurde der Gedanke nach Amerika auszuwandern und in der Neuen Welt sein Glück zu versuchen, seit der Mitte des vorigen Jahrhunderts zu einer gängigen Leitvorstellung der Armen in Deutschland. Phantasien, die manchem Türken, Jugoslawen und Italiener den Weg nach Deutschland ebneten, hatten auch die deutschen Auswanderer.

Hans-Ulrich Wehler faßt diese Entwicklung zusammen:

> „Die deutsche Agrarrevolution, die hierzulande meist unter dem irreführenden Begriff ‚Bauernbefreiung' verborgen wird, hatte im ausgehenden 18. Jahrhundert eingesetzt, war durch die Rechtsreformen seit 1807/11 beschleunigt worden und mündete in ihrer Schlußphase in die lang andauernde Hochkonjunktur von 1840/47 bis 1876. Ihr Ergebnis war ein struktureller Umbau in der Landwirtschaft, der — rechtlich formalisiert und begünstigt — zusammen mit Modernisierungs- und Rationalisierungsmaßnahmen im Bereich der Landwirtschaft zu einer immensen Leistungssteigerung führte."[16]

Eine Leistungssteigerung auf Kosten kleiner Bauern. Wollten sie nicht zu Lohnarbeitern und Tagelöhnern absinken, blieb ihnen oft nur die Auswanderung als Ausweg. Für Baden gibt es eine Aufstellung über die Jahre 1840-1849: „Von den 23.966 Auswanderern, die ganz überwiegend nach Übersee ausreisten, gehörten den ackerbauenden Klassen 46, dem Handwerkerstand

30,8 und anderen Klassen 23,2 Prozent an."[17] Ein zeitgenössischer Chronist schildert:

> „Der Bauersmann, dem bisher sein heimatliches Dorf seine Welt war, und der sich schon bei seinem Auftreten in der nächstgelegenen Stadt einer gewissen Befangenheit nicht erwehren konnte, wird sich nicht so leicht entschließen, sein kleines von seinen Urvätern schon erbautes Gut zu veräußern, um in einem fernen Weltteile unter neuen, ungewohnten Verhältnissen einer ungewissen Zukunft entgegenzugehen, er wird nicht die für sein Vermögen ungewöhnlich hohen Reisekosten daran verwenden, wenn nicht die Not dazu zwänge. Fragen wir aber die Auswanderer selbst, die mit schwerem Herzen Lebewohl sagen, sie werden fast alle antworten, daß nur die Unmöglichkeit, sich mit ihren Familien zu ernähren und ihre Kinder zu versorgen, sie forttreibt."[18]

Die Bauern verarmten und mußten auswandern. In Oberhessen beispielsweise „betrug die Abnahme der selbständigen Bauern in der Zeit von 1846 bis 1856 mehr als 7 Prozent. Ganze Dörfer verschwanden durch den Aufkauf von Bauern- und Kleinstellenbesitzungen."[19] Die Ursachen sind im ganzen Land die gleichen: Infolge steigender Preise lohnt sich Getreideanbau und Viehwirtschaft nur noch im Großbetrieb. Die kleinen Bauern können ihren Verpflichtungen nicht nachkommen, verschulden sich und müssen irgendwann Land und Hof verkaufen. Die Öffnung der Märkte erwies sich für die kleinen als Todesurteil.

„Nicht anders erging es dem Handwerk. Die Einführung der Maschine ermöglichte den Übergang zum Produktionssystem der Fabrik. Handwerkliche Betriebe wurden allmählich verdrängt, da sie gegenüber der Großindustrie nicht mehr konkurrenzfähig waren. Zur Verschärfung dieser Entwicklung trug die in verschiedenen deutschen Staaten durchgeführte Gewerbefreiheit bei."[20]

Mit der Verarmung ganzer Landstriche beginnt in Deutschland eine heftige Diskussion um Sinn und Zweck der Auswanderung:

> „Man hält es für vorteilhaft, von arbeitslosen, notleidenden und lästigen Proletariern befreit zu werden ... Man hält es für ein Glück, wenn unmoralische, unruhige und politisch gefährliche Menschen über das Meer gehen und nicht wiederkommen ...",[21]

schreibt ein Befürworter der Auswanderung 1866. Und viele stimmten ihm zu. Vereine zur Förderung der Auswanderung wurden gegründet[22], die organisierte Auswanderung des „überschüssigen Proletariats" gefordert[23] oder eine „plötzlich unternommene, wohlgeleitete und großartig ausgedehnte Emigration" als „wirksamstes Vorbereitungsmittel zur Abstellung des Pauperismus" gefeiert.[24]

Die Wirren des amerikanischen Bürgerkrieges (1861-1865) stoppten zwar die Flut der Auswanderer, doch nur vorübergehend. Mit seinem Ende setzte eine neue Welle ein, die erst durch die große Depression (1873-1895) — sie traf die deutsche und amerikanische Wirtschaft gleichermaßen — gebremst wurde. „1880 setzte die dritte und stärkste Auswandererwelle des 19. Jahrhunderts ein, die bis zum Ende der 1890er Jahre anhielt. Allein zwischen 1880 und 1893 wanderten 1,8 Millionen Deutsche nach Übersee aus."[25]

Diese letzte Auswandererwelle ist nicht nur Bevölkerungswachstum, Hunger und Armut zuzuschreiben. Ihre Ursache liegt vielmehr „in dem in den letzten Jahren eingetretenen Aufschwung der wirtschaftlichen Verhältnisse in den Vereinigten Staaten."[26] Die Hochkonjunkturphase, die nach 1895 der Krise folgte, ließ den Strom der Auswanderer versickern. Die Auswanderung wandelte sich zur Binnenwanderung.

Festzuhalten bleibt, daß das Deutschland des 19. Jahrhunderts in seiner wirtschaftlichen Entwicklung und sozialen Struktur heutigen Dritte-Welt-Ländern gleicht, die vor dem Sprung zur Industrienation stehen. Bevölkerungsexplosion, Landflucht, Verelendung und Slumbildung in den Großstädten kennzeichnen die derzeitige Entwicklung von Indien bis Mexiko. Die Einwanderung in die Bundesrepublik hatte in den letzten Jahrzehnten vielfach die gleichen Ursachen wie einst die Auswanderung aus Deutschland.

2. Vom Auswanderungs- zum Einwanderungsland

Mit der Durchsetzung von Monopolindustrien in den Jahren nach 1895 expandierte die deutsche Wirtschaft.[27] 1873 hatte die Agrarwirtschaft noch einen Anteil am Nettoinlandsprodukt von 37,9 Prozent im Vergleich zur Industrie mit 31,7 Prozent. 1889 zog die Industrie gleich und bereits 1895 übertraf sie die Landwirtschaft mit 36,8 zu 32,2 Prozent.[28] Nach 1895 explodierte das industrielle Wachstum geradezu: Bis 1899 stieg der jährliche Prokopfverbrauch von Roheisen von rund 100 auf 155 Kilogramm, der Steinkohleverbrauch kletterte von 1940 auf 2740 Kilogramm; die Kohleproduktion steigerte sich von 95 auf 136 Millionen Tonnen, die Eisenproduktion von 5 auf 8 Millionen Tonnen. Nach der Reichsgründung 1871 stieg Deutschland in weniger als 40 Jahren zu einer Welt(wirtschafts-)macht auf. Am Vorabend des Ersten Weltkriegs hatte das Reich ein Außenhandelsvolumen von rund 19 Milliarden Reichsmark und nahm hinter England die zweite Stelle unter den Handelsnationen ein. Es war zum zweitgrößten Erzeuger von Eisen und Roheisen geworden und übertraf damit sogar England.[29]

1871 lebten noch 64 Prozent der Bevölkerung auf dem Land in Gemeinden mit weniger als 2.000 Einwohnern, aber nur 5 Prozent in Städten mit mehr als 100.000 Einwohnern. 1910 lebten gerade noch 40 Prozent der Menschen auf dem Land, 21,3 Prozent dagegen in Großstädten und 27,4 Prozent in mittelgroßen Städten.[30] Deutschland hatte sich von einem Agrarstaat mit industrieller Färbung zu einem Industriestaat entwickelt.

Die industrielle Hochkonjunktur in den beiden Jahrzehnten vor dem Ersten Weltkrieg setzte der Auswanderung ein Ende. Dem Arbeitskräfteüberangebot folgte Arbeitskräftemangel. Die Einwanderung von Arbeitskräften nahm deshalb nach 1890 Züge einer Massenbewegung an: 1871, bei der ersten Volkszählung, lebten 207.000 ausländische Arbeitskräfte im Deutschen Reich. 1910 waren es 1.259.000, dabei wurden illegal Zugewanderte, deren Zahl nach Angaben der Polizei relativ hoch zu veranschlagen ist, sowie rund eine Million ausländische Wanderarbeiter nicht erfaßt.[31]

Diese ausländischen Wanderarbeiter sind den Gastarbeitern vergleichbar, die seit den ausgehenden fünfziger Jahren in die Bundesrepublik kamen. Zumeist waren es Polen aus dem russischen Kongreßpolen sowie Polen und Ruthenen aus dem österreichischen Galizien. Sie folgten den ostpreußischen Kleinbauern und nahmen deren Stellen ein, nachdem diese in die aufblühenden Gebiete Mittel- und Westdeutschlands oder nach Übersee ausgewandert waren:

> „Der katastrophale Arbeitskräftemangel in der Landwirtschaft des preußischen Ostens nötigte indes seit Ende der 1890er Jahre dazu, nach einer Lösung zu suchen. [...] Es ging darum, den nötigen Arbeitskräftezustrom aus dem östlichen Ausland nicht zur Einwanderung geraten zu lassen, sondern ihn in den Bahnen der Saisonwanderung zu halten. Ergebnis war das seit Anfang der 1890er Jahre in Preußen entwickelte und 1907 abgeschlossene restriktive Kontrollsystem zur Überwachung der ebenso mißliebigen wie nötigen, vorwiegend polnischen Arbeitskräfte. Es ging unter den Stichworten

‚Legitimationszwang' und ‚Rückkehrzwang' in der winterlichen ‚Karenzzeit' in die Geschichte von Arbeitsmarktpolitik und Ausländerrecht ein; Legitimationszwang bedeutete verschärfte Ausländerkontrolle bei befristeten und jährlich neu zu beantragenden Arbeits- und Aufenthaltsgenehmigungen. Rückkehrzwang in der Karenzzeit hieß, bei Strafe der Ausweisung, Rückkehr ins Herkunftsgebiet während der winterlichen Sperrfrist für Arbeitswanderer aus dem östlichen Ausland, vor allem aus Russisch-Polen. Sie wurden ohnehin nur als einzelne Arbeitskräfte, nicht aber im Familienverband zugelassen. Kinder hatten jenseits der preußischen Ostgrenzen zu bleiben, Männer und Frauen wurden in Arbeitskolonnen getrennt, Schwangerschaft war ein Ausweisungsgrund."[32]

Ziel dieser Ausländergesetze war die Ausbeutung der Fremdarbeiter. Sie erhielten im landwirtschaftlichen Ostpreußen nur saisonale Arbeitsverträge, d.h. in den wenig arbeitsintensiven Wintermonaten brauchten sie nicht bezahlt zu werden. Sie mußten jedes Jahr aufs neue ihre Arbeitskraft verkaufen, hatten somit keine langfristigen Verträge und konnten unter das in westlichen Regionen übliche Lohnniveau gedrückt werden. Anders gesagt: Das Angebot an ausländischer Arbeitskraft trug im Saisongewerbe Landwirtschaft wesentlich dazu bei, die Löhne zu drücken.

Auch heute ist dies noch so: Die Rolle der polnischen Landarbeiter haben türkische Frauen übernommen. Im Tagelohn werden sie überall in der Bundesrepublik zur Zeit der Obsternte eingestellt und tageweise bezahlt. Gibt es wegen schlechten Wetters nichts zu ernten, so gibt es auch keinen Lohn. Keinen Urlaub, keine Renten-, Kranken- und Arbeitslosenversicherung. Gäbe es diese türkischen Saisonarbeiterinnen nicht, so kostete beispielsweise die Schale Erdbeeren auf den Märkten der Großstädte oder in Kaufhäusern gut ein, zwei Mark mehr. Denn dann müßte die Agrarindustrie angemessene Gehälter bezahlen, um die Beeren überhaupt vom Feld zu bekommen: „Ohne Türkinnen gäbe es viel weniger Erdbeeren zu viel höheren Preisen, wir müßten dann normalen Stundenlohn bezahlen", meint ein Landwirt aus dem Erdbeeranbaugebiet Buchholz bei Freiburg.[33]

Der Handel mit menschlicher Arbeitskraft ist ein Geschäft, nicht nur in der Landwirtschaft. Im Kapitalismus werden Menschen dorthin gebracht, wo Industrien im Wachstum sind oder Agrarflächen mit billigen Arbeitern bebaut werden sollen. Gerade die Staaten, die ihre Bürger in die Bundesrepublik versandt haben, benötigen neue Arbeiter: Italien beschäftigt heute hauptsächlich Nordafrikaner in der Landwirtschaft sowie Afrikaner im Gaststätten- und Nahrungssektor. In der Türkei sind billigste Arbeitskräfte aus Afghanistan und Pakistan angestellt. In Griechenland drücken Ägypter das Lohnniveau. In Ägypten, das Millionen seiner Arbeiter in die Golfstaaten oder nach Europa verstreut hat, finden Türken Arbeit.[34] Der internationale Menschenhandel garantiert billige Arbeitskraft. Er funktioniert überall nach den gleichen Gesetzen: Die Menschen werden arbeits- oder besitzlos und wandern aus, um nicht sozial abzusinken. Die frei werdenden Stellen besetzen Einwanderer aus ärmeren Regionen und Ländern. Froh überhaupt eine Arbeit zu finden, sind sie bereit, für geringeren Lohn und unter schlechterer sozialer Absicherung zu arbeiten als diejenigen, die auswanderten. Die Löhne der Einwanderer sind immer noch höher als im jeweiligen Herkunftsland. Dieses Mißverhältnis garantierte, daß in den letzten Jahrzehnten Italiener und Türken in die Bundesrepublik kamen; es garantierte aber auch, daß die polnischen Wanderarbeiter regelmäßig nach Preußen kamen.

In Deutschland war der Erste Weltkrieg ein Einschnitt. Die Wanderarbeiter aus Polen und Rußland, die bisher keine dauerhafte Aufenthaltsgenehmigung erhielten, durften als Staatsangehörige einer feindlichen Macht das Land nicht mehr verlassen. Sie wurden wie Kriegsgefangene behandelt und als Zwangsarbeiter eingesetzt. Im Oktober 1918 beschäftigten die landwirtschaftlichen Güter immerhin 374.000 ausländische Arbeitskräfte sowie 900.000 Kriegsgefangene.[35]

Nach der Niederlage wanderte ein Großteil der ausländischen Beschäftigten nach Preußisch-Polen zurück oder nach Frankreich weiter: Deutschland war besiegt, regional zusammengeschrumpft und durch Reparationszahlungen belastet. Die Wirtschaftskraft des Landes war nach vierjährigem Krieg erlahmt, funktionsfähige Industrieanlagen demontierten die Sieger: In den Jahren der Weimarer Republik wurden in Deutschland keine ausländischen Arbeiter benötigt.

Die menschenverachtende Politik Nazi-Deutschlands ist bekannt. Zunächst bemühten sich die Nationalsozialisten, die Beschäftigung ausländischer Arbeitskräfte möglichst gering zu halten. Ihr Ziel war Autarkie sowie die Senkung der Devisenzahlungen. So waren nach Schätzungen am Vorabend des Zweiten Weltkriegs lediglich 300.000 bis 500.000 ausländische Arbeitskräfte im Dritten Reich beschäftigt, obwohl wesentlich mehr benötigt worden wären.[36] Der Krieg rechtfertigte dann alles: Von September 1939 bis Mai 1940 ‚warben' Arbeitsverwaltung, Polizei, SS und Gestapo 560.000 polnische Landarbeiter an und bis zum Ende des Krieges annähernd zwei Millionen. Mit der Ausweitung des Krieges an der Ostfront wuchs der Bedarf an ausländischer Arbeitskraft. Zwangsrekrutierungen und Massenaushebungen in allen überfallenen Ländern waren die Folge. Fremdarbeiter und Kriegsgefangene hielten die deutsche Kriegsmaschinerie in Gang: „Im Mai 1944 bestand etwa ein Fünftel aller in Deutschland zivilbeschäftigten Arbeitskräfte aus Fremdarbeitern und Kriegsgefangenen. Durch diesen Einsatz von rund 7,5 Millionen Ausländern konnten vom Mai 1940 bis September 1944 die Abgänge zur Wehrmacht quantitativ weitgehend ausgeglichen werden."[37] So bestand die Belegschaft der Konzerne Flick, IG-Farben und Krupp zu jeweils 40 Prozent und mehr aus Fremdarbeitern und Kriegsgefangenen, die der Flugzeugindustrie sogar zu 80 bis 90 Prozent.[38] Zu keiner Zeit waren mehr Ausländer in Deutschland beschäftigt als unter dem Nazi-Terror. Ausgerechnet diejenigen, die Polen, Russen, Slowaken, letztlich alle Völker im Osten Deutschlands, als Untermenschen verachteten, benötigten sie am dringlichsten. Die Verschleppung von Millionen Menschen ging dann auch nicht mit Samthandschuhen vor sich: „Um 2 Millionen sowjetische Zivilarbeiter in Deutschland zu haben, mußten rund 5 Millionen Sowjetbürger aus der Sowjetunion deportiert werden. Die Menschenverluste waren so ungeheuer, daß es keineswegs übertrieben ist, anzunehmen, daß die Faschisten knapp 14 Millionen ausländische Arbeiter und Kriegsgefangene zusammentreiben mußten, um im Mai 1944 die Zahl von rund 7 Millionen Beschäftigten in Deutschland zu erreichen."[39]

3. Vom Untermenschen zum Gastarbeiter

Zur Geschichte der Bundesrepublik gehören Vertriebene, Flüchtlinge und Einwanderer. Vor der siegreichen Roten Armee gegen Ende des Zweiten Weltkriegs und nach Kriegsende vor der Besatzungsmacht in der damaligen Sowjetischen Besatzungszone und den ehemaligen Ostgebieten flohen Millionen Deutsche in die Bundesrepublik: Bis 1963 insgesamt 12,6 Millionen.[40] Auf dem Arbeitsmarkt war ein Überangebot an Arbeitskräften vorhanden, zumal 1946 die Industrieproduktion auf 30 Prozent des Standes von 1938 geschrumpft war und die landwirtschaftliche auf 72 Prozent.[41]

1945/46 waren in den westlichen Besatzungszonen 19 Millionen Menschen beschäftigt. Bis 1972 kletterte diese Zahl um 42 Prozent auf 27 Millionen. Bis 1950 kehrten vier Millionen Kriegsgefangene „heim", 4,7 Millionen erwerbstätige Flüchtlinge aus den ehemaligen Ostgebieten kamen in den Westen, und aus der DDR flohen 1,8 Millionen bis zum Bau der Berliner Mauer im August 1961 — sie alle drängten auf den westdeutschen Arbeitsmarkt.

Kriegsheimkehrer und Flüchtlinge unterstützten das Wirtschaftswunder: Die expandierende Wirtschaft, die in den fünfziger Jahren zweistellige Zuwachsraten zu verzeichnen hatte, konnte Millionen Arbeitskräfte einstellen, die sich durch hohe Verfügbarkeit und geringe Ansprüche auszeichneten. Sie hatten ihre Heimat verloren und konnten dort angesiedelt werden, wo sie benötigt wurden. Außerdem drückte die Konkurrenz unter den Arbeitnehmern das Lohnniveau. So brachte der Flüchtlingsstrom, der erst mit dem Bau der Berliner Mauer gestoppt wurde, der Industrie billige Arbeitskräfte: Trotz zehnprozentiger Steigerung von Wirtschaftsleistung und Gewinnen, stiegen die Löhne bis in die sechziger Jahre kaum; nach dem Zweiten Weltkrieg lag das Lohnniveau unter dem Niveau der zwanziger Jahre, und erst 1956 erreichten die Löhne den Stand von 1938.[42]

1960, das Jahr der Vollbeschäftigung, markiert den Beginn der Gastarbeiterpolitik. Gastarbeiter übernahmen die Funktion der bis dahin zuströmenden oder heimkehrenden Deutschen. 1960 waren nur 280.000 ausländische Arbeitskräfte in der Bundesrepublik beschäftigt, 1973, dem Jahr des krisenbedingten Anwerbestops, waren es 2,6 Millionen.[43] Vor 1960 schloß die Bundesregierung mit Italien einen Vertrag über die Anwerbung von Arbeitskräften (1955). 1960 folgten Anwerbeverträge mit Spanien und Griechenland, 1961 mit der Türkei, 1963 mit Marokko, 1964 mit Portugal, 1965 mit Tunesien und 1968 mit Jugoslawien.

Baden-Württemberg benötigte als erstes Bundesland die Ware „ausländische Arbeitskraft", weil der Südwesten Deutschlands mit seinen Ballungs- und Industriezentren Stuttgart und Mannheim/Ludwigshafen einerseits neue Arbeitskräfte benötigte, die protestantischen Ostflüchtlinge den katholischen Süden andererseits aber mieden. So war das lokale Arbeitskräfteangebot bereits zu Beginn der fünfziger Jahre ausgeschöpft. In den Industrieraum Stuttgart kamen daraufhin Arbeiter aus Ostbayern und Österreich, aus strukturschwachen und wenig industrialisierten Gebieten also. Als diese Arbeitskraftreserven 1955 erschöpft waren, schloß die Bundesregierung im Dezember 1955 mit Italien eine bilaterale Anwerbevereinbarung ab: Als Nachkriegs-Innovation kamen italienische Arbeiter ins Schwabenland.

Die Industriegebiete Rhein-Main und Bergisches Land waren die nächsten Abnehmer. „Demzufolge bilden noch heute die Bundesländer längs der Rheinachse die Beschäftigungsschwerpunkte für italienische Arbeitnehmer in der BRD."[44]

Die Männer und Frauen aus Italien reichten nach 1960 nicht mehr aus. Vom Bergischen Land breitete sich die Beschäftigung griechischer Gastarbeiter nach Nordosten und Westen aus. Neben dem Raum Nürnberg/Schweinfurt ist Bielefeld und die Niederrheingegend noch heute ihr Hauptbeschäftigungsgebiet.

Norddeutschland deckte seinen Bedarf bis in die sechziger Jahre durch Flüchtlinge. Nach dem Mauerbau sorgten Menschenlieferungen aus Spanien und Portugal für Ausgleich.

Die Rezession 1966/67 beendete dann die sogenannte erste Phase der Arbeitskräfteanwerbung: Italien, Griechenland, Portugal und Spanien „schieden als potentielle Reservoirs aus und wurden durch ‚periphere Länder zweiten Grades‘, nämlich Jugoslawien und die Türkei, ersetzt."[45] Die Industrieräume, die am weitesten von der Rheinschiene entfernt sind und zuletzt auf die Beschäftigung von Gastarbeitern angewiesen waren, wurden nun Hauptbeschäftigungsgebiete von Türken und Jugoslawen: Schleswig-Holstein, Bremen, Hamburg, Nord-Niedersachsen, Osthessen, Unterfranken, Ost- und Südbayern sowie West-Berlin.[46]

Die Energiekrise 1973 und die Sorge um Vollbeschäftigung setzte dem Gastarbeiterzustrom ein Ende. Im November 1973 erließ die Bundesregierung den sogenannten Anwerbestop. Die Zahl ausländischer Beschäftigter weist seither nach unten.

Beschäftigte ausländische Arbeitnehmer (Männer und Frauen) in der Bundesrepublik 1954-1978

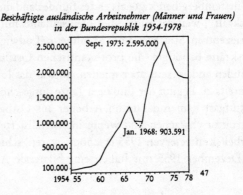
[47]

Daß dennoch bis 1984 ständig mehr Ausländer in die Bundesrepublik übersiedelten, liegt daran, daß immer mehr Gastarbeiter ihre Familien nachholten. Aus Gastarbeitern wurden Einwanderer, weil durch die steigende Arbeitslosigkeit in allen Herkunftsländern eine Rückkehr kaum möglich war. Seit dem bilateralen Anwerbeabkommen mit Italien im Dezember 1955 zielte die Politik aller Bundesregierungen darauf, die angeworbenen Arbeitskräfte ständig auszutauschen. Italiener, Spanier, Türken und Jugoslawen sollten ein, zwei, allenfalls drei Jahre in der Bundesrepublik arbeiten — um nicht zu sagen: verschlissen werden — und anschließend in ihre Heimat zurückkehren. Die Angeworbenen waren „Gäste auf Abruf", und entsprechend wurden sie behandelt:

„Der große Wert der Ausländerbeschäftigung liegt darin, daß wir hiermit über ein mobiles Arbeitskräftereservoir verfügen. Es wäre gefährlich, die Mobilität durch eine Ansiedelungspolitik größeren Stils einzuschränken."[48]

So der Vorsitzende des Arbeitskreises „Ausländische Arbeitskräfte" der Bundesvereinigung der Deutschen Arbeitgeberverbände bereits 1966. In der für die Industrie notwendigen Mobilität der Gastarbeiter liegt der Grund dafür, daß mit so vielen Staaten Anwerbeabkommen geschlossen werden mußten: Nur so konnten genügend Arbeitskräfte rekrutiert werden, die die Zurückkehrenden ersetzten. Die Industrie hatte sich eine Reservearmee geschaffen, die nach Bedarf einsetz- und abschiebbar war. 1966/67 etwa, bei der ersten Absatzkrise nach dem Zweiten Weltkrieg verließen rund 300.000 der damals 1,3 Millionen Ausländer die Bundesrepublik. Daß die Arbeitslosigkeit damit nur in die Entsendeländer exportiert wurde, kümmerte Behörden und Industrie in der Bundesrepublik nicht.

Das Ausländergesetz vom 28. April 1965 regelte den Arbeitsmarkt. Aufenthalts- und Arbeitserlaubnis waren fortan erforderlich für alle, die in der Bundesrepublik nach Arbeit suchten. Ein leicht zu handhabendes und rechtlich sanktioniertes Steuerungsinstrument: „Besonders nachteilig für ausländische Arbeitnehmer in der Bundesrepublik ist die Ermächtigung der Behörden, die Aufenthaltserlaubnis mit dem Arbeitsvertrag zu verbinden. Diese Regelung, die dazu führt, daß der Gastarbeiter bei einem Wechsel seines Arbeitsplatzes oder bei Kündigung seine Aufenthaltserlaubnis verliert, liefert ihn gegebenenfalls der Willkür seines Arbeitgebers aus."[49] Ein Neuangeworbener ist sozusagen ein moderner Leibeigener. Der rechtliche Status neu angeworbener Arbeitskräfte erklärt, warum die Industrie den ständigen Austausch von Gastarbeitern forcierte: Der deutschen Wirtschaft standen rechtlich gebunden und willfährige Arbeiter zur Verfügung.

Die EG-Staaten führten zwar zwischen 1961 und 1970 stufenweise Freizügigkeit für ihre Bürger ein, so daß sich EG-Bürger direkt vom Arbeitsamt vermitteln lassen konnte. Dies führte aber lediglich dazu, daß die rechtlich weniger geschützten Arbeitnehmer aus der Türkei und Jugoslawien von der Industrie bevorzugt eingestellt wurden.

Die aus den südeuropäischen Staaten angeworbenen Gastarbeiter übernahmen zunehmend Beschäftigungen, die einheimische Arbeitskräfte nicht mehr so ohne weiteres ausführten. So konnten sich durch die „Neuanwerbung von ausländischen Arbeitskräften" „auch Unternehmen mit niedrigen tariflichen Lohnsätzen bzw. mit ungünstigen Arbeitsbedingungen versorgen."[50]

Eine Statistik unterstreicht dies: Nach Angaben der Bundesanstalt für Arbeit waren am 31. März 1981 rund 1.922.000 ausländische Arbeitnehmer in der Bundesrepublik beschäftigt. Das sind 9,2 Prozent aller Beschäftigten. In folgenden Wirtschaftszweigen liegt ihr Anteil zum Teil deutlich über dem Bundesdurchschnitt:

Wirtschaftszweig	Ausländische Arbeitnehmer	Anteil der Ausländer an der Gesamtzahl der Arbeitnehmer in v.H.
Fischerei, Fischzucht	820	23,0
Bergbau	31 715	12,9
Kunststoffverarbeitung	63 955	18,8
Steine und Erden	25 963	12,4
Feinkeramik	10 876	14,5
Glas	11 978	15,5
Eisen- und Stahlerzeugung	49 875	15,1
Gießerei	31 785	26,8
Zieherei, Stahlverformung u.ä.	48 909	17,9
Stahl- und Leichtmetallbau	36 789	10,4
Maschinenbau	104 289	10,2
Straßenfahrzeugbau	150 053	16,0
Schiffbau	7 421	12,5
Elektrotechnik (ohne EDV-Anlagen, Büromaschinen)	149 753	14,6
Feinmechanik und Optik	19 708	10,1
Uhren	2 734	13,4
EBM-Waren	67 595	17,4
Musikinstrumente, Spielwaren	3 667	11,8
Sägewerke, Holzverarbeitung	42 837	9,4
Herstellung von Zellstoff, Papier	9 884	15,7
Papierverarbeitung, Buchbinderei	17 377	16,4
Leder, Schuhe	13 534	13,3
Textilverarbeitung	61 770	19,5
Bekleidungsgewerbe	30 300	10,2
Bauhauptgewerbe	173 464	14,5
Eisenbahnen	17 425	10,6
Schiffahrt	9 073	13,5
Luftfahrt u.ä.	11 105	11,9
Gaststätten und Beherbergung	87 411	22,1
Reinigung, Körperpflege	35 357	11,5

[51]

Dort, wo besonders ungünstige Arbeitsbedingungen herrschen, dort werden bevorzugt Ausländer eingestellt: In Gießereien werden die Arbeiter körperlich verschlissen. Dort sind 26,6 Prozent der Beschäftigten Ausländer. In Fischerei und Fischzucht sind es 23,0 Prozent. Hier ist eine besonders lange Trennung von Wohnung und Familie erforderlich. Im Bereich Gaststätten und Beherbergung sind es 22,1 Prozent. Hier verlangt die Anstellung einen besonders ungünstigen Lebens- und Arbeitsrhythmus.

1973 arbeiteten 82 Prozent aller Ausländer als un- oder angelernte Arbeiter. Ihr Tätigkeitsfeld läßt sich folgendermaßen zusammenfassen: „Die Gastarbeiter verrichteten einen Großteil der unqualifizierten, ungelernten und angelernten Arbeit in der Volkswirtschaft der Bundesrepublik Deutschland; diese Arbeit ist körperlich und/oder nervlich besonders belastend, schmutzig und unfallgefährdet; die Gastarbeiter sind zu fast 80 Prozent Produktionsarbeiter, die vor allem in Großbetrieben arbeiten; die Arbeit, die sie verrichten, ist äußerst unbeliebt und besitzt einen geringen Prestigewert."[52] Sie arbeiten in der Asbest-, Kunststoff- oder Gummiverarbeitung, in Hüttenwerken oder am Fließband der Automobilindustrie: Manchmal sind dort nur noch Ausländer beschäftigt.

Die Industrie hätte für viele dieser Tätigkeiten einheimische Arbeitskräfte nur mit übertariflichen Lohnangeboten ködern können, vor allem in Zeiten der Vollbeschäftigung. Ausländer kamen da billiger.

Diese Politik funktionierte bis in die siebziger Jahre relativ reibungslos — trotz aller Ausländerfeindlichkeit, die sich in den sechziger Jahren vor allem gegen Italiener richtete. So wanderten zwischen 1959 und 1970 beispielsweise 2.630.930 Italiener nach Mitteleuropa aus, vor allem in die Schweiz und in die Bundesrepublik, und 2.006.793 wieder nach Italien zurück. Aus- und Rückwanderung hielten sich bis 1970 die Waage.[53] Die von der Industrie gewünschte Mobilität blieb gewahrt.

Mit der Krise in den siebziger Jahren, die bis heute nicht überwunden ist und die Europa Millionen von Arbeitslosen bescherte, war solche Rotation nicht länger möglich. Die meisten Arbeitsemigranten hatten nur die Alternative, in der Bundesrepublik zu bleiben oder in die Arbeitslosigkeit ihrer Heimatländer zurückzukehren.

Der größere Teil blieb. Die Menschen, die aus EG-Staaten in die Bundesrepublik immigriert waren, hatten ohnehin die freizügige Wahl, in welchem Land sie arbeiten und leben wollten. Türken wiederum benötigte die Industrie für die letzte Drecksarbeit. Viele der Eingewanderten holten allmählich ihre Familien nach Deutschland oder heirateten hier. So lebten 1982 bereits 46,96 Prozent aller Ausländer zehn Jahre oder länger in der Bundesrepublik: Arbeitsemigranten, die sich auf ein Leben diesseits der Alpen eingerichtet hatten. Je länger sie blieben, desto weniger wurde eine Rückkehr möglich. Sie schlugen in der Fremde Wurzeln.[54] Die Bundesrepublik war zu einem Einwanderungsland geworden; die Einwanderer setzten sich mit deutscher Sprache auseinander, manche begannen zu schreiben. Dies ist der historische Zeitpunkt, an dem die Gastarbeiterliteratur entsteht.

Als Einwanderungsland ist die Bundesrepublik nicht mit klassischen Einwanderungsländern vergleichbar, in denen — wie in Kanada, Australien oder den USA — verschiedene Volksgruppen zu einer neuen Einheit verschmolzen. Hier stellt sich die Schwierigkeit, daß eine Mehrheit, die Deutschen, und eine Minderheit, die eingewanderten Ausländer, mehr oder minder unfreiwillig zusammengeworfen wurden und nun miteinander auskommen müssen. Das bedeutet in erster Linie: Die Mehrheit muß anerkennen, daß die Bundesrepublik ein Einwanderungsland geworden ist und der größere Teil der Arbeitsemigranten in einer Einwanderungssituation lebt.

Es geht dann nicht mehr um die zu SPD-Zeiten geforderte Integration von Ausländern, d.h. um deren Angleichung an unsere Kultur, oder wie heute um deren Abschiebung, sondern um die Verschmelzung verschiedenartiger Kulturen — und sei es so, daß sie nebeneinander ihre Eigenständigkeit wahren können.

Die Ausländerpolitik der achtziger Jahre berücksichtigt diese Tatsache in keiner Weise, im Gegenteil: Familienzusammenführung wurde weiter erschwert, Ausweisungsbestimmungen werden schärfer gehandhabt, selbst EG-Ausländern, die durch die Römischen Verträge das Recht auf unbefristeten Aufenthalt und uneingeschränkte Arbeit haben, wird nach jahrelangem Aufenthalt noch immer kommunales Wahlrecht verwehrt — die Mehrheit weigert sich mehr denn je, die Belange der Minderheit anzuerkennen.

II. Literarische Gehversuche

Auswanderer haben zu allen Zeiten geschrieben. Die Italiener, die auf eine 120jährige Auswanderungstradition zurückblicken können, brachten namhafte emigrierte Schriftsteller hervor: Osvaldo Soreano, Arnoldo Conti, Antonio De Benedetto und Ernesto Sabato wurden in Argentinien berühmt, Paul William Gallico, Gregory Corso, Armand Gatti und Mario Puzo in den Vereinigten Staaten. Das Leid, das jede Auswanderung mit sich bringt, treibt zum Schreiben. Die meisten allerdings, die zu Feder und Papier griffen, begnügten sich damit, ihren (Abschieds-)Schmerz dem Tagebuch oder einem intimen Briefpartner anzuvertrauen. Die wenigsten achteten auf literarische Form, sprachliche Vollendung, Wortwahl und Versmaß oder einen anonymen Leser, der das Geschriebene zu Gesicht bekommen soll. In einer fremden Sprache, in der Sprache des neuen Landes werden sich die wenigsten heimisch gefühlt haben, und so blieben Schriftsteller wie Adalbert von Chamisso, Eugene Ionesco und Elias Canetti bis heute Ausnahme: Nur wenige, die nicht in ihrer Muttersprache schrieben, erlangten internationale Bedeutung oder gar Weltruhm.

Die Migranten, die seit den Fünfziger Jahren in die Bundesrepublik einwanderten, haben sich lange nicht zu Wort gemeldet. Annähernd zwanzig Jahre blieben sie literarisch nahezu stumm.[55] Erst das Ende des vergangenen Jahrzehnts markiert die Wende, weil viele Gastarbeiter sich in der zweiten Hälfte der siebziger Jahre in Deutschland anzusiedeln begannen und sich mit der deutschen Sprache mehr als zuvor auseinandersetzten. Einige begannen zu schreiben.

Bis dahin hatte einzig Aras Ören mit seinen aus dem Türkischen übersetzten Gedichtbänden einen Namen in der bundesrepublikanischen Öffentlichkeit, genauer: in literarisch und sozialkritisch engagierten Kreisen. Daß es so etwas wie eine eigenständige Gastarbeiterliteratur geben sollte, war bis zu diesem Zeitpunkt nicht vorhersehbar.

Zwischen 1978 und 1980 erschienen dann vier Anthologien und elf Werke einzelner Autoren.[56] Bis heute setzte sich diese Entwicklung fort. Medien und Öffentlichkeit übersahen diese Literatur zwar vorerst, doch die ausländischen Autoren schritten zur Selbsthilfe. Im Wissen, daß ihre Veröffentlichungen allenfalls durch Eigeninitiative wahrgenommen würden, gründeten sie 1980 den „Polynationalen Literatur- und Kunstverein", kurz „PoLiKunst", und geben seither mit der Reihe „Südwind gastarbeiterdeutsch", die 1984 als „Südwind-Literatur" vom Neuen Malik Verlag übernommen wurde, eine Serie von Anthologien heraus, in der ausschließlich südländische Autoren zu Wort kommen. Hier können sie in literarischer Form ihr Ängste, Sehnsüchte, ihre Hoffnungen und Forderungen publizieren: Der Südwind trägt ein laues Lüftchen in den frostigen Norden.

Die Arbeit von Autoren, Herausgebern und Kleinverlagen hatte Erfolg. Was einst vom Ararat-Verlag, von der EXpress Edition, vom Verlag Atelier im Bauernhaus, vom Klartext-Verlag, von der Edition Con oder dem Neuen Malik Verlag in kleiner Auflage verlegt wurde, findet heute eine größere Leserschaft. Manches Buch kaufen inzwischen sogar die großen Taschenbuchverlage auf. Sie haben die Zeichen der Zeit erkannt und bemerkt, daß mit Gastarbeiterliteratur mittlerweile ein Geschäft zu machen ist. Günay Dals „Europastraße 5" (1985)[57] und Franco Biondis „Passavantis Rückkehr" (1985)[58] erschienen beim Deutschen Taschenbuchverlag, Christian Schaffernichts Anthologie „Zu Hause in der Fremde" (1984)[59] bei Rowohlt. Mit den Anthologien Irmgard Ackermanns (1982, 1983, 1984), Hülya Özkans/Andrea Wörles (1985) bei dtv, Norbert Neys (1984) bei Rowohlt und des Werkkreises Literatur der Arbeitswelt (1981) bei Fischer haben diese Verlage bereits eigenständige Veröffentlichungen auf den Markt gebracht. Man kann sogar davon ausgehen, daß in deutscher Sprache schreibende Gastarbeiter leichter einen Verleger finden als „normale" deutsche Schriftsteller. Der Makel „Gastarbeiter" ist hier von Vorteil.

Der gewandelten Veröffentlichungspraxis entspricht die literarische Anerkennung. 1983 erhielten Aras Ören und Franco Biondi den literarischen Förderpreis der Bayerischen Akademie der schönen Künste. 1985 teilten sich Aras Ören und Rafik Schami den erstmals verliehenen Adalbert-von-Chamisso-Preis, mit dem Schriftsteller unterstützt werden sollen, die, wie einst Chamisso, in deutscher Sprache als einer Fremdsprache schreiben.[60] Im gleichen Jahr erhielt Saliha Scheinhardt den Literaturpreis der Stadt Offenbach, mit 44.000 Mark einer der höchst dotierten Literaturpreise der Bundesrepublik, und wurde für zwei Jahre „Stadtschreiberin im Bücherturm".[61] Bereits 1984 erhielt ihre türkische Landsfrau Aysel Özakin eine vergleichbare Auszeichnung: Ein Jahr lang war sie Stadtschreiberin des Hamburger Bezirks Altona. Von Ignoranz gegenüber Gastarbeiterliteratur

...ehr sein, zumal sich mittelerweile auch alle großen ...eitschriften mit der Literatur der Einwanderer aus-

Es war auch ein dorniger Weg zu solchem Erfolg, und ich habe das Ergebnis vorweggenommen. Was in den Jahrzehnten des Schweigens an Voraussetzungen geschaffen wurde, was bis zum Ende der siebziger Jahre geschah, damit sich die deutschsprachige Gastarbeiterliteratur derart etablieren konnte, will ich nun kurz umreißen.

Vor der Gründung des „Polynationalen Literatur- und Kunstvereins" 1980 und der Herausgabe der Reihe „Südwind gastarbeiterdeutsch" kann man von Gastarbeiterliteratur als übergeordnetem Sammelbegriff nicht sprechen. Gastarbeiter schrieben und veröffentlichten zwar gelegentlich auch in deutscher Sprache, aber nur vereinzelt. Die Autoren selbst waren durch nationale Schranken getrennt, ja sie blieben selbst innerhalb ihrer nationalen Gruppen isoliert. So lebten und schrieben sie lange in einer Gettosituation. Einheitliche Literatur, die sich umfassend mit der Situation der Fremde auseinandergesetzt hätte, entstand nicht, noch nicht, muß man einschränken. Die einzelnen (nationalen) Gruppen beharrten auf ihren Traditionen; sie verstanden sich als Türken, Italiener oder Griechen, nicht aber als multinationale und multikulturelle Einheit: Keiner hatte mit einem Schriftsteller aus einem ihm fremden Herkunftsland etwas gemein. Bezeichnenderweise stehen Aras Ören und Yüksel Pazarkaya, zwei türkische Autoren, die bereits in den siebziger Jahren Berühmtheit erlangten, „PoLiKunst" bis heute reserviert gegenüber und wahren ihre Identität als türkische Emigranten. — Doch dies sind Ausnahmen. Die meisten der schreibenden Ausländer, die bisher in Erscheinung getreten sind, haben sich „PoLiKunst" angeschlossen.

Wie es dazu kam, will ich am Beispiel der italienischen und der türkischen Gastarbeiterliteratur aufzeigen. Ich beschränke mich auf diese beiden nationalen Gruppen, weil sie — literarkritisch betrachtet — die wichtigsten sind und eine Ausweitung nur mühselige Aufzählung brächte.

Daß Türken und Italiener die wichtigsten nationalen Gruppen sind, die sich im Bereich der Gastarbeiterliteratur hervortun, liegt nicht allein daran, daß die 1,5 Millionen Türken heute besonderer Feindseligkeit ausgesetzt sind und die italienischen Emigranten die längste Gastarbeitertradition in der Bundesrepublik haben. Jugoslawische Einwanderer haben kaum etwas veröffentlicht, obwohl heute ca. 600.000 Jugoslawen in der

Bundesrepublik leben. Nach den Türken sind sie die zweitgrößte Minderheit, und sicher machen sie kaum bessere Erfahrungen als andere — literarisch melden sie sich aber kaum zu Wort.

Die besondere Bedeutung italienischer und türkischer Autoren besteht darin, daß beide Gruppen großen Kulturnationen entstammen. Diese Vergangenheit prägt, zumindest in Mittel- und Oberschichten, Erziehung und Denken — und später das Schreiben in der Bundesrepublik.

1. Die schreibenden Italiener[63]

1955 schlossen Italien und die Bundesrepublik einen Vertrag über die Anwerbung von Arbeitskräften. In den späten fünfziger Jahren setzt die erste große Welle italienischer Gastarbeiter ein, und bald darauf, zu Beginn der sechziger Jahre, beginnt deren literarische Produktion. Es sind jedoch kaum mehr als erste Gehversuche:

> „Die erste Stufe stellt die Zeit der Isolation der einzelnen Autoren dar. Die Zeit der Entdeckung des Papierblattes als Gesprächspartner in der Isolation, als Partner gegen die Isolation. Es ist dies die Zeit der ersten zaghaften Versuche, gegen eine doppelte Isolation anzugehen. Der Schreibende fühlt sich durch die eigene Fremdheit von der deutschen Umgebung isoliert. Er muß erfahren, daß ihm nicht nur die deutsche Umgebung fremd ist, sondern daß er selbst Träger von Fremdheit ist."[64]

Schreiben als Ersatz für Sprechen, das Blatt Papier als Gesprächspartner. Gino Chiellino, italienischer Autor und Auswanderer, hat hier eine Erfahrung beschrieben, die für ihn und viele Emigranten kennzeichnend ist. Man muß allerdings berücksichtigen, daß diese Erfahrung für jeden Schriftsteller, vielleicht für jeden Schreibenden gilt: Im Moment des Schreibens ist jeder von einem unmittelbaren Gesprächspartner isoliert, das Blatt Papier ist Mitteilungsbasis an einen Leser, eine mehr oder minder mittelbare Kontaktaufnahme. Wenn allerdings besonders viele Emigranten zu Feder und Papier greifen, so ist dies Ausdruck besonderer Isolation: Zumeist beherrschen sie die Sprache des neuen Landes nicht und können sich nicht einmal verständigen, die Gepflogenheiten, die Sitten, mit denen sie konfrontiert werden, sind ihnen noch unbekannt, die eigene Tradition schleppen sie vielleicht als Ballast oder auch als Garant verlorener Sicherheit mit, und die Menschen mit denen sie zu tun haben, sind ihnen durch ihr Verhalten, ihre Charaktere oder ihre emotionale Ausstrahlung fremd. In solcher Situation wird das Blatt Papier zum Ersatz für menschlichen Kontakt. Es sind Arbeiter, die in dieser Zeit ihre existentielle Not dem Papier anvertrauen. Tags arbeiten sie in der Fabrik und nachts halten sie ihre Klagen in ihrer Muttersprache fest:

„Die Sprache, die gegen diese Isolation eingesetzt wird, ist die Sprache der unmittelbaren Umgebung. Eine Umgebung, die von den mitgebrachten Erinnerungen genauso stark geprägt ist, wie vom Alltag in der Fremde. Diese Sprache kann sowohl der Dialekt des Heimatdorfes sein, häufig aber ist es ein sehr wenig anspruchsvolles Italienisch. Ort des Schreibens, ein Zimmer im Wohnheim, in einer Werkswohnung, ein Zimmer in der Stadt, wo man eben alleine lebt."[65]

Da es keine Bildungsbürger sind, die in den sechziger Jahren zu schreiben beginnen, kennen sie auch kaum literarische Muster und Vorbilder, auf die sie in ihren Schreibversuchen zurückgreifen können. Sie erinnerten sich an die „gefühlsbetonten und zweckgebundenen Gedichte, die in der italienischen Volksschule zu gegebenen Anlässen auswendig gelernt wurden." „Das Festhalten an Reimen, aber ohne Versaufbau und ohne Stropheneinteilung, zeugt eher von zaghaften Versuchen, die Unmittelbarkeit der eigenen Sprache und Lage zu verfremden, den wahren Charakter des Geschriebenen zu vertuschen, als von künstlerischen Anstrengungen des Schreibenden."[66]

In den Jahren des Anfangs existiert keine Öffentlichkeit für schreibende Italiener. Die Produkte sind in italienischer Sprache geschrieben, in der Bundesrepublik also nicht publizierbar; in Italien wiederum interessiert sich (noch) niemand für die Belange der Gastarbeiter. So erscheinen in den frühen sechziger Jahren nur wenige literarische Produkte in italienischer Sprache[67], die die Emigration in der Regel nur am Rande behandeln. „Dieses Phänomen kann als Emigration in der Emigration bezeichnet werden."[68]

Erst gegen Ende der sechziger Jahre änderte sich dies. Zu dieser Zeit begannen sich die italienischen Informationsdienste für die literarischen Arbeiten der italienischen Gastarbeiter zu interessieren. Sie veranstalteten Gedicht- und Prosawettbewerbe. „Von 1968 bis 1972 rief ein christlicher Verein zu solchen Wettbeweren auf", 1974 übernahm eine Privatinitiative um den italienischen Elektriker A. Pesciaioli, die ALFA (Associazione Letteria Facoltà Artistiche), solche Aufrufe, „1975 die zweisprachige Zeitschrift ‚Incontri', 1976 der den italienischen Sozialisten nahestehende Kulturverein ‚FISC' (Federazione Italiana Sport e Cultura)" und 1983 schließlich die Missionszeitung „Corriere d'Italia".[69] Geschrieben und veröffentlicht haben italienische Autoren in dieser Zeit fast nur in italienischer Sprache.

1975 gab Pesciaioli zum ersten Mal die Zeitschrift „Il Mulino" (Die Mühle) heraus und trug damit wesentlich dazu bei, die Isolation italienischer Autoren zu durchbrechen. Er publizierte über 50 Gedichthefte und gab diese Zeitschrift regelmäßig heraus. So bot er über 2.000, vor allem in der Schweiz und der Bundesrepublik lebenden Italienern die Möglichkeit, sich zum ersten Mal öffentlich an Landsleute zu wenden. Die Zeitschrift war zwar amateurhaft gemacht und wurde nur in einer Auflage vertrieben, die zwischen 200 und 800 Exemplaren schwankte, doch eines erreichte diese Literaturzeitschrift: Die schreibenden Italiener konnten sich untereinander bekanntmachen.[70]

Der fortan mögliche Austausch führte zwar nicht zu neuen Inhalten, wohl aber zu formalen Veränderungen:

> „Die Sprache befreit sich von anfänglichen Unsicherheiten. Sie ist nicht mehr oder nicht nur die Sprache der mitgebrachten oder in der Fremde erfundenen Erinnerungen. Sie wird zu einer Sprache, die immer mehr vom Alltag in der Fremde geprägt wird. Sie ist sicherlich noch weit entfernt, literarisches Werkzeug zu werden, jedoch erreicht sie hier und dort literarische Qualität. Sie wird immer mehr zur Sprache einer nationalen und kulturellen Minderheit, die sich auf den Weg gemacht hat, die eigene Anwesenheit in der Fremde zu erforschen und zu begründen."[71]

Die wachsende Selbstsicherheit innerhalb der nationalen Gruppen ist letztlich Voraussetzung, nationale Schranken zu überwinden. Franco Biondis Erzählung „Passavantis Rückkehr", die 1976 im Corriere della Serra in italienischer Sprache erschien und 1982 in deutscher Übersetzung, ist ein Beispiel des sich abzeichnenden Wandels: Allen voran italienische Autoren benutzen die deutsche Sprache, um ihren Gastarbeiteralltag darzustellen. 1975 erscheint die Zeitschrift „Incontri" zweisprachig, 1979 gibt Franco Biondi unter dem Titel „Nicht nur gastarbeiterdeutsch" Gedichte im Selbstverlag heraus, und so wird die deutsche Sprache allmählich zum Allgemeingut der Autoren. Wer nicht, wie beispielsweise Biondi und Chiellino in deutscher Sprache schreibt, läßt seine Werke ins Deutsche übersetzen wie Carmine Abate, Vito d'Adamo und etliche andere.[72]

Die Verwendung der deutschen Sprache kennzeichnet den Punkt, an

dem deutschsprachige Gastarbeiterliteratur entsteht. Die bislang geschlossene nationale Gruppe öffnet sich, Adressaten sind nicht länger nur italienische Landsleute. Die Autoren wenden sich, indem sie sich der deutschen Sprache bedienen, erstmals direkt an einen deutschsprachigen Leserkreis, um Forderungen zu stellen, Hoffnungen und Wünsche auszudrücken oder um die Situation in der Fremde verständlich zu machen.
Die deutschsprachige Gastarbeiterliteratur hat allerdings nicht nur deutsche Leser im Blick. Die deutsche Sprache wird zum Medium, mit dem sich Ausländer unterschiedlicher Herkunft zum ersten Mal miteinander verständigen können.[73] Die bislang vereinzelten (und isoliert schreibenden) nationalen Gruppen können mit Hilfe der deutschen Sprache ihre jeweilige Abgeschlossenheit überwinden. Diese Annäherung, die sich parallel zur Entstehung deutschsprachiger Gastarbeiterliteratur vollzieht, bedeutet eine Solidarisierung aller Gastarbeiter. Franco Biondi und Rafik Schami betonen dies in ihrem theoretischen Konzept:

> „Sie [die Literatur der Gastarbeiter] soll vielmehr die ansprechen, die mit Gastarbeitern auf derselben Ebene stehen, aber auch die, die von ihrer Situation, wie sie noch ist und werden kann, erfahren wollen, damit sie sie besser verstehen. Hierbei wird versucht, die literarische Kommunikation zunehmend in Deutsch zu schreiben. Damit wollte und will man auch das Gemeinsame betonen, um Brücken zu schlagen zu den deutschen Mitbürgern und zu den verschiedenen Minderheiten anderer Sprachherkunft in der Bundesrepublik."[74]

Die deutsche Sprache als Ausdruck multinationaler Solidarität. So zeugt die deutschsprachige Gastarbeiterliteratur auch für das gewachsene Selbstbewußtsein vieler Gastarbeiter und ihr neues Selbstverständnis als Einwanderer. Diejenigen, die sich in der zweiten Hälfte der siebziger Jahre für ein Leben in der Fremde entscheiden, verständigen sich mittels der deutschen Sprache untereinander. Selbstbewußt beharren viele auf ihren nationalen Besonderheiten und ihrer kulturellen Tradition. Das Schlagwort von der multinationalen und multikulturellen Gesellschaft macht die Runde.[75]

Die deutschsprachige Gastarbeiterliteratur entsteht genau zu dem Zeitpunkt, da der Austausch der Gastarbeiter nicht mehr funktioniert und die meisten ihre Familien nachholen. Jetzt wird „die deutsche Sprache in eine Lingua Franca umgewandelt."[76] Indem ausländische Autoren die deutsche Sprache benutzen, beteiligen sie sich an der deutschen Kultur und verändern sie. Mit ihren andersartigen Erfahrungen und ihrer fremden kulturellen Prägung schaffen sie neue sprachliche Bilder oder geben den vorhandenen andere Bedeutungen. Ihnen geht es nicht darum, Plätze einzunehmen, „die von einheimischen Autoren angestrebt werden", ihnen geht es darum, „etwas Neues darzustellen."[77]

Sichtbarster Ausdruck der multinationalen kulturellen Zusammenarbeit und des sich entfaltenden Selbstverständnisses, einer multikulturellen Minderheit anzugehören, sind „PoLiKunst" und „Südwind gastarbeiterdeutsch".

Der Verein „PoLiKunst" hat sich die Aufgabe gestellt, „Toleranz und Völkerverständigung auf allen Gebieten der Kultur" zu fördern sowie „Beziehungen zwischen den in der Bundesrepublik Deutschland ansässigen und kulturschaffenden Ausländern" herzustellen, wie es im Satzungsprogramm heißt. Seine Mitglieder setzen sich ausdrücklich für „die Verbreitung der von Ausländern geschaffenen Kunst und Literatur ein." Vollmitglied können nur in der Bundesrepublik lebende ausländische Kulturschaffende werden, Deutschen ist allenfalls eine Fördermitgliedschaft möglich. Auch dies ist Ausdruck der politischen Zielsetzung des Vereins, der mit einem Jahrbuch seinen Mitgliedern ein Forum geschaffen hat, Literatur und Kunst einer breiteren Öffentlichkeit vorzustellen.

Noch deutlicher als „PoLiKunst" hat die Literaturreihe „Südwind gastarbeiterdeutsch" die politischen und kulturellen Forderungen der Arbeitsemigranten in ihr Programm geschrieben. Mit Gino Chiellino war zwar ein Italiener von 1980 bis 1984 Vorsitzender von „PoLiKunst", dem Verein konnten aber alle Ausländer in der Bundesrepublik beitreten, also auch Franzosen, Dänen oder Amerikaner. Sie werden die Bundesrepublik zwar auch mit den Augen eines Fremden erleben, die demütigenden Erfahrungen jedoch kaum machen, die den Alltag eines Gastarbeiters prägen. Die bisher erschienenen Jahrbücher des Vereins weichen zwar nicht wesentlich von der Literaturreihe ab, weil auch im Verein vorwiegend südländische Autoren veröffentlichen, seine politische Zielsetzung ist jedoch notgedrungen gemäßigter: Es geht in erster Linie darum, das breite Spektrum ausländischer Kultur in die Öffentlichkeit zu tragen, und erst dann um die Belange der Gastarbeiter.

Anders „Südwind gastarbeiterdeutsch". Mit Habib Bektaş aus der Türkei, Jusuf Naoum aus dem Libanon, den Syrern Rafik Schami und Suleman Taufiq sowie den Italienern Franco Biondi, Gino Chiellino und Guiseppe Giambusso gaben diese Reihe ausschließlich Schriftsteller heraus, die aus südlichen Ländern eingewandert sind. „Südwind", so heißt es denn auch im Vorwort der ersten Anthologie, „Südwind trägt die Elemente des Südländischen in die deutsche Gesellschaft."[78] Sechs Anthologien erschienen bis 1983, ehe die Reihe vom Neuen Malik Verlag übernommen und als „Südwind Literatur" fortgeführt wurde. Franco Biondi, Gino Chiellino, gleich dreimal Rafik Schami sowie die Griechin Eleni Torossi konnten eigenständige Veröffentlichungen innerhalb dieser Reihe publizieren, im Herbst 1985 erschien erstmals eine Anthologie, in der ausschließlich ausländische Frauen zu Wort kommen. Die politische Zielsetzung ist allen Veröffentlichungen geblieben: „Inzwischen hat sich", so schreiben die Herausgeber 1983 im Vorwort zu „Das Unsichtbare sagen!", „Inzwischen hat sich das politische und gesellschaftliche Klima verschärft. Das lauwarme Gerede von den sogenannten Integrationsbemühungen wich einer [...] direkten Abschiebung eines Teils der Gastarbeiter und der Einschüchterung der Übrigbleibenden. Das selbstverständliche Recht eines Ausländers, nach langjähriger Arbeit mit seiner Familie hier zu bleiben, soll durch ein paar lächerliche DM-Scheine abgelöst werden. [...] Die Verhältnisse, unter denen die Gastarbeiter leben, geraten dabei aus dem Blickfeld der Öffentlichkeit. Darüber zu schreiben, das Vorhandene, aber doch unsichtbar Gemachte, ist Inhalt dieses Buches, ist Ausdruck des Widerstands."[79] Worte, die das politische Selbstverständnis der deutschsprachigen Gastarbeiterliteratur kennzeichnen.

Zurück zur Bedeutung der Italiener bei dieser Entwicklung. Mit Gino Chiellino war ein Italiener der erste Vorsitzende von „PoLiKunst". Franco Biondi, Gino Chiellino und Guiseppe Giambusso traten als Herausgeber der „Südwind-Literatur" federführend hervor; auch sie sind Italiener. Um zu verstehen, daß es kein Zufall ist, daß vor allem italienische Autoren die Schranken nationaler Engstirnigkeit durchbrachen und die Gemeinsamkeiten aller Gastarbeiter betonen, muß man sich der Geschichte der italienischen Emigration in die Bundesrepublik erinnern.

Nach dem Zweiten Weltkrieg wanderten bis 1961 fast 4,5 Millionen Italiener aus, knapp 2 Millionen kehrten in ihre Heimat zurück. Die Bundesrepublik ist bis zu diesem Zeitpunkt als Zielland noch relativ unbedeutend: „Nur" 274.599 Italiener wanderten bis 1961 in die Bundesrepublik ein. Erst der in den sechziger Jahren einsetzende Arbeitskräftemangel brachte den Umschwung. Nach der Schweiz entwickelte sich die Bundesrepublik zum zweitwichtigsten Einwanderungsland italienischer Emigranten: Von den annähernd 3 Millionen Auswanderern, die zwischen 1962 und 1976 Italien verließen, emigrierten 863.232 in die Bundesrepublik. 1980 war die Bundesrepublik dann wichtigstes Einwanderungsland: 29.756 Italiener zogen auf die Nordseite der Alpen, nur 5.681 kehrten in diesem Jahr aus der Bundesrepublik in ihre Heimat zurück.[80]

In den fünfziger und frühen sechziger Jahren war die Ausländerfeindlichkeit in der Bundesrepublik kein Problem; die Wirtschaftswunderkonjunktur war nicht zu bremsen, die Vollbeschäftigung nach 1960 garantiert, und Ausländer, vor allem südländische Gastarbeiter, gab es noch nicht viele. 1960 lebten 686.200 ausländische Mitbürger in der Bundesrepublik, 1,2 Prozent der Bevölkerung. Noch 1964 wurde der millionste Gastarbeiter begeistert empfangen.[81]

Mit der Wirtschaftskrise 1966/67 änderte sich dies. Die latent vorhandene Fremdenfeindlichkeit wurde offenbar und schlug um in offene Ablehnung. Haß und Ablehnung bestimmten fortan den Alltag der Gastarbeiter.[82]

In den späten sechziger Jahren richtete sich die Feindlichkeit vieler Bundesbürger vor allem gegen Italiener, weil Italiener damals die größte Minderheit unter den Gastarbeitern waren: 1960 waren 55 Prozent aller in der Bundesrepublik beschäftigten Ausländer Italiener.[83] Und 1973 lebten bereits 97.883 Italiener zehn und mehr Jahre in der Bundesrepublik.[84]

Mit dem Anwerbestop im Novemberg 1973 änderte sich die Stoßrichtung der Ausländerfeindlichkeit. Die Gastarbeiter waren fortan unterteilt in EG-Angehörige und Nicht-EG-Angehörige. Geschützt durch die Römischen Verträge hatte jedes EG-Mitglied weiterhin das Recht auf ungehinderten Zuzug in die Bundesrepublik und freizügige Wahl des Arbeitsplatzes. Anders die Bürger aus Nicht-EG-Staaten. Nach dem Ölschock von 1973 und der seither in der Bundesrepublik bestehenden Massenarbeitslosigkeit wurden die Zuzugsbestimmungen für alle Ausländer aus Nicht-EG-Staaten ständig verschärft und ihre Arbeitsmöglichkeiten eingeschränkt.

Italiener wurden fortan als gleichrangige EG-Bürger behandelt. Die Ausländerfeindlichkeit verschob sich aus mehreren Gründen auf Türken: Türken waren bereits 1973 die mit Abstand größte Minderheit unter den Gastarbeitern. Ihre fremde ethnische und kulturelle Tradition, ihr religiöses Verhalten, ihr ungewohntes Aussehen, ihr Mangel, sich deutschen Sitten und Verhaltensweisen anzugleichen — all das trug dazu bei, daß sich Türken als Objekt der Ausländerfeindlichkeit anboten.[85]

Die „Verschiebung der deutschen Aufmerksamkeit", so resümiert Gino Chiellino, „hin zu anderen Minderheiten unter den hier anwesenden Ausländern, vor allem zu der türkischen, versetzt die italienische Minderheit in eine sehr prekäre Lage [...]. Von nun an wird von den Italienern verlangt, daß sie sich in der Bundesrepublik als EG-Angehörige verstehen, obwohl sie weiterhin dem Ausländergesetz unterstellt bleiben und sich weiterhin nach den Belangen der bundesrepublikanischen Gesellschaft zu richten haben. Damit wird ihnen offiziell die Andersartigkeit entzogen, jede Legitimierung der Schwierigkeiten mit dem deutschen Alltag streitig gemacht. Kurzum, sie haben keine Konflikte mehr zu melden, denn sie sind Italiener und keine Türken."[86]

Doch Konflikte und Benachteiligungen blieben bestehen, bei der Wohnungs- und Arbeitssuche oder direkt am Arbeitsplatz. An ein eingeschränktes Wahlrecht denken allenfalls liberale Politiker, etwa bei Kommunalwahlen, die konservativen Mehrheiten verhindern dies.[87] Da derzeit nicht einmal minimale Mitbestimmung politisch durchsetzbar ist, kamen Politiker auf die Idee, Ausländervertretungen in die Gemeinderäte wählen zu lassen. Ausländer aus nicht EG-Staaten sind nicht wahlberechtigt, so daß nicht einmal die Hälfte aller Ausländer vertreten ist. Die Räte selbst haben kein Wahlrecht und dürfen den Gemeinderäten nur Vorschläge unterbreiten. Da ist es verständlich, daß die meisten Wahlberechtigten auf eine Stimmabgabe verzichten und sich nicht mit einem belanglosen Gremium abspeisen lassen wollen.[88]

Trotz gewisser Privilegien bleibt zudem die rechtliche Situation von EG-Ausländern ungewiß:

„Die ausländerrechtlichen Sonderregelungen für EG-Staatsangehörige dürfen nicht darüber hinwegtäuschen, daß die Bundesrepublik wie auch die anderen Länder der Gemeinschaft, das Recht haben, Ausländer aus EG-Mitgliedsstaaten aus Gründen der ‚öffentlichen Ordnung, der Sicherheit oder der Gesundheit' auszuweisen bzw. ihnen den Aufenthalt zu verweigern.

Wie die Rechtssprechung zeigt, kann demnach beispielsweise ein Italiener, der während seines zehnjährigen Aufenthaltes in der Bundesrepublik Deutschland drei Mal wegen Übertretungen und geringfügigen Vergehen zu insgesamt 465 DM Geldstrafe, ersatzweise 45 Tage Gefängnis und einem Tag Haft verurteilt worden war, trotz der EG-Sonderregelungen für die Dauer von 5 Jahren ausgewiesen werden."[89]

Solche Widersprüche in rechtlicher Stellung und politischem Alltag sensibilisierten die italienische Minderheit. Eine Gruppe aus ihr begann, sich politisch zu engagieren. Da spielt sicher auch die Stärke der Kommunistischen Partei Italiens eine Rolle. In einem Land, in dem eine KP über Jahrzehnte um die 30 Prozent aller Wählerstimmen erhält, herrscht ein anderes Klassenbewußtsein als in einem totalitären Staat wie heute der Türkei oder früher Griechenland und Spanien. Solches Bewußtsein erleichtert es einem italienischen Arbeitsemigranten, auch in der Fremde streitbar aufzutreten.

Zudem ist ein italienischer Schriftsteller rechtlich besser geschützt, als sein jugoslawischer oder türkischer Kollege. Eine allzu locker geführte Feder kann leicht die Ausweisung bedeuten oder, was dem gleich kommt, die Nicht-Verlängerung des Reisepasses.[90] Und selbst wenn es nicht so weit kommt, so hemmt doch die Angst davor die Gedanken. Die Schere der Zensur verstümmelt nicht erst das fertige literarische Produkt, sie beschneidet bereits den Schreibprozeß.

2. Die schreibenden Türken.[91]

1963 unterzeichneten die Bundesrepublik Deutschland und die Türkei ein bilaterales Sozialabkommen, das die Anwerbung türkischer Arbeitskräfte in die Bundesrepublik regelte. Vorher gab es keine türkischen Gastarbeiter und somit auch keine türkische Migrantenliteratur.

Bereits ein Jahr später waren über 100.000 Türken nach Westdeutschland gekommen, und im November 1973, dem Zeitpunkt des Anwerbestops, lebten fast eine Million in der Bundesrepublik.[92] Von nun an erhielten erstmals einreisende Türken keine Arbeitserlaubnis mehr. Familienzusammenführung und Asylgewährung führten schließlich dazu, daß der türkische Bevölkerungsanteil in den achtziger Jahren auf über 1,5 Millionen Menschen wuchs und die Türken heute die größte ethnische und religiöse Minderheit in der Bundesrepublik bilden.

Diese Daten bestimmen auch das Schreiben türkischer Gastarbeiter, Einwanderer und Schriftsteller, die sich mit der Migration ihrer Landsleute auseinandersetzen: Nevzat Üstün, Bekir Yildiz und Yüksel Pazarkaya veröffentlichten bereits 1965 und 1966 erste literarische Werke in türkischer Sprache. Der Turkologe Wolfgang Riemann bezeichnet sie als „Pioniere der ‚Deutschland-Literatur' ".[93]

Nevzat Üstün (1924-1979) besuchte die Bundesrepublik oftmals im Rahmen längerer Europareisen. 1965 erschien seine Erzählung „Almanya, Almanya" als Titelgeschichte eines Erzählbandes. In ihr greift ein türkischer Schriftsteller zum ersten Mal die Folgen der türkischen Migration auf.[94] 1970 wird die Erzählung ein zweites Mal verlegt, und 1975 erscheinen von Üstün Reisebeschreibungen, die insbesondere die Lebensbedingungen türkischer Arbeiter zum Thema haben.[95]

Bekir Yildiz, Jahrgang 1933, arbeitete zwischen 1962 und 1966 in einer Druckereimaschinenfabrik bei Heidelberg. Er war der „erste ‚Betroffene', der sich zu Wort meldete und der seine Thematik bis heute in immer neuen Variationen bearbeitete."[96] „Mit seinen Ersparnissen kaufte sich der gelernte Drucker eine Setzmaschine und kehrte nach Istanbul zurück. Im gleichen Jahr publizierte er den Roman ‚Die Türken in Deutschland', in dem er seine deutschen Erfahrungen und Erlebnisse beschrieb."[97] Ein, wie Pazarkaya urteilt, Roman, „dem noch alle formalen Schwächen eines literarischen Erstlings anhaften" und „der auch kaum ein Echo gefunden hat."[98] 1974 erschien „Deutsches Brot", 1977 „Das Eisenbaby", in türkischer Sprache geschriebene Erzählungen, in denen Yildiz aus räumlicher und zeitlicher Distanz die „scheinbaren Leiden" türkischer Arbeiter und ihrer Familien darzustellen sucht.[99]

Der dritte „Pionier" ist der Bedeutendste: Nicht allein deshalb, weil der 1940 geborene Pazarkaya seit 1959 ununterbrochen in der Bundesrepublik lebt und seine Gedichte selbst als „die ersten in türkischer Sprache zur Arbeitsmigration"[100] einstuft; Pazarkaya entdeckte etliche junge türkische Talente in Deutschland, er übersetzte türkische Werke ins Deutsche und deutsche Literatur ins Türkische — und vor allem schreibt er selbst: Türkisch und Deutsch. Nicht nur unter den türkischen Migranten, auch in der Türkei gehört er heute zu den bedeutendsten Schriftstellern.

1965 und 1966 veröffentlichte Pazarkaya seine ersten Gedichte zur Migration in einer türkisch-sprachigen Metaller-Zeitung in Stuttgart. Hier beschrieb er die Erstankömmlinge. Sein Urteil: „Ich traf sie sprachlos, scheu und irritiert; sie glichen oft gestrandeten Fischen. Kaum einer kannte die Industriearbeit, zumal die in einer hochentwickelten Industrie wie der bundesdeutschen. Ich erlebte ihre Naivität, ihre Naturhaftigkeit, ihre Sanftmut, ihre Gutmütigkeit und nicht zuletzt ihre ersten Schritte vom ‚Holzpflug' hin zu automatischen Produktionsanlagen, vom Land- zum Industriearbeiter."[101] Der Kulturschock, den Pazarkaya beschreibt, ist für die meisten Einwanderer aus dem Süden kennzeichnend. Bis heute wird er immer wieder thematisiert.[102]

Den Pionieren folgten nach 1970 viele Autoren, die in türkischer Sprache den Gastarbeiteralltag literarisch zu fassen suchten und die „Deutschlandliteratur" zu einer breiten Literaturströmung ausweiteten.

Der 1930 geborene Fethi Savaşçi lebt seit 1965 in München und veröffentlichte zwischen 1970 und 1980 acht Bücher mit Erzählungen, Gedichten und Briefen, in denen er Emigrantenschicksale aufgreift.[103] Auch er gehört zu den „Betroffenen".

Die wenigsten Gastarbeiterautoren brachten es allerdings so weit, eigene Bücher auf den Markt zu bringen. In Gedichte-Ecken türkischer Tageszeitungen und Illustrierten teilten sie von ihrem Leben in der Fremde mit.[104]

Den türkischen Arbeitern folgten in den siebziger Jahren Schriftsteller. Viele flohen vor dem rechten und linken Terror, später vor dem Terror der Militärs, und erhielten politisches Asyl in der Bundesrepublik. Andere „wollten den großen ‚Exodus' am Zielort miterleben, um darüber schreiben zu können. Manch einer hoffte dabei, die ihm in der Türkei versagt gebliebene Popularität mit Hilfe der neuen Thematik zu erringen."[105] Gelungen ist dies keinem.

Eine Ausnahme ist Fakir Baykurt, der 1980 in die Bundesrepublik kam. In der Türkei arbeitete er als Dorf- und Gymnasiallehrer und gründete mit anderen die 1971 verbotene Lehrergewerkschaft, deren Vorsitzender er sechs Jahre lang war. Als Baykurt in die Bundesrepublik kam, war er in der Türkei ein angesehener Schriftsteller; über zwanzig Bücher — Romane und Erzählungen — hatte er bereits veröffentlicht; Baykurt schrieb weiterhin Türkisch, veröffentlichte nun aber auch in deutscher Sprache: Der von Stuttgart nach Berlin gewechselte Ararat-Verlag brachte einige seiner Werke in deutscher Übersetzung heraus[106], und einige Gastarbeiteranthologien reicherten ihr Spektrum mit seinen Erzählungen an.[107]

Baykurt gehört zu jenen Schriftstellern, die ihre Werke ins Deutsche übersetzen lassen, selbst aber nur in türkischer Sprache schreiben. Der Wichtigste aus dieser Gruppe ist Aras Ören. Er ist nicht nur der bekannteste und meistgelesene der in der Bundesrepublik lebenden türkischen Autoren; er ist bis heute der prominenteste aller Schriftsteller, die der Gastarbeiterliteratur zuzurechnen sind. Ören, 1939 in Istanbul geboren, lebt seit 1969 in West-Berlin, wo er sich lange Zeit als Hilfsarbeiter, Bierzapfer und

Schauspieler durchschlug. Heute arbeitet er als Redakteur der türkischsprachigen Sendungen des Senders Freies Berlin.[108] Bereits 1970 erschien „Disteln für Blumen", sein erster, noch wenig beachteter Gedichtband in der Bundesrepublik. 1972 folgten Erzählungen, 1973 übernahm der Rotbuch-Verlag seine Veröffentlichungen. Bereits mit „Was will Niyazi in der Naunynstraße" gelang Ören der Durchbruch, die Verkaufszahlen kletterten auf über Zehntausend[109], das Fernsehen verfilmte Band 1 und 3 seiner Berlintrilogie, Band 2 und 3 erschienen in einer Überarbeitung als Hörspiel.[110] Ören wurde zum Vielschreiber und beinahe jährlich erschien eine neue Übersetzung, mittlerweile sind es fünfzehn. 1983 schließlich erhielt Ören zusammen mit Franco Biondi die Ehrengabe der Bayerischen Akademie der Schönen Künste und 1985 den erstmals verliehenen Adalbert-von-Chamisso-Preis.[111]

Neben Ören und Baykurt versuchten sich andere mit Übersetzungen einem deutschen Lesepublikum zu nähern. Günay Dal, der seit 1972 in Berlin lebt, zählt nach Pazarkaya „zu den wichtigen" Schriftstellern.[112] Zwei Romane und einen Erzählband hat er bisher zum Thema Migration veröffentlicht.[113]

Adalet Agaoglu, Jahrgang 1929, lebte zwar niemals in West-Deutschland, brachte aber mit „Die zarte Rose meiner Sehnsucht" 1976 einen Roman in deutscher Übersetzung heraus, der das Thema Migration aus türkischer Distanz beschreibt: „Dieser Roman ist vor allem auch für die deutschen Leser interessant, eröffnet er doch die Möglichkeit eines Einblicks in die Denkweise und die Wertvorstellungen vieler in Deutschland beschäftigter türkischer Arbeiter."[114]

Die 1942 in Urfa geborene Aysel Özakin reiste, wie Fakir Baykurt, 1981 in die Bundesrepublik ein. Drei Monate nach dem türkischen Militärputsch am 12.9.1980 kam sie auf Einladung des Literarischen Colloquiums nach West-Berlin und entschied, aufgrund der politischen Verhältnisse nicht mehr in ihre Heimat zurückzukehren.[115] In der Türkei veröffentlichte die Schriftstellerin drei Romane und zwei Erzählbände; in deutscher Übersetzung erschienen bisher ihr Roman „Preisvergabe" sowie zwei Bände mit Erzählungen: „Soll ich hier alt werden" und „Die Leidenschaft der Anderen", inzwischen auch zwei Gedichtbände.[116]

Özakins letzter Gedichtband „Du bist willkommen" kennzeichnet eine Wandlung innerhalb der türkischen Migrantenliteratur: Waren ihre ersten Veröffentlichungen noch Übersetzungen, so ist dieses Buch direkt in deutscher Sprache geschrieben. „Anders als Ören erhebt sie es nicht zu einer (politischen) Forderung, auch in der Migration in ihrer Muttersprache zu schreiben."[117]

Wie Özakin verhielten sich viele. In den achtziger Jahren wagten sich zunehmend mehr Türken an die deutsche Sprache heran. Bereits 1980 erschien „Täglich eine Reise von der Türkei nach Deutschland", eine Anthologie, in der sich erstmals die zweite Generation zu Wort meldete. Jugendliche, die hier geboren sind oder in jungen Jahren in die Bundesrepublik einreisten, Jugendliche, für die die türkische Sprache oft eine Fremdsprache ist, schreiben hier in deutscher Sprache. Ihre Schreibhaltung ist typisch für die zweite Generation: Levent Aktoprak, 1959 in Ankara geboren und 1964 in die Bundesrepublik gekommen, veröffentlichte bisher zwei Gedichtbände[118], der 1960 geborene Akif Pirinççi einen Roman.[119] Beide schreiben wie Ihsan Atacan, Zafer Şenocak oder Zehra Çirak und etliche mehr nur in deutscher Sprache. Andere wiederum schreiben zweisprachig: Kemal Kurt, Özgur Savaşçi oder Alev Tekiney.

Mehr noch als das Schreiben in deutscher Sprache kennzeichnet die Schwierigkeit, zu eigenen Inhalten zu finden, das Schreiben der zweiten Generation. Doch hierzu später.[120] Festzuhalten bleibt, daß die Zahl junger türkischer Autoren, die vorwiegend in Anthologien Gelegenheit haben, sich erstmals vorzustellen, immer größer wird.[121]

Zwei Autoren fallen aus dem Schema und müssen, ihrer Bedeutung wegen, gesondert erwähnt werden: Şinasi Dikmen und Saliha Scheinhardt. Beide gehören der ersten türkischen Generation in der Bundesrepublik an. Dikmen, 1945 geboren, kam 1972 in die Bundesrepublik und Scheinhardt, Jahrgang 1950, 1967. Für beide ist die deutsche Sprache die Sprache der Fremde, die sie erst spät erlernten. Dennoch schreiben beide ausschließlich Deutsch. Neben Yüksel Pazarkaya sind sie die einzigen der ersten Generation, die sich auf die deutsche Sprache einließen.

Ich möchte schon hier späteren Ergebnissen vorgreifen und feststellen, daß gerade die widersprüchliche Erfahrung von Heimat und Fremde — der sogenannte Kulturschock[122] — die Qualität des Schreibens ausmacht. Es sind vor allem die in deutscher Sprache schreibenden Autoren der ersten Generation, die neue Bilder finden und die deutsche Sprache verändern, indem sie sprachliche und menschliche Erfahrungen aus zwei Welten in ihren Texten miteinander vereinen. Die zweite Generation schreibt zwar ungleich mehr, ihr gelingt dies jedoch nicht.

So ist Şinasi Dikmen der einzige bedeutende Satiriker unter den schreibenden Ausländern. Die Satire sichert ihm und dem Leser Distanz, so daß ungebrochene Identifikation nicht mehr möglich ist. „Die Ironie eröffnet den Blick für den außerliterarischen Zusammenhang, auf den Dikmen [...] an vielen Stellen anspielt, und führt den Leser zu einem direkten Vergleich zwischen der im Text dargestellten Lebenswirklichkeit der Mirgranten in der BRD und der außerliterarischen Wirklichkeit", wie Monika Frederking urteilt.[123] Ironie und Distanz sind Folge der doppelten Zugehörigkeit, zur deutschen und zur türkischen Wirklichkeit. Zwei Satirenbände sind bisher von Dikmen erschienen[124], im Frühjahr 1985 stellte er sein erstes Kabarettprogramm zusammen, und es ist anzunehmen, daß er auch in Zukunft zu den bedeutenden türkischen Gastarbeiterautoren gehören wird.

So außergewöhnlich Şinasi Dikmens Satiren innerhalb der Migrantenliteratur erscheinen, so bemerkenswert sind auch die authentischen Erzählungen Saliha Scheinhardts. Drei Bände hat sie bisher vorgelegt; in ihnen geht es ausschließlich um die Schicksale türkischer Frauen in der Emigration. Die Nähe zur Wirklichkeit bestimmt ihre Veröffentlichungen, einer Wirklichkeit, die uns Deutschen fremd ist. Umso erstaunlicher, daß es ihr gelingt, das unterschiedliche Erleben und die Schwierigkeiten türkischer Frauen und Mädchen zu übersetzen und uns Deutschen vor Augen zu führen, was es heißt, als Frau aus einem agrarisch strukturierten und mohammedanisch geprägten Land in die hochzivilisierte Welt Mitteleuropas zu emigrieren. Ganze Welten, Jahrhundere müssen hierzu überbrückt werden.

Die Entwicklung der türkischen Gastarbeiterliteratur liest sich anders als die der italienischen. Es gab mit „Anadil" zwar auch eine Zeitschrift, in der türkische Autoren die Möglichkeit hatten, sich erstmals der Öffentlichkeit zu präsentieren. Mangels Interesse und Kapital mußten die Herausgeber aber bereits nach der zwölften Nummer das Handtuch werfen. Ein Einzelfall, gewiß, aber bezeichnend.

Anders als innerhalb der italienischen Migrantenliteratur gibt es keine Wettbewerbe, keine Auseinandersetzungen, keine Richtungskämpfe. In der Bundesrepublik stehen bis in die achtziger Jahre nur zwei Namen für türkische Migrantenliteratur ein: Ören und Pazarkaya, zwei Autoren, die nicht als Gastarbeiter, sondern als Schriftsteller in die Bundesrepublik kamen und die sich dementsprechend auch nicht als Gastarbeiterautoren bezeichnen.[125] Nicht nur in den siebziger Jahren, sondern bis heute fehlt der

45

türkischen Literatur politisches Engagement. Ören, Pazarkaya, Özakin, Dal, um nur einige zu nennen, sie halten sich fern von PoLiKunst, sie schreiben für sich, für ihre türkischen Landsleute, die sie meist nicht lesen, oder in Übersetzung allein für ein deutsches Publikum. Kaum multikulturelle Ambitionen, kaum multinationales Interesse.

Diese unterschiedliche Entwicklung ist nicht zufällig. Unter den türkischen Autoren gibt es kaum Gastarbeiter. In den sechziger und siebziger Jahren haben vor allem „professionelle" Schriftsteller aus intellektuellen Kreisen, das Thema „Gastarbeiter" aufgegriffen, von Ausnahmen abgesehen blieben die Einwanderer selbst stumm. Das erklärt sich schon allein daraus, daß noch 1980 40 Prozent aller Türken Analphabeten waren und das geschriebene Wort lange nicht die Bedeutung hatte wie das gesprochene. Anders als in der italienischen Minderheit schwiegen in der Anfangsphase der Migration die „betroffenen" Gastarbeiter.

Die rechtliche Stellung dürfte das ihre zur politischen Enthaltsamkeit beigetragen haben. Bürgern aus nicht EG-Staaten ist politische Einmischung in doppeltem Sinn erschwert: „Die politische Betätigung von Ausländern kann eingeschränkt oder untersagt werden, wenn die Abwehr von Störungen der öffentlichen Sicherheit oder Ordnung [...] oder sonstige erhebliche Belange der Bundesrepublik Deutschland es erfordern", heißt es im § 6 des Ausländergesetzes.[126] Und im § 10: „Ein Ausländer kann ausgewiesen werden, wenn er die freiheitlich demokratische Grundordnung oder die Sicherheit der Bundesrepublik Deutschland gefährdet".[127] So unpräzise diese Paragraphen auch formuliert sind, eines bewirken sie: Ausländer aus nicht EG-Staaten fürchten um ihre Aufenthaltsberechtigung. Denn „nach § 10 des Ausländergesetzes" kann „praktisch unter jeder Voraussetzung eine Ausweisung verfügt werden".[128] So hemmt die Angst vor Ausweisung die Veröffentlichung der Gedanken, eine Angst, die bei Nicht-EG-Ausländern deshalb sehr groß ist, weil sie nach derzeitiger Behördenpraxis bevorzugt betroffen sind.[129]

Hinzu kommt, daß speziell türkische Behörden die politische Aktivität ihrer Landsleute überwachen und unbequeme Repräsentanten des türkischen Staats dadurch in ihre Heimat zurückbeordern können, daß die türkischen Konsulate sich weigern, einen abgelaufenen Reisepaß zu verlängern. Ohne gültigen Reisepaß erlischt das Recht auf Aufenthalt.[130] Die Angst türkischer Staatsbürger vor Ausweisung nährt sich demnach aus zwei Richtungen, aus der Ausweisungspraxis deutscher Behörden und dem

Überwachungsverhalten türkischer Konsulate. Diese doppelte Gängelung erklärt die politische Abstinenz türkischer Autoren.

III. Literatur der Betroffenheit — authentische Literatur

„Literatur der Betroffenheit" — so bezeichnen der Italiener Franco Biondi und der Syrer Rafik Schami die Literatur der Einwanderer.[131] Sie verstehen darunter eine Literatur, die sich mit dem Alltag der Gastarbeiter auseinandersetzt, eine Literatur, die aus diesem Alltag entsteht.

Der Begriff ist umstritten. Harald Weinrich sieht in der Betroffenheit „diejenige Wirklichkeit, die von der Gastarbeiterliteratur am meisten angestrebt wird." Biondis und Schamis Aufsatz hält er für „eine Ars poetica" dieser Literatur.[132] Irmgard Ackermann formuliert dies ausführlicher:

> „In der Tat: Erst die persönliche Betroffenheit bringt die spezifischen Töne zum Klingen, die dieser Literatur ihre Authentizität und Unmittelbarkeit, ihre Lebensnähe und ihren Atem geben. Die unmittelbare Betroffenheit unterscheidet sich von den wohlwollenden, aber sich neben ihnen so blaß und farblos ausnehmenden Gastarbeiterdarstellungen in der ‚offiziellen' deutschen Literatur, die sich hier und da, wenn im ganzen auch viel zu selten, bei renommierten Autoren, etwa bei Böll, Lenz, Max von der Grün oder Luise Rinser finden.
>
> Die Betroffenheit der Auoren dagegen, die selbst in der Situation stehen oder sich mit der Situation einlassen, teilt sich mit, macht betroffen, auch da und vielleicht gerade da, wo ‚ganz einfach' autobiographische Berichte aus dem Leben der Betroffenen gegeben werden, oft ohne Kenntnis der literarischen Formensprache oder der literarischen Traditionen. Die Texte der Jugendlichen aus ‚Täglich eine Reise von der Türkei nach Deutschland', die meist nicht in geschliffener, differenzierter und nuancenreicher Sprache geschrieben, aber trotzdem sehr ausdrucksstark sind, geben ein beredtes Zeugnis davon, daß Betroffenheit und Echtheit solchen Texten durchaus die Eindringlichkeit einer literarischen Aussage von Rang geben können."[133]

Günter Wallraff hat mit „Ganz unten" zwar gezeigt, daß sich auch deutsche Auoren dem Thema „Gastarbeiteralltag" wirklichkeitsgerecht nähern können, doch ansonsten hat Ackermann Recht: Es sind vorwiegend Ausländer, die das Thema in deutsche Sprache übersetzen.[134]

Während Literaturkritiker aus der These, es handele sich hier um „Literatur der Betroffenheit", folgern: „Literarische Kunstwerke oder großen Lesegenuß sollte man [...] nicht erwarten. Interessant ist in erster Linie der verarbeitete Stoff"[135], versucht Monika Frederking Ästhetik und literarische Qualität der Gastarbeiterliteratur dadurch zu belegen, daß sie die Bezeichnung „authentische Literatur" bemüht[136] und in langen Formanalysen Authentizität und Besonderheit der Gastarbeiterliteratur herausarbeitet.[137]

Die Ersetzung des Begriffes „Literatur der Betroffenheit" durch „authentische Literatur" erweist sich auch auf Grund der sozialen Stellung der meisten Auoren als zutreffend: Es sind nicht die Arbeiter selbst, die heutzutage schreiben, nicht diejenigen, die bei Ford oder Thyssen am Fließband stehen, sondern Akademiker. Die meisten „Betroffenen" greifen nicht zu Feder und Papier.

Um diese These zu belegen, habe ich 15 Anthologien herangezogen[138] und die Autoren und Autorinnen, die dort veröffentlicht haben, einzelnen Berufsgruppen zugeordnet. 172 konnte ich berücksichtigen.[139] 45 sind Akademiker, 23 hiervon Lehrer. Ein weiterer brach sein Studium ab. 45 Autoren studieren noch, 8 weitere bezeichnen sich als Schriftsteller und leben vom Schreiben, 3 als Maler oder Schauspieler. Von diesen 11 Künstlern sind mindestens 3 Akademiker, von den übrigen besitze ich keine Angaben. Zu dieser Gruppe gehören weitere 16 Autoren, die mittelbar mit Sprache arbeiten, als Übersetzer beispielsweise oder als Journalist. 118 der 172 Autoren stehen also nicht an Arbeitsplätzen, die mit denen „normaler" Gastarbeiter vergleichbar wären. Sie arbeiten nicht, wie viele der Eingewanderten, tagein tagaus in einer Fabrik oder Gaststätte, sondern gehören — auch im Vergleich zur deutschen Bevölkerung — zu einer privilegierten Schicht von Bildungsbürgern. Zu ihnen kann man durchaus auch die 17 schreibenden Schüler zählen. Es sind in aller Regel Gymnasiasten, die nicht die Perspektive haben, in irgendeinem Betrieb am Fließband zu enden.

Von den übriggebliebenen 37 Autoren sind 8 Beamte, jeweils einer ist Gewerkschaftssekretär, Sozialberater, Mesner und Restaurantbesitzer. Auch dies sind Berufe, die mit durchschnittlichen Beschäftigungen von Ausländern wenig zu tun haben.

Es verbleiben 25 Autoren. Von ihnen sind 2 pflegerisch tätig, 2 üben ein Handwerk aus, 2 sind Kellner, einer ist Lehrling und einer Kosmetiker. Ganze 17 bezeichnen sich als Arbeiter.

In Prozenten ausgedrückt bedeutet dies:
* 78,5 Prozent der Autoren haben eine herausragende Berufsausbildung oder streben sie an.
* 7,0 Prozent der Autoren haben eine überdurchschnittliche Berufsqualifikation.
*Die meisten Autoren dieser beiden Gruppen üben ihren Beruf auch aus.
* 14,5 Prozent sind in Berufen tätig, die gemeinhin für Gastarbeiter als typisch gelten.

Festzuhalten bleibt: Die Akademiker schreiben. „Seit Anfang der siebziger Jahre sind immer mehr Abiturienten und Akademiker unter den [schreibenden] Italienern anzutreffen"[140], stellt Gino Chiellino für die italienische Minderheit fest. Überraschend ist dies nicht; denn wer tagsüber in einer Fabrik den demütigenden Alltag eines Gastarbeiters am eigenen Leibe erfährt, der wird kaum Lust verspüren, sich auch noch in seiner Freizeit, damit auseinanderzusetzen.

Es sind Akademiker, die Heimatverlust und Verlorensein in der Fremde festhalten und den Prozeß der Migration literarisch aufarbeiten.[141] Sie werden zu Chronisten eines jahrzehntelangen Wanderungsprozesses.

Dennoch ist auch der Begriff „Literatur der Betroffenheit" nicht ganz falsch. Ressentiments und Verachtung treffen den syrischen Arzt genauso wie den türkischen Hilfsarbeiter. Und betrachtet man die Biographien akademischer Autoren, dann wird verständlich, warum sie sich zu Fürsprechern von Arbeitern machen. Franco Biondi beispielsweise kam 1967 als 20jähriger mit seiner Familie in die Bundesrepublik. Zehn Jahre arbeitete er als Schlosser, Schweißer, Chemie- und Fließbandarbeiter. Neben seiner Arbeit holte er mittlere Reife und Abitur nach und studierte Psychologie. Heute lebt er als Psychologe und Schriftsteller in der Nähe von Mainz und gehört zu den wegweisenden Autoren der Ausländerliteraturszene. Er ist zwar Akademiker, doch seine Vergangenheit gleicht der vieler Gastarbeiter. Ähnlich Rafik Schami. Auch er arbeitete nach seiner Einwanderung 1971 in verschiedenen Berufen, ehe er 1979 promovierte. Wie Biondi ist er also Akademiker mit Arbeitervergangenheit. Als letztes Beispiel Saliha Scheinhardt. Auch sie gehört zu den Autoren und Autorinnen der ersten Generation, die mittlerweile einen akademischen Abschluß vorweisen können und Berühmtheit erlangten. Sie, die heute als Stadtschreiberin in Offenbach lebt, arbeitete jahrelang als Näherin in einer Textilfabrik.

Diese drei Biographien sind kennzeichnend für viele Autoren und Autorinnen der ersten Generation: Nach ihrer Übersiedelung arbeiteten sie in „typischen" Gastarbeiterberufen, stiegen sozial auf und begannen während ihres Aufstiegs zu schreiben. Die Autoren der ersten Generation schreiben heute also aus der Distanz über ihre Vergangenheit, sofern sie den Alltag in deutschen Betrieben oder Wohnbaracken ins literarische Bild setzen oder die Wirklickeit einer türkischen Frau in der Bundesrepublik beleuchten.

Für Autoren der zweiten Generation gilt diese Distanz in vergleichbarer Weise. Sie, die mit ihren Eltern in die Bundesrepublik kamen oder hier geboren wurden, wuchsen in Verhältnissen auf, in denen sie den Gastarbeiteralltag jahrelang erlebten. Mit ihrem Abitur oder akademischen Abschluß verließen sie ihre Schicht und ihren Alltag.[142] Auch sie schreiben heute aus der Distanz über ihre Vergangenheit, sofern sie sich des Alltags eines Gastarbeiters in der Bundesrepublik annehmen.

Die Distanz zwischen beschriebener Wirklichkeit und momentaner Lebenssituation ist eine Erleichterung, sich dem Thema „Gastarbeiteralltag" literarisch zu nähern. Die Distanz sichert den Autor vor den Demütigungen, die ein Gastarbeiter in der Bundesrepublik erlebt. Er kann sich mit anderen Einwanderern identifizieren und gleichzeitig distanzieren. Die „Betroffenheit" eines Autors gehört zum Teil der Vergangenheit an.

Schreiben ist somit auch Ausdruck von Sicherheit: Im Wissen, auch den meisten Deutschen durch Ausbildung und Berufsstellung sozial überlegen zu sein, fällt es einem Akademiker gewiß leichter, die Demütigung eines Gastarbeiters anzuprangern, als beispielsweise einem Analphabeten aus der Ostürkei.

Obwohl Akademiker die Akzente setzen und weiterhin setzen werden, konnte ich kaum einen Text finden, der auf die Distanz zwischen schreibendem Autor und beschriebenem Gastarbeiter, zwischen Subjekt und Objekt hinwies:

> „Ich weiß, wie entschieden ich mich immer dagegen wehre, mit den ‚Gastarbeitern' identifiziert zu werden. Nicht weil ich mich in meiner Ehre gekränkt fühlen oder für etwas Besseres halten würde. Nein, meine Abneigung gegen diese verbale Identifikation mit den Gastarbeitern kommt von daher, daß ich in der Ausländerszene immer wieder beobachtet habe, wie einige Akademiker sich verbal-rhetorisch als ‚Gastarbeiter' bezeichneten, wo sie nicht einmal Arbeiter waren. Ich habe es immer wieder als demagogisch empfunden, denn diese verbale Identifikation sollte rein rhetorisch die Klassenkluft überbrücken, was dann jenen demagogischen ausländischen Akade-

mikern erlauben sollte, als echte Vertreter der diskriminierten ausländischen Arbeiter aufzutreten [...] Es ist nicht anständig, wenn einer von uns südländischen Akademikern, die ganz feine Hände haben, fast tadellos Deutsch sprechen, in einem normalen deutschen Viertel unter Deutschen wohnen und nicht einmal südeuropäisch aussehen, wenn einer von uns versucht, durch eine rein rhetorische Identifikation mit den echt diskriminierten Ausländern seine kleinkarierten Machtgelüste durchzusetzen und seine großkarierten Gewissensbisse zu vertuschen. Denn ich zähle zu den Ausländern, die nicht nur gegenüber den ausländischen Arbeitern riesige Privilegien genießen, sondern auch gegenüber den meisten Deutschen erhebliche finanzielle, kulturelle und soziale Vorteile aufweisen."[143]

Der Erzähler wehrt sich dagegen, „mit den ‚Gastarbeitern' identifiziert zu werden" und spricht die „Gewissensbisse" an, die manchen Akademiker dazu treiben, sich um die verlassene Schicht zu bemühen. Er sieht die „Klassenkluft", die zwischen Schreibern und Beschriebenen entstanden ist; doch die Verkürzung des Engagements derjenigen, die sich aus einer Akademikerposition für Gastarbeiter einsetzen, auf Schuldgefühle, wird den meisten der schreibenden Autoren nicht gerecht. Da spielt die jeweilige Vergangenheit als Gastarbeiter oder Gastarbeiterkind, die nun in distanzierter Betroffenheit eingeholt wird, eine allzu große Rolle.

Die Betroffenheit der Autoren erinnert an die deutsche Literatur der siebziger Jahre, die als „Neue Subjektivität" in die Literaturgeschichte einging.[144] Der Politisierung der deutschen Literatur in den sechziger Jahren folgte Desillusionierung und Resignation. Die Aufbruchseuphorie des Jahres 1968 verflog spätestens, als Willy Brand 1972 den Radikalenerlaß unterzeichnete. So schreibt kurz darauf das Literaturjahrbuch „Tintenfisch":

„Ein Gespenst geht um in Deutschland: die Langeweile. Die ehemals radikalen Schüler sitzen schwitzend über Bonus- und Malus-Werten und denken über die Höhe ihrer Pension nach; die ehemals radikalen Studenten sitzen frischrasiert und gerade an ihren sauberen Schreibtischen und entdecken die alte oder die neue Ordnung, auf jeden Fall eine Ordnung; die ehemals radikalen Schriftsteller liegen in den warmen Armen der Gewerkschaft, seitdem sind sie ruhig; der Rest der Bevölkerung scheint, aus Angst vor Entlassung, regelmäßig und unauffällig zu leben."[145]

Eine zutreffende Beschreibung der siebziger Jahre. Für die Literatur ist dieser Sinneswandel gleichbedeutend mit dem Rückzug in die Innerlichkeit: Autobiographisches Schreiben, in dem Verallgemeinerungen sich durch persönliche Erfahrungen legitimieren, wird gängige Form.

In den sechziger Jahren versuchten Autoren die bisherige Literatur zu verändern, indem sie anstelle fiktionaler, literarischer Erfindung „nachweisbare, faktisch, dokumentarisch belegbare Lebensläufe in den Interessenmittelpunkt" stellten[146] und so das Typische und Besondere der Klassengesellschaft aufzeigten. Erika Runges „Bottroper Protokolle" (1968) etwa sind ein Stenogramm von Arbeitern und Angestellten, die von der Strukturkrise im Ruhrgebiet betroffen sind. Das dokumentarische Schreiben Alexander Kluges (Lebensläufe — 1962; Schlachtbeschreibung — 1964; Lernprozesse mit tödlichem Ausgang — 1973; Gelegenheitsarbeit einer Sklavin — 1975) oder die Veröffentlichungen Günter Wallraffs schließen sich hier an. In „Der kurze Sommer der Anarchie" (1972) zeigt Hans Magnus Enzensberger ebenfalls „authentisches Literaturinteresse mit dem Appell zur geschichtlichen Aktion."[147]

Diese engagierte, dokumentarische Art des Schreibens endete mit der politischen Resignation in den frühen siebziger Jahren. Dokumentarische Literatur wird zur autobiographischen. „Der ursprüngliche Impetus der dokumentarischen Methode, aus der literarischen Befangenheit herauszuführen, kehrt dorthin zurück, wo auch die Erzählkrise ihren Ausgangspunkt nahm: zur Selbstreflexion des Autors."[148] Autobiographie, Selbstdarstellung, Selbstbeschreibung, subjektiv erlebte Wirklichkeit — all das steht nun im Zentrum des Schreibens. Alte Subjektivität, in der sich der Ich-Erzähler selbst in Frage stellte, wird abgelöst von neuer Subjektivität, die sich mit Selbstbeschäftigung begnügt. Das Wiederentdecken der eigenen Subjektivität geht einher mit einer bewußten Abkehr von politisch-gesellschaftlicher Wirklichkeit.

Emotional aufgeladen bis zur anarchischen Empfindungswildheit entdecken sich einzelne Gruppen in ihrer sozialen Benachteiligung: Strafgefangene oder Homosexuelle beispielsweise und vor allem Frauen. Frauenliteratur wird in der zweiten Hälfte der siebziger Jahre zu einem Etikett.

Dem Schreiben von Frauen in den siebziger Jahren ist die Literatur der Gastarbeiter in den achtziger Jahren vergleichbar. Der Zerfall der deutschen Gegenwartsliteratur in Gruppenliteratur findet somit eine weitere Bestätigung. Auch hier finden sich Unterprivilegierte zusammen, die ihre Betroffenheit zum Ausdruck bringen und über ihre Betroffenheit zu Kommunikation und Gemeinsamkeit finden.

Was Franco Biondi und Rafik Schami als „Literatur der Betroffenheit" bezeichnen, gleicht in vielem denn auch der Literatur der Neuen Innerlichkeit:

Ein großer Teil aller Veröffentlichungen sind Gedichte, die Erzählungen sind meist in Ich-Erzählweise geschrieben, die Distanz zwischen lyrischem oder erzählendem Ich und schreibendem Autor bleibt verschwindend gering. Viele Erzählungen sind autobiographisch, oft sogar tagebuchartig. Diese Art zu schreiben, ermöglicht es den Autoren, Gefühl und Empfindung nahezu ungebrochen in Sprache zu übersetzen. Keine weitere Distanz ist nötig, die Identifizierung mit den dargestellten Inhalten bereits an der Oberfläche möglich. Die Betroffenheit, die so zum Ausdruck kommt, ist das Bindeglied der Gruppe: Betroffen sind Türken, Italiener, Griechen oder Spanier gleichermaßen. Die gemeinsame Betroffenheit sichert den Gastarbeiterautoren Geschlossenheit; sie ist Voraussetzung dafür, daß PoLiKunst gegründet und die Südwind-Literatur herausgegeben werden konnte.

Dennoch kann die Gastarbeiterliteratur nicht ohne Vorbehalt unter den Begriffen „Betroffenheit" und „Neue Innerlichkeit" subsumiert werden. Vor allem Autoren der ersten Generation wählen Schreibhaltungen, in denen weder sie noch die Leser sich vorbehaltlos mit einer literarischen Figur oder einem Ich-Erzähler identifizieren können. Die Betroffenheit, die zum Schreiben gehört, weicht im Schreibprozeß kritischer Distanz und Reflexion. Betroffenheitsliteratur wird zu authentischer Literatur.

So gleicht Saliha Scheinhardts „authentisches Erzählen", wie die Autorin ihr Schreiben selbst bezeichnet[149], dem dokumentarischen Schreiben politisch engagierter Autoren der 68er Generation. Der Erzähler Franco Biondi schreibt zwar meist in Ich-Erzählhaltung, aber nie aus nur einer Perspektive. Innerhalb von Satzbruchstücken wechselt er den Blick und schafft so die nötige Distanz, um das Erzählte gleich wieder in anderem Zusammenhang begreifen zu können.[150] Die Märchenwelt eines Rafik Schami oder die Satiren eines Şinasi Dikmen sind solchem Schreiben vergleichbar: Die Form der Satire sichert Distanz, und Märchen sind für sich schon eine andere Welt, in die der Gastarbeiteralltag nur mittelbar eindringt.

Als Fazit bleibt festzuhalten: Gastarbeiterliteratur entstand aus der Situation persönlicher Betroffenheit. Während Autoren der zweiten Generation diese Betroffenheit meist ungebrochen zu Papier bringen, gelingt es den meisten Autoren der ersten Generation, ihre Subjektivität zwar einzubringen, aber gleichzeitig erzählerisch zu brechen. Nimmt man die Kategorien der deutschen Literaturgeschichtsschreibung zu Hilfe, so läßt sich das Schreiben der zweiten Generation mit Neuer Innerlichkeit, das der ersten mit Alter Innerlichkeit charakterisieren.[151]

IV. Heimat: Wunsch- und Trugbild

1. Ursachen der Heimatlosigkeit

Kaum eine Thematik offenbart die Widersprüche der Einwanderer aus dem Süden, ihre trügerischen Hoffnungen, ihre Sehnsüchte und Wünsche und ihre Verzweiflung so deutlich wie die Heimatproblematik. Bevor ich darstelle, wie das Heimatmotiv in die Texte der Arbeitsemigranten eingeht, werde ich die historischen Fakten zusammentragen, die einen Einblick in das Ausmaß des Heimatverlustes erlauben.[152]

„Die Mehrzahl der ‚Arbeitsemigranten' kommt aus den sogenannten ‚Armenhäusern' Europas, aus wirtschaftlich rückständigen Regionen, in denen sie ein Leben als Unterbeschäftigte oder Arbeitslose fristen mußten."[153] Arbeitslosigkeit, Armut oder die Angst vor Armut sind dabei der häufigste Anlaß zur Emigration. So beruht Auswanderung weitgehend auf dem Entschluß, einen Ausweg aus einer hoffnungslos erscheinenden Situation zu suchen.

Da sich die wirtschaftliche Situation in den Mittelmeeranrainerstaaten nicht grundsätzlich verändert hat, ist Rückkehr vielen kaum mehr möglich. Hierzu ein Beispiel: Paolo Cinanni zeigt an Kalabrien, der italienischen Region mit der höchsten Auswanderungsrate, welch verheerende Folgen die jahrzehntelang betriebene Abwanderungspolitik der deutschen und der italienischen Regierung hatte:

„Ein Großteil der traditionellen Agrarwirtschaft ist zusammengebrochen, ohne durch andere Produktionszweige ersetzt zu werden. In den wenigen Landstrichen, die Entwicklungsansätze zeigen, geht der Transformationsprozeß immer langsamer vor sich, während immer größere Gebiete völlig verlassen werden. [...] Die Landwirtschaft Kalabriens ist kaum mechanisiert, und die vorhandenen Maschinen können meist nicht mehr benützt werden, da die Fachkräfte ausgewandert sind."[154]

„Bis heute hat sich an der Situation Kalabriens nur wenig geändert. Es herrschen weiterhin Armut und Rückständigkeit, der Lebensstandard der Bevölkerung ist der niedrigste in ganz Italien. Der ständige Verlust an im produktivsten Alter stehenden Bevölkerungsgruppen zeitigt katastrophale Folgen: Die Störung des demografischen Gleichgewichts — die gesunden, jungen Männer wandern aus, Frauen, Kinder und Alte bleiben zurück — und die damit in Zusammenhang stehende verminderte Reproduktionsfähigkeit. Diese Verschiebung zugunsten des ‚unproduktiven' Teils der Bevölkerung wirkt sich zudem als schwere Belastung der sozialen Infrastruktur aus: Ein großer Teil der Institutionen wie Schulen, Krankenhäuser etc. müssen weiterhin aufrecht erhalten werden, während die hierfür erforderlichen Mittel von der im Lande verbliebenen Bevölkerung nur schwer aufgebracht werden können. Die von den Gastarbeitern bezahlten Steuern stehen hingegen den an sich schon wohlhabenden Einwanderungsländern zur Verfügung."[155]

Die Armut in den Mittelmeeranrainerstaaten nimmt vielen Einwanderern die Möglichkeit zur Rückkehr. Auch der „Wunsch vieler Gastarbeiter, nach ihrer Rückkehr sich selbständig zu machen, scheitert sehr oft. ‚Die betroffenen Arbeitnehmer fallen in Arbeitslosigkeit oder Lohnarbeiterexistenz zurück.'"[156]

Von der Landwirtschaft können sich immer weniger Menschen ernähren; Landflucht prägt deshalb alle Mittelmeerländer: In Italien waren 1951 noch 8,64 Millionen Menschen in der Landwirtschaft beschäftigt, 1960 waren es noch 6,56 und 1970 3,68 Millionen. In 20 Jahren mußten sich fast 60 Prozent der in der Landwirtschaft Beschäftigten eine neue Arbeit suchen. Für die meisten bedeutete dies auszuwandern.[157] Die industriell wenig entwickelten und agrarisch strukturierten Regionen Süditaliens waren von dieser Entwicklung besonders betroffen.

In Jugoslawien ging der von der Landwirtschaft lebende Anteil der Bevölkerung zwischen 1948 und 1971 von 67,2 auf 38,2 Prozent zurück.[158]

In Spanien waren 1975 noch 26 Prozent der Erwerbstätigen in der Landwirtschaft beschäftigt, sie erwirtschafteten aber nur 13,5 Prozent der Gesamtproduktion. „Die Rückständigkeit der Landwirtschaft ist hauptsächlich auf die ungleiche Verteilung des Bodens zurückzuführen: Im Norden und im Mittelmeerraum befinden sich in der Mehrzahl ökonomisch unrentable Minifundien, im Süden dagegen herrscht meist Großgrundbesitz vor."[159]

Für Griechenland gilt Ähnliches: 1928 lebten 54,4 Prozent der Bevölkerung auf dem Land, 1971 waren es noch 35,1 Prozent. Die in der Landwirtschaft freigesetzten Arbeitskräfte konnten von der Industrie nur in geringem Umfang übernommen werden und vergrößerten das Arbeitskräftepotential.[160]

In der Türkei schließlich lebten 1973 17,52 Prozent der ländlichen Bevölkerung als landlose Bauern, 64,28 Prozent galten als arme Bauern: „Der Anteil der landlosen Bauern steigt ständig und erreicht in einzelnen Provinzen Südanatoliens bereits die Grenze von 80 Prozent. Diese Bauern leben am Rande des Existenzminimums.[161]

Die Konzentration des agrarisch nutzbaren Bodens nimmt in den Mittelmeeranrainerstaaten ständig zu. Agrarisch orientierte Regionen und Länder entwickeln sich zu Industriestaaten. Die feudal strukturierten Regionen Süditaliens, Südspaniens oder Anatoliens beginnen, ihre Vergangenheit abzuschütteln. Mit einer Verzögerung von annähernd 200 Jahren hat der Prozeß der Industrialisierung die südlichen Länder Europas erreicht.

Diejenigen, die Land und Heimat aufgeben, haben meist einen vergleichbaren Weg vor sich: Zuerst ziehen sie allein oder mit ihren Familien in die Industriezentren der Großstädte und suchen dort nach Arbeit. Slums und Armenviertel werden zum neuen Zuhause. Werden Elend und Hoffnungslosigkeit unerträglich, geht die Wanderung weiter: in die Industrienationen des Nordens oder nach Übersee, für ein paar Jahre zuerst, schließlich für immer.

Angesichts der geringen Aussichten, im Herkunftsland Arbeit zu finden, angesichts der Unmöglichkeit, menschenwürdig wohnen und leben zu können, ist es verständlich, daß annähernd die Hälfte der in die Bundesrepublik gekommenen Arbeitsemigranten bereits ein Jahrzehnt in der Fremde lebt und die meisten für immer hier bleiben wollen.

Außerdem sind die Ursprungsländer nicht an der Rückkehr ihrer Landsleute interessiert. Jeder Heimkehrende würde die Arbeitslosenstatistiken erhöhen und ließe sich kaum mehr integrieren. Rückkehrer sind unerwünscht.

Was aber bedeutet der Verlust von „Heimat" in einer Zeit, da der „Verlust der sozialen Geborgenheit, dieses ‚Unbehaustsein'", „das vorherrschende Thema der modernen Literatur" ist?[162] „Heimat", so schrieb der englische Schriftsteller John Berger, „Heimat — das ist die Mitte der Welt, das Zentrum des Lebens":

> „Heim war das Zentrum der Welt deshalb, weil sich dort eine vertikale Linie mit einer horizontalen kreuzte. Die vertikale war ein Pfad, der nach oben in den Himmel und nach unten in die Unterwelt führte. Die horizontale Linie repräsentierte den Verkehr der Welt, all die möglichen Straßen, die quer über die Erde zu anderen Orten führten. So war man zu Hause den Göttern im

Himmel am nächsten und gleichzeitig auch den Toten in der Unterwelt. Diese Nähe garantierte leichten Zugang zu beiden Bezirken. Und gleichzeitig war man zu Hause auch am Ausgangspunkt und hoffentlich auch am Endpunkt aller möglichen irdischen Ansprüche. [...]
Wenn man nicht genau erkennt, was ‚Heimat' ursprünglich hieß, wird man nie völlig ermessen können, was Heimatlosigkeit bedeutet. Emigration und Auswanderung heißen ja nicht einfach, daß man etwas zurückläßt, daß man Gewässer überquert, unter Fremden lebt, sondern vor allem auch, daß man den Sinn der Welt auflöst und — im Extremfalle — sich selbst der Unwirklichkeit anheim gibt, die nichts anderes ist als das Absurde."[163]

Traditionen gehören also zu Heimat, genauer: zur Vorstellung von Heimat, die Einbettung in Ahnenreihen oder die Sicherheit, genau auf jenem Friedhof einmal begraben zu werden.

Heimat wird allerdings dem einzelnen erst dann bedeutsam, wenn sie verlorengeht. Ein Auswanderer, der beispielsweise innerhalb von zwei Flugstunden in eine Welt gelangt, in der alle erlernten Werte nicht mehr gelten, der wird die Fremde als Chaos erleben. Die Suche nach Heimat wird zur Überlebensfrage. Heimat erscheint dann meist als Phantasie einer innerlich und äußerlich geordneten Welt. Einer Welt, in der es einen Gott gibt, der den Lauf der Zeit und den Lauf der Dinge garantiert, einer Welt, die in ihrer Statik und Überschaubarkeit dem einzelnen berechenbar ist: sowohl vertikal wie horizontal. Eine Phantasiewelt wohlgemerkt.

Wenn man so will, läßt sich die Vorstellung von Heimat mit der Sehnsucht nach der embryonalen Sicherheit eines Ungeborenen vergleichen. So verstanden, ist Heimat immer schon Utopie. Sie beruht auf der Vorstellung, die Geborgenheit im mütterlichen Schoß wiederzuerlangen. Sie wird zum Ausdruck ungestillter, aber auch unerfüllbarer Sehnsucht. Heimat wird — in der Phantasie — zu etwas Uneinholbarem. Niemand in der modernen Industriegesellschaft war bisher dort.

So bedeutet, mit John Berger zu sprechen, Emigration, „das Zentrum der Welt abzubrechen und in eine andere Welt, die der Orientierungslosigkeit und der Auflösung zu ziehen."[164] Gerade deshalb versuchen Auswanderer Relikte, die sie mit Heimat verbinden, in die neue Welt hinüberzuretten:

> „Indem sie sich im Kreise ihrer Gewohnheiten drehen, bewahren sich die Entwurzelten ihre Identität und improvisieren ein Behaustsein. Die Gewohnheitskreise umfassen Worte, Witze, Meinungen, Gesten, Handlungen,

ja selbst die Art, einen Hut zu tragen. Unbelebte Gegenstände und Orte — ein Möbelstück, ein Bett, eine Ecke des Zimmers, eine bestimmte Bar, eine Straßenecke, das sind Schauplätze, an denen die Gewohnheiten gelebt werden, aber es sind nicht diese Schauplätze, die Geborgenheit vermitteln, sondern die Gewohnheiten selbst.
Der Mörtel, der das improvisierte ‚Heim' zusammenhält, ist das Gedächtnis."[165]
Mit welchen Widersprüchen die Suche nach „Heimat" verbunden ist, bezeugt die deutschsprachige Literatur der Einwanderer hierzulande.

2. Die literarische Gestaltung

a) Ursachen der Migration

Mehrere Autoren verweisen in ihrem Schreiben darauf, daß Armut und Gefühle von Ausweglosigkeit die häufigsten Ursachen der Emigration sind:

„Daß sich überhaupt nichts verändert hatte, verbitterte Passavanti. Und er spürte den Groll in sich steigen, wie damals vor der Abfahrt in die Fremde. Er erinnerte sich viel zu gut an jene Niederlagen, damals, an die alltäglichen Demütigungen der Tagelöhner, bis er dann an der Baustelle eine Arbeit fand und für einen Hungerlohn bis tief in die Nacht arbeiten mußte. Und als die Baufirma Pleite ging, betrachtete er dies eigentlich als Erlösung."[166]

Was Franco Biondi in seiner Erzählung „Die Rückkehr von Passavanti" beschreibt, ist bezeichnend für noch immer feudal strukturierte Gebiete in manchen Mittelmeeranrainerstaaten, in denen viele als Tagelöhner ihr Geld verdienen. Die zunehmende Verarmung treibt die dort Ansässigen in die Fremde. Biondi verweist auf die Gesetze des kapitalistischen Marktes, auf die periodisch wiederkehrenden Krisen, wenn er seinen Helden erst auswandern läßt, nachdem die Baufirma, bei der er zuletzt angestellt war, 1960 pleite ging.[167]

Der Stukturwandel auf dem Arbeitsmarkt spült die Einheimischen hinweg. Vor allem in agrarisch strukturierten Regionen verlieren viele ihre Arbeits- und Lebensgrundlagen. Deutlicher als Biondi setzt der Türke Ertunç Barin den Akzent auf diesen Aspekt der Migration:

„‚Im Dorf gibt's keine Arbeit. Alles änderte sich hier so plötzlich.

„Zuerst kamen die Traktoren ins Dorf. Dann die totale Mechanisierung der Landwirtschft. Du siehst, nur die alten und kranken Männer bleiben im Dorf. Die jungen und gesunden gehen in die Städte. Auch dort sind sie oft arbeitslos. Das Leben ist hart, mein Kind! Lerne in Deutschland! Das ist der einzige Ausweg für dich und deine Zukunft.'"[168]

Was hier ein Onkel seinem Neffen erzählt, ist die Geschichte eines kleinen Dorfes in der Westtürkei. Dort führt die Technisierung der Landwirtschaft dazu, daß die meisten Menschen ihren Arbeitsplatz verlieren, verarmen und auswandern, zuerst in die Großstädte, vor allem nach Ankara und Istanbul, und von dort schließlich nach Mitteleuropa. Die Worte des Onkels spiegeln die Geschichte der Türkei: „1983 betrug z.B. die Einwohnerzahl Ankaras ca. 2,5 Millionen, davon lebten 70 % in über Nacht gebauten ‚Gecekondus'. Nur 20 % der gesamten in Ankara lebenden Bevölkerung lebt in einigermaßen komfortablen Wohnungen ..." Ankara ist die Stadt mit dem höchsten Anteil an Slumbewohnern in der Welt. „Der Zuwachs der Slumbewohner erhöht sich durch neue Zuwanderungen täglich. Betrug 1950 die Zahl der Gecekondueinwohner in Ankara 64.400 — dies waren nur 21,8 % der Gesamtbevölkerung der Stadt — so stieg ihre Zahl in den Jahren bis 1980 auf 1.450.000. Damals lebten ca. 72,4 % in den infrastrukturell schwachen, Menschen unzumutbaren Gebieten — in einem unglaublichen Elend." Ende der siebziger Jahre betrug das monatliche Durchschnittseinkommen einer in Ankaras Gecekondus lebenden Familie 2.193 türkische Lire, umgerechnet 25 Mark.[169]

Diese Zahlen allein können die Not und Armut in diesen Ländern kaum vermitteln. Die literarischen Texte der Einwanderer beschreiben hierzu das alltägliche Elend. So ist es auch nicht die Erfahrung eines einzelnen, die bei Barin niedergeschrieben steht, sondern die einer ganzen Region. Kemal Kurt, auch er ist Türke, könnte von ihm abgeschrieben haben:

„Das Dorf blieb nicht lange das Dorf. Es änderte sich mit einer atemberaubenden Geschwindigkeit. Es blieb kein einziges Pferd mehr im ganzen Dorf. Sie machten den Traktoren, den Dreschmaschinen Platz. Es wurden vierstöckige Stadthäuser gebaut. Die Petroleumlampe wich der Glühbirne. Heute ziert jedes Hausdach eine Fernsehantenne, und abends schimmert das bläuliche Licht der Fernseher durch die Fensterscheiben. Während in Anatolien die meisten Dörfer noch immer so aussehen wie vor hundert Jahren, machten die im Westen der Türkei Entwicklungen durch, denen der Verstand der darin lebenden Menschen nicht schnell genug nachkommen konnte. Gleichzeitig wanderten aber viele aus. Sie gaben die Landwirtschaft auf und gingen nach Istanbul, wo sie Arbeit in den Fabriken fanden und die Slums bevölkerten."[170]

Was Barin und Kurt über die Westtürkei berichten, gestalten andere in dramatischerer Weise für die Osttürkei:

> „Anatolien!
> Wo Menschen kein Brot finden,
> wo Menschen vor Hunger sterben,
> wo menschliches Leben unmöglich ist.
> Das Land, wo die Frauen Sklaven sind." ...

So lesen wir bei Hüseyin Pehlivan[171], und bei Hasan Dewran:

> „Anatolien ist uns eine Mutter,
> eine getretene, verdorrte.
> Jeder Tyrann tobte an ihr seine Wut aus.
> Wann immer wir uns an ihre Brust klammerten,
> wann immer sie uns in ihre Arme schloß,
> fielen wir in die Hände der Feinde."[172]

Diese Gedichte beinhalten in sprachlich verklärter Weise das Leid des kurdischen Volkes.[173] Viele türkische Einwanderer sind kurdischer Herkunft, doch kaum einer beschrieb sein Schicksal: Türken, Iraner und Iraker unterdrückten seine Autonomiebestrebungen. Tausende wurden getötet oder eingekerkert. Kaum eine Zeile nimmt darauf Bezug. Und selten wird ein Schriftsteller so deutlich wie der Kurde Hüseyin Erdem:

> „Ich sehe,
> Wie sie mit aufgepflanzten Bajonetten das Dorf umzingelt haben,
> Wie sie eure Häuser mit den erdigen Dächern durchsucht haben,
> Und wie sie euer Vieh
> Aus den Ställen
> Aufs Feld getrieben haben, wo gerade die Ähren reiften.
> Die Hände über das Genick gefesselt,
> Frauen, Männer, Junge, Alte,
> Ihr alle
> Auf dem Dorfplatz.
> Und die Gewehrkolben ...
> [...]
> Die Hände über das Genick.
> Frauen, Männer, Kinder, Alte und Junge.
> Nein, die Märchen lügen nicht:
> Auf den Zinnen der Festung Diyaribekir

Die in des Morgens Frühe Enthaupteten,
Das Blut, das die Bäche in Dersim färbte
[...]
Ich weiß nicht, wieviele Seelen diese Erde begrub.
Seit Jahrhunderten sind Zeugen dieser Klage die Berge."[174]

Die Literatur der Eingewanderten beschreibt, wie Hunger, Armut, Arbeitslosigkeit und politische Verfolgung ins Exil treiben. Die Grenze zwischen Fiktion und erlebter Wirklichkeit löst sich auf, das Schreiben der Migranten hat Dokumentationscharakter.

Aber diese Beispiele sind Ausnahmen. Einige andere Autoren gestalten zwar die existentielle Not in den Herkunftsländern, angesichts der nahezu unüberschaubar gewordenen Migrantenliteratur überrascht es aber, wie wenige es sind.[175] Obwohl viele unmittelbar Armut und Elend als Ursache von Auswanderung erlebten oder zumindest mittelbar über Landsleute davon erfuhren, prägt dieser Aspekt das Schreiben der Gastarbeiter so gut wie nicht. Kaum einer thematisiert, daß das Vaterland seinen Söhnen keine Arbeit mehr bot oder daß Mutter Erde ihren Töchtern nicht mehr genug Nahrung gab.

b) Deutschland — das Gelobte Land

Wesentlich häufiger beschreiben die Autoren, warum sie nach Mitteleuropa und gerade in die Bundesrepublik emigrieren. In den Armenhäusern Europas, in der Türkei und im vorderen Orient ist Deutschland nach wie vor das Gelobte Land. Deutschland ist Sinnbild für Überfluß und prall gefüllte Warenhäuser, ein Selbstbedienungsladen. Der Traum vom schnellen Reichtum ist an das Land des Wirtschaftswunders geknüpft. Ein, zwei Jahre wollten die meisten Gastarbeiter in der Bundesrepublik bleiben, um dann in die Heimat zurückzukehren und dort vielleicht einen Laden aufzumachen oder ein Häuschen zu bauen.[176]

Doch Wunsch und Wirklichkeit klaffen weit auseinander. Fast die Hälfte der Arbeitsemigranten bleibt zehn und mehr Jahre oder ein ganzes Leben in der Fremde.[177] Dennoch haben die Heimkehrenden oder vorübergehend auf Urlaub Anwesenden an den Vorstellungen, die mit dem Gelobten Land Deutschland verbunden sind, nicht gerüttelt: „Auf der anderen Seite konnte man kaum glauben", so beschreibt der Türke Nazim Kavasoglu,

„was die aus Deutschland Zurückkehrenden erzählten. Als ob man in Deutschland das Geld auf der Straße findet. Dieses Thema über Deutschland hinterließ bei ihnen [den Türken in der Türkei] einen tiefen Eindruck. Auch sie wollten in dieses ‚Paradies auf Erden' gehen."[178]

Viele Autoren gestalten diese Phantasie vom Paradies auf Erden, allerdings meist als Trugbild, das mit der Wirklichkeit Westdeutschlands nichts gemein hat:

> „Nun waren wir hier, in diesem ach so gepriesenen Land, dort, wo Kinder jeden Tag Schokolade, Kuchen und Bonbons zu essen bekommen, dort, wo die Kinder jeden Wunsch erfüllt bekommen. In der Heimat hatte ich immer von diesem wunderbaren Land, das Deutschland heißt, gehört."[179]

Es sind immer wieder die gleichen Vorstellungen, die zur Emigration in die Bundesrepublik führen:

> „Sie kamen mir wie Giganten vor, die Emigranten, die wegen ihrer Geschäfte ins Dorf zurückkamen. Gemachte Männer. Personen mit Taschen voller D-Mark und mit schönen Nylon-Hemden. Einer von ihnen würde ich werden, dachte ich. Früher oder später würde ich einer von ihnen sein. [...] und würde mir mit dem Geld aus Deutschland ein eigenes Haus bauen, das schönste im ganzen Dorf, mit meinen eigenen Händen."[180]

So können wir bei Carmine Abate lesen. Und bei Hüseyin Murat Dörtyol:

> „‚Was für Hoffnungen ich hatte', sagte er laut, ‚als mein Vater schrieb, er würde mich nach Deutschland holen!'
> Er lachte.
> Mit seinen Schulfreunden war er in die Kneipe gegangen, wo der Wein nicht teuer war, und sie hatten gefeiert. Alle seine Freunde hatten ihn beneidet und wären gern an seiner Stelle gewesen. Tage hatte er damit verbracht, sich vorzustellen, wie sein Leben in Deutschland sein würde.
> Deutschland war das Paradies, und er hatte das Glück, in diesem Leben noch ins Paradies zu kommen."[181]

Immer wieder erscheint „Deutschland" als Sinnbild der Rettung. So Auch bei dem Libanesen Jusuf Naoum:

> „In El Mina sah ich oft Emigranten, die in ihrem Urlaub mit dicken Mercedes-Autos vom fernen Europa in unseren Ort kamen. ‚Reich zu werden, das scheint im Ausland sehr leicht zu sein', dachte ich mir. Daß ich ausgerechnet in die Bundesrepublik Deutschland wollte, lag daran, daß mein Bruder zu dieser Zeit in West-Berlin studierte. Jedes Jahr, wenn er zu uns nach El Mina kam, hörte ich, wie er seinen Freunden erzählte: ‚Deutsche Frauen gehen mit

jedem ins Bett.' Das kannte ich bei uns nicht. Im Libanon ist es streng verboten, daß Mann und Frau vor der Ehe miteinander schlafen."[182]
Hier wird ein weiteres Motiv zur Emigration sichtbar: Die rigide Sexualmoral in südlichen Ländern und damit verbunden der Glaube, sexuelle Frustration in der Bundesrepublik überwinden zu können. Man kann allerdings davon ausgehen, daß solche Wünsche, zur Entscheidung auszuwandern, wenig beitragen. Es ist vor allem die materielle Existenzbedrohung, die die meisten in den Norden teibt.

c) Die Vertreibung aus dem Paradies

Der Garten Eden ist nicht vorstellbar ohne „die Cherubim mit dem bloßen hauenden Schwert, zu bewahren den Weg zu dem Baum des Lebens." (1. Mose 3, 24) Die Vertreibung aus dem Paradies läßt denn auch nicht auf sich warten: Die Eingewanderten kommen kaum in den Genuß, von verbotenen Früchten zu essen, oft genug nicht einmal in Versuchung. Die Autoren, die die Paradieswünsche im literarischen Bild festhalten, gestalten sie deshalb immer schon gebrochen, vor dem Hintergrund des verloren gegangenen Paradieses:

> Jusuf Naoum: Das gelobte Land
>
> „Vor einigen Jahren ging Mansur
> aus der Heimat weg.
> Er zog ins gelobte Land.
> Das sollte weder Hunger
> noch Knechte und Mägde kennen.
>
> Die Versprechungen waren
> flüchtiger als der Wind.
> Geblieben sind die Schmerzen,
> wunde Knochen und
> das Fieber unter der Haut."[183]

Die Wirklichkeit West-Deutschlands führt zur Enttäuschung. Die Idealisierung schlägt angesichts wirtschaftlicher Ausbeutung und Ausländerfeindlichkeit ins Gegenteil um. Den Ankommenden verschlägt es nicht allein die Sprache, wenn sie erleben müssen, daß sie in der Bundesrepublik keineswegs freundlich aufgenommen werden, sie müssen mit ihrer Gesundheit bezahlen und werden doch nicht reich, sie haben ihre Freunde und Familien zurückgelassen und bleiben einsam „im Paradies", oft jahrelang. So ist Enttäuschung ein Stereotyp. Überall dort, wo sich in der Literatur der Arbeitsemigranten die Hoffnung auf ein besseres Leben in der Bundesrepublik findet, überall dort ist diese Hoffnung trügerisch. Dies zeigen die schreibenden Ausländer einhellig.

So heißt es bei Ana Christina de Jesus Dias: „Doch als ich hier ankam, war ich enttäuscht, es entsprach alles nicht meinen Vorstellungen. Es war kalt in den Straßen, voller Schnee, der anfing zu schmelzen, die Häuser waren alle grau, und alle Straßen sahen mit ihren Häusern gleich aus."[184] Ein Paradies, das „grau" ist und „kalt" und eintönig. Wahrlich, ein sehr gewöhnliches Paradies.

Das Elend, dem viele zu entfliehen suchten, holte sie auch im neuen Land ein, die Ausbeutung hatte nicht einmal ein anderes Gesicht:

„Mit 18 war ich schon in Hamburg. Ein Onkel hatte mir Arbeit in der Fabrik K. besorgt. Ein paar Wochen im Ausland genügten mir, um zu verstehen, daß es überall ‚Maurermeister' gibt; die Namen ändern sich, die Schimpfwörter, die sie dir ins Gesicht spucken, aber sie stehen immer vor dir und saugen dir das Blut aus. So war ich vom Regen in die Traufe gekommen. Aber, Traufe beiseite, mich bedrückte die Kälte der Leute: nie ein Lächeln, nie ein Wort, nie eine Geste der Freundlichkeit."[185]

Das neue Land erweist sich im Vergleich mit dem zurückgelassenen als belastender. Ausbeutung und Unterdrückung sind geblieben. Die materielle Not ist zwar gelindert, doch dafür bestimmt psychische Verarmung das Leben in der Fremde: „die Kälte der Leute" wirft den Ankommenden auf sich selbst zurück und läßt ihn mit sich allein. Kein „Lächeln", das aufmuntern könnte, keine „Geste", die den Tag freundlicher gestaltete.[186]

Schon die Ankunft in der Bundesrepublik wirkt auf manchen wie ein Schock: „Ich kam an ohne Worte", so resümiert Asghar Koshnavaz,

„Meine Sprache hatte ich schon fünf Grenzen zuvor zurückgelassen. [...] Mir fiel auf, daß die Leute sich unheimlich schnell bewegten, sich anstießen, ohne sich anzusehn. Mich wunderte, wie kein Mensch offen war für das, was um ihn herum ablief. [...]
Ich vermißte die Kinder und die Alten, die Gruppen von Freunden und Verwandten, die sich doch um Abreisende und Ankommende scharen müßten. Ich horchte im Lärm der Stadt vergeblich nach Schreien, lebhaften Gesprächen, nach einem Weinen, einem Wortwechsel, nach einem Lachen."[187]

Ein stummes Paradies: „Als hätten auch sie keine Sprache mehr, warteten Gestalten in der grauen hohen Bahnhofshalle, jeder für sich, eine Masse von Vereinzelten, ohne Kindheit und Alter, ohne Zeit, über sich die große Uhr."[188] Die Augen des Fremden sehen, was alles marode ist im Paradies: Die Menschen sind vereinsamt, die glitzernden Warenhausfassaden überdecken innere Leere und Ziellosigkeit, wenn man so will Depression. Deutschland ist eben nur ein türkisches Märchen, ein „Deutschlandmärchen", wie dies Şinasi Dikmen satirisch belächelt.[189] Und so finden sich immer wieder die gleichen Wendungen: „Als ihr Vater vor einem Jahr starb, nahm ihre Mutter ihr einziges Kind Gülçin zu sich nach Deutschland. Gülçin hatte sich zuerst sehr gefreut, aber nach einiger Zeit merkte sie, daß es in Deutschland doch nicht so schön war, wie die Leute in der Türkei erzählten."[190] Der anfänglichen Freude folgt Ernüchterung.

Warum aber erzählen die „Leute in der Türkei" nach wie vor, daß es in Deutschland so schön sei? Warum hält sich das Märchen vom Garten Eden in Deutschland, vom Land, in dem die Bäume in den Himmel wachsen und das Geld auf der Straße liegt? Warum wird Deutschland in Ländern wie Italien, Jugoslawien, in Griechenland, Spanien oder der Türkei noch immer idealisiert? Jahrelange Gastarbeiterfeindlickeit und Ausbeutung sollten doch genügen, in den Herkunftsländern ein wirklichkeitsgerechtes Deutschlandbild entstehen zu lassen.

Die Antwort, die manch einer allzu leichtfertig gibt: die Bundesrepublik sei eben auch für südländische Emigranten ein durchaus erträgliches Gastland und nur in Karikaturen zum Zerrbild geronnen oder durch linkslastige Literaten entstellt[191], trifft für viele nicht zu.

Die Idealisierung der Bundesrepublik hat ihre vielleicht wichtigste Ursache im Stolz der Arbeitsemigranten. Viele können sich und noch weniger ihren Landsleuten in der Heimat eingestehen, unter welch demütigenden Bedingungen sie in der Fremde leben und arbeiten: Verleugnung als Überlebenshilfe. Sie schließen ihre Augen vor der Wirklichkeit, vor „Türken-raus"-Parolen, vor der Gleichgültigkeit deutscher Kollegen oder den Elendsbaracken, in denen sie zu Wucherpreisen ein Unterkommen finden.

d) Der Wirkklichkeit auf der Spur

Einige der ausländischen Schriftsteller beschreiben inzwischen, wie und warum viele Arbeitsemigranten ihr hiesiges Dasein in ihren Herkunftsländern verklären.

Um es vorweg zu betonen: Gemessen an der Vielzahl schreibender Ausländer sind es wenige, die die Verleugnung durchbrechen. Es sind zumeist Autoren, die schon vor vielen Jahren in die Bundesrepublik einwanderten[192]; wer wie Franco Biondi bereits rund zwanzig Jahre in der Bundesrepublik lebt oder wie Carmine Abate achtzehn Jahre hier gelebt hat, dem wird es leichter fallen, die eigenen Lebensbedingungen nicht länger zu beschönigen. Die Lebenslüge aufzugeben, ist der erste Schritt zur Veränderung.

Franco Biondi läßt in seiner Novelle „Abschied der zerschellten Jahre" seinen zwanzigjährigen Helden Mamo die verleugneten Wahrheiten aussprechen:

„Mannomann [so resümiert Mamo über Pasquale ...] macht der sich was vor; er läßt einen ja noch nicht mal ausreden, weil dann womöglich die eigenen Mißerfolge wie Gespenster aufstehen, statt dessen malt er die ganze Scheiße rosa aus, und alles ist super. [...] Er dachte, daß Pasquales Weg der einfachste war. Dieser Weg war zwar mit vielen Trugschlüssen und Vortäuschungen behaftet, aber mit weniger Holprigkeiten."[193]

Die „Mißerfolge" und „die ganze Scheiße" werden „rosa" übermalt, ein Verhalten, das eine ganze Gastarbeitergeneration durchgehalten hat, sobald sie in ihre Heimat zurückgekehrt war. Kemal Kurt beschreibt:

„Ihr solltet meinen Vater mal in der Türkei erleben. Wenn wir in den Sommerferien dort sind. Er verwandelt sich schon auf der Hinfahrt. Man kann richtig mit ansehen, wie er seine zweite Haut anlegt. Er spielt den gemachten Mann. Hier [in der Bundesrepublik] stöhnt er. Dort [in der Türkei] ist er der König. Jeden Tag zieht er etwas Neues an. Mit Bügelfalten und allem. Wir müssen ihm jeden Tag das Auto polieren. Überall rufen die Leute nach ihm. Hüseyin Bey. Komm. Setz' dich zu uns. Möchtest du Tee trinken. Oder Kaffee. Er läßt die Puppen tanzen. Er beschenkt die ganze Verwandtschaft. Bei der Hochzeit meines Onkels hat er das größte Geldgeschenk gemacht. Wenn wir hier aber mal Taschengeld wollen, dreht er jeden Pfennig dreimal um. Es ist zum Piepen. Er zieht eine Show ab. Unglaublich. Alles Theater bei ihm. Manchmal frage ich mich, ist das überhaupt noch mein Vater. Hier in Berlin erkenne ich ihn erst wieder. Leider."[194]

Da verhält sich der Türke wie sein deutscher Kollege, der im Sommer einige Wochen in den Süden fährt und glaubt, mit seinem Geld über Sonne, Land, Leute, Wasser und Meer verfügen zu können, und sich chauvinistisch auf Kosten anderer seine Größe bestätigt, ehe er kleinlaut für elf Monate in die ungeliebte Fabrik zurückkehrt. Die Bewunderung der anderen und sicher auch deren Neid sind Ausgleich für den Rest des Jahres, für die Monate der (Selbst-)Erniedrigung.

Diejenigen, die der Wohlstandsprotzerei geglaubt haben und deshalb in die Fremde gingen, benennen dies nun:

> „Früher, in der Türkei, bevor er nach Deutschland gekommen war, war Ali sehr stolz auf seinen Vater gewesen.
> Jedes Jahr verbrachte er seinen Urlaub in seinem Dorf, in der Türkei. War immer froh und lustig.
> Damals kleidete er sich anders: schick und sauber.
> Redete anders: langsam, sicher und deutlich. Hatte Freude am Leben.
> Aber hier in Deutschland war er wirklich nicht wiederzuerkennen."[195]

Es sind Söhne und Töchter, die sich zu Wort melden. Sie haben den Geschichten vom Traumland Bundesrepublik geglaubt und sind den Vätern gefolgt. In solchen Zeilen manifestiert sich die Enttäuschung der zweiten Generation. Sie mischt sich mit der Wut auf eine Elterngeneration, die, um des materiellen Wohlstands willen, ihr und ihrer Kinder Zukunft zu Markte trägt.

Arbeitsemigranten verhalten sich, das wird aus diesen Texten deutlich, extrem besitzorientiert: Denn ein „‚Haus ist eine Sache, um den anderen zu zeigen, daß sich die ganzen Jahre der Emigration gelohnt haben', hatte mir eines Abends ein Bekannter aus meinem Dorf im italienischen Zentrum in Altona gesagt. Und ich hatte nunmehr verstanden, daß es sich nicht lohnte, 20 Jahre in Hamburg Opfer zu bringen, um mir ein Haus im Dorf zu bauen, um den Neid der anderen und eines dortigen Don Breckmann zu erregen und mich in ihren Augen zu befreien."[196] Es ist der Neid der anderen, der die Jahre der Demütigung erträglich scheinen läßt. Auch Vito d'Adamo weist in seiner kurzen Erzählung „Die Deutschen kommen" auf solches Verhalten hin:

> „Und die Schwiegermutter wurmte es, daß die ‚Deutschen' [so werden die Arbeitsemigranten in ihren Herkunftsländern genannt] im Mercedes heimkamen, wo es doch bei ihrer Abfahrt kaum für das tägliche Brot gereicht hatte, und daß sie sich den Luxus leisten konnten, im Hotel zu schlafen und im

Restaurant zu essen, bei den Preisen!, während sie, deren Mann und deren zwei Söhne in Sizilien arbeiteten, wie es sich gehörte, den Sommer über in einer Hütte Bettzeug sticken und auf ihre Schwiegertochter aufpassen mußte."[197]

Ein Kreislauf aus Neid, Ablehnung und angeberischer Kompensation: Gerade die mangelhafte Integration vieler Arbeitsemigranten treibt sie dazu, einen Schein über ihr Leben in der Bundesrepublik aufrechtzuerhalten. Das beschreibt auch Franco Bindi:

„So fühlte er [Passavanti] sich gezwungen, über das Leben in der Bundesrepublik zu reden, manchmal erzählte er übertriebene Geschichten von Liebesabenteuern mit deutschen Frauen, von der deutschen Faßnacht, von Saufereien mit deutschen Freunden, von der Schläue in sich, wenn es darum ging, Meister und Kollegen zu überlisten, und auch vom leicht verdienten Geld, das er aber in der Bundesrepublik investiert habe.

Aber so manche Arbeitsemigranten hatten vor ihm schon ähnliche Geschichten erzählt, so daß seine als überholt erschien. Er entdeckte, daß er noch mehr übertreiben mußte, um wenigstens anerkannt zu werden. Gleichzeitig spürte er Ekel vor seinen Lügen, vor sich selbst, vor seiner Gegenwärtigkeit."[198]

Franco Biondi deckt in seinem Schreiben die Lebenslügen von Gastarbeitern auf:

„,Die Leute, die runterkommen [nach Italien], spielen euch [den Zurückgebliebenen] was vor. Sie spielen faul. Ich will nicht spielen, ich muß dir etwas anvertrauen: was du alles hörst von den ‚Deutschen', sind Märchen. Ich weiß nicht, ob du es glaubst, es gibt Leute, die wie die Schweine leben. Das ganze Jahr hindurch essen sie hartes Brot und Zwiebeln oder machen sich Spaghettis für die ganze Woche und trinken nur Leitungswasser, aber nicht wie unseres, es ist Wasser, das nach Chlor schmeckt und einen faden Geschmack hinterläßt. Was glaubst du, die gehen nie aus, leben wie Klosterbrüder in der Baracke, klopfen eine Überstunde nach der anderen, dann kommen sie und protzen herum. Glaub mir, würden sie anständig leben, mit allem, was der Mensch braucht, dann würden sie keine Lire sparen. Und von wegen dickem Wagen und so.'"[199]

Die „Deutschen" spielen faul. Sie erzählen ihren Landsleuten nichts von Leitungswasser, von trockenem Brot, von elendem Barackenleben.

So erhält das Märchen vom Paradies in Deutschland ein neues Kapitel: Diejenigen, die sich von den Erzählungen über Mercedes-Stern und D-Mark-Scheine blenden ließen und in den Norden folgten, erfahren nun, was ihnen verschwiegen wurde, am eigenen Leibe. Das folgende Gedicht ist hierfür ein Beispiel:

> „warum water
> du mich holen
> in dieses land
> wo ich nicht
> auf strassen
> spielen kann die
> du so schön
> putzen hast."[200]

Hier geht es nicht allein um Kinderfeindlichkeit in der Bundesrepublik. In diesem Gedicht weist die zweite Generation die erste auf ihren sozialen und gesellschaftlichen Status hin: ‚Du putzt hier ja nichts weiter als die Straße, elender Wicht. Zu Hause, da hast Du uns immer vorgeschwärmt, wie gut Du in Deutschland leben würdest ... Ich habe Deinen Märchen geglaubt, bin Dir gefolgt und darf heute nicht einmal auf der Straße spielen.' So lautet der Vorwurf, der in diesem Gedicht mitschwingt und den die zweite Gastarbeitergeneration an die erste richtet. Er ist Folge der rosarot getönten Bilder, die Arbeitsemigranten von ihrem Leben in der Fremde vermitteln.

e) Die Verklärung der Heimat

Bisher habe ich gezeigt:
* Arbeitsemigranten mußten aufgrund sozialer Not oder politischer Verfolgung ihre ursprüngliche Heimat verlassen.
* Sie stilisieren die Bundesrepublik zum Paradies.
* Die Wirklichkeit in der Bundesrepublik hat mit ihren Träumen und Hoffnungen nichts gemein. Das erfahren die Ankommenden sofort.
* In ihrer ursprünglichen Heimat verklären sie dennoch weiterhin die Bundesrepublik.

Das folgende Kapitel baut auf diesen Ergebnissen auf. Die Erfahrung, in der Bundesrepublik keine neue Heimat zu finden, führt zur Rückwendung auf die alte. Sie wird nun verklärt und in idyllischen Farben gemalt. Die Herausgeber der Anthologie „Zwischen Fabrik und Bahnhof" — einem Band, der sich ausdrücklich mit den Schwierigkeiten von Gastarbeitern auseinandersetzt, den Bezug zur früheren Heimat zu erhalten sowie in der

Bundesrepublik eine neue Heimat zu finden — die Herausgeber stellen im Vorwort fest: „Auf der anderen Seite gibt es eine große Anzahl von Gastarbeitern und Gastarbeiterkindern, die sich die Bundesrepublik als neue Heimat wünschen oder als solche betrachten. Und weil ihnen dieses Land keine neue Heimat geben will, bekommt die ursprüngliche Heimat in manchen Beiträgen idyllische Züge — wer findet schon eine Heimat in auferlegter Vorläufigkeit und erlebter Diskriminierung?"[201]

Es sind nur wenige Autoren, die die Idealisierung der Heimat reflektieren und in ihrem Schreiben durchbrechen: Es sind Autoren, die schon viele Jahre in der Bundesrepublik leben und zumeist der ersten Generation angehören. Mit Franco Biondi, Gino Chiellino, Vito d'Adamo und Carmine Abate heben auffällig viele Italiener die politische Bedeutung der Arbeitsemigration hervor und nennen sie in einem Atemzug mit den gesellschaftlichen Umwälzungsprozessen in ihrem Heimatland.[202] Zudem sind die Autoren, die sich kritisch mit Heimatbild und seiner Verklärung auseinandersetzen, vor allem professionelle Schriftsteller. Sie leben vom Schreiben oder veröffentlichen doch so viel, daß ihr Schreiben nicht mehr Nebenbeschäftigung bleibt. Die ständige Auseinandersetzung mit der eigenen Situation als Arbeitsemigrant führt also zu mehr Reflexion und Selbstkritik.

So verweisen Franco Biondi und Rafik Schami — der Syrer Schami gehört zu den wenigen Nicht-Italienern, die die Heimatvorstellungen von Arbeitsemigranten kritisch beleuchten — in ihrem Aufsatz „Literatur der Betroffenheit" auf die Idealisierung der Heimat:

„Ein wichtiges Thema dieser Literatur [der Gastarbeiterliteratur] ist das Schicksal des Gastarbeiters; d.h. ökonomisch gezwungen zu sein, aus der eigenen Heimat auszuwandern, oder besser formuliert, aus ihr verjagt zu werden und die daraus resultierende Sehnsucht nach dieser Heimat, die in der Isolation der Fremde widerspruchslose, idyllische Züge bekommt, da der Gastarbeiter im neuen Land keine Heimat findet."[203]

Was sie hier theoretisch formulieren, gestalten sie auch literarisch. Franco Biondi arbeitete in seine Novelle „Abschied der zerschellten Jahre" die Lebensgeschichte von Costas ein und kontrastiert die Abschiebung des zwanzigjährigen Mamo aus der Bundesrepublik mit der Vertreibung Costas aus seiner ursprünglichen Heimat. So erzählt diese Novelle die Geschichte einer doppelten Vertreibung:

„Ich [Costas] bin aus einem Fischerdorf, das auf der Zungenspitze des Mittelmeers sitzt, mein Sohn [gemeint: Mamo]. Daher hatten wir genug zu essen.

Ich war im großen und ganzen zufrieden und glücklich, weil mir nichts fehlte. Natürlich war unser Leben auch mit vielen Sorgen behaftet, aber es hat sich im Rahmen des Erträglichen gehalten. Abends habe ich mit den Wonnen des sanften Meeres geatmet, ich war eins mit dem Meer, der Sonne, mit dem Wind und dem Mond. Verstehst du das, teuerster Sohn? Das schien der Lauf der Dinge und der Lauf des Lebens. Bis eines Tages diese Welt umkippte. Auf einmal stand alles auf dem Kopf, regelrecht auf dem Kopf, wir, die Menschen, die aus dem Meer ihr Leben bekommen, auch. Die Füße ragten nach oben, und der Kopf fußte auf dem Boden. Deshalb vielleicht das Verstummen des Meeres, ich weiß es nicht. Die Weisen streiten sich heftig deswegen. Doch das gibt dem Meer nicht die Sprache wieder, nicht die schillernden Farbenspiele. Und uns führt der Weg nicht mehr zurück in unser Dorf. Gleichzeitig haben sich zwei merkwürdige Sachen ereignet. Alle Fische entlang der Küste, die die Fundamente unseres Dorfes und unseres Lebens waren, haben urplötzlich eine seltene Krankheit bekommen, die Flossenschimmel heißt. Im Nu war der Meeresspiegel ein Leichentuch. Mit tiefer Trauer erfüllt hat das Meer in seinen Armen Schwärme toter Fische gewiegt. Sofort danach ist ein Mann ins Dorf gekommen, der sehr freundlich sein wollte. Er hat uns Hilfe angeboten. Er hat ständig davon gesprochen, daß der Fischfang im weiten Meer immer noch möglich war, weil dort die Fische gesund geblieben wären. Und wer das nicht glauben wollte, sollte es mit eigenen Augen sehen. Dazu hat er uns seine eigenen Boote angeboten, es waren zwei, aber viel größer als die unseren. Er hat uns gesagt, diese Boote seien für das weite Meer gebaut worden. Viele Fischer sind mißtrauisch geworden. Sie haben gesagt: Die Krämer in der Stadt sind genauso: Erst bieten sie dir etwas nur zum Probieren an, damit du es dann kaufst. Aber dieser Mann wollte für das Probieren kein Geld, er sagte, er wolle nur gerne helfen. Die Not hatte bereits sechs Fischer weich gemacht; sie sind in die zwei riesigen Boote gestiegen und ausgefahren. Erst nach zwei Tagen und einer Nacht sind sie zurückgekehrt, und der Bauch des Bootes war voll mit frischen, dickeren Fischen. Sie konnten dreimal mit dem Boot ausfahren, dann aber ist der Mann gekommen und hat gesagt, daß er weiter muß; er könnte aber die Boote verkaufen, und jeder, der ein Boot für das weite Meer haben wollte, konnte es sich bei ihm kaufen. Viele haben so ein größeres Boote gekauft und deshalb Schulden gemacht, mancher hat sogar das eigene Haus verkaufen müssen und ist anschließend in eine Hütte an einem ungünstigeren Platz, den Felsen zu, gezogen. Der Mann hat alles genommen, Hauptsache, der konnte seine Boote verkaufen. Und da niemand Geld hatte, zahlten alle auf Raten und mußten daher mehr Fische fangen als notwendig und sie in der Stadt verkaufen. Der Fischfang, mein Sohn, hat sich in der darauffolgenden Zeit als sehr mühevoll und nicht sehr ergiebig erwiesen, die Not hat sich im Dorf ausgebreitet, weil viele Fischer ihre Schulden nicht bezahlen konnten. Außerdem haben die Familien mehr gelitten, weil die Männer nun tagelang auf Fischfang geblieben sind, abends konnten wir das auch an den leeren Plätzen am Strand ablesen. Dann ist der Mann noch einmal gekommen, diesmal mit Motoren für unsere Boote. Er hatte leichtes Spiel, weil es sehr mühevoll war, in das weite Meer hinauszurudern. Viele haben daraufhin neue Schulden gemacht, obwohl die letzten noch nicht abbezahlt waren, nicht abbezahlt werden konnten, aber jeder von uns hat gehofft, es könne eines Tages wieder meeresglatt gehen. Zwar konnten wir mit den Booten mehr fangen als bisher, aber nun waren wir in den Netzen der Schulden gefangen und konnten nicht mehr hinaus. In dieser Zeit hat der Mann die gekauften Häuser dem Erdboden gleichmachen und an ihrer Stelle riesige Bauten hochziehen lassen mit Schlafmöglichkeiten für Fremde, aber auch mit Geschäften drin. Manche müden Fischer sind umgekippt, für den Mann als Bedienung und Verkäufer zu arbeiten. Jeder hatte plötzlich Angst bekommen, er sei derjenige, der wie ein durchlöchertes Schiff untergeht. So hatte sich eine Habgier entwickelt, die vorher unbekannt war. Und der Platz am Strand, wo tagsüber die Netze lagen und abends alle gegessen hatten, wurde immer leerer. Jeder begann so lange zu arbeiten, wie er konnte, entweder um die vielen Schulden zu bezahlen oder Geldscheine zu sammeln. Durch die neuen Bauten sind dann viele Fremde gekommen. Sie sind immer drei, vier, manche sogar sechs, sieben oder auch acht Wochen lang geblieben, manchmal nur an Sonntagen, ohne einen Finger zu rühren. Sie sind aus der Stadt gekommen und brachten von dort viele Gegenstände mit. Abends füllten sie die Gassen, und nachts haben sie nur getrunken, gegessen, gejohlt, Dreck ins Meer geworfen und geschrien. Tagsüber haben sie sich dort an den Strand gelegt und geschlafen, wo wir einst Netze zum Trocknen ausgelegt, oder sie füllten das Meer mit Lärm. Anstatt der Boote und Netze waren nun nackte Menschen zu sehen, die nichts als Müßiggang im Sinn hatten. Ich habe die Welt nicht mehr verstanden und nicht nur ich, glaub' mir, mein Sohn. Auch das Dorf hat in kürzester Zeit ein anderes Gesicht bekommen: Viele der anderen Häuser sind niedergerissen worden, und an ihre Stelle sind entweder diese Bauten getreten, die sie Hotels nennen, oder umzäunte Häuser. Wo wir nie einen Hafen gebraucht hatten, ist nun einer gebaut worden, aber nicht nur für die Fischer, sondern für die Boote der Leute, die nur vier Wochen im Jahr dort sind, und diese Boote sind unnütz im Meer, die Leute, die sie benutzen, schließen ihre Augen und tun nichts. Ich denke, daß diese Menschen blind und taub sind. Nun, mein kleiner Freund, seitdem hat für die Menschen, die vom Meer und von den Fischen lebten, die Emigration angefangen. Und seitdem ist das Meer verstummt. So ist das Dorf zwar belebter als früher; aber in den Häusern, in denen wir gewohnt haben, sind diese Menschen, und wir sind zerstreut und verloren im Ausland. Und du hast gesehen, mein Sohn: Auch hier versuche ich, dem Meer zu lauschen. Und da ich es nicht mehr hören kann, lausche ich dem Meer der Erinnerungen, die in mir geblieben sind. Eines will ich dir noch kurz erzählen, mein teuerster Sohn. Der Mann, der so hilfsbereit war und uns seine Boote angeboten hatte, war der Sohn eines großen Tankerbesitzers und Schiffbauers. Das habe ich in der Fremde entdeckt."[204]

Biondi gestaltet, warum Menschen auswandern müssen. Es ist nicht böser Wille eines Großgrundbesitzers und auch kein Naturereignis, das die Menschen aus gewohnten Lebensrhythmen reißt. Kapital dringt in den „Lauf der Dinge" und den „Lauf des Lebens" ein und zerstört althergebrachte Lebensgewohnheiten: Die Wonnen des sanften Meeres, das wie ein Wiegenlied die Seligkeit glücklicher Kindertage und mit dem Zyklus von Ebbe und Flut, von Welle um Welle, die Einheit mit der Natur symboliert, sind nun Vergangenheit. Unabhängige Fischer, die ehemals Haus und Boot besaßen und damit nach jahrhundertealter Tradition ihr Leben fristeten, müssen investieren und größere Boote kaufen. Neue Tugenden bestimmen ihr Leben: „Habgier", „die vorher völlig unbekannt war", und „Angst". Es ist die Angst vor existentieller Vernichtung. Aus selbständigen Fischern werden schließlich kapitalabhängige Schuldner, die nacheinander Haus und Boot verlieren und sich letztlich als Lohnabhängige verkaufen müssen. „Seitdem hat für die Menschen" „die Emigration angefangen."

Gewiß, man fragt sich, warum Biondi den „Flossenschimmel" an den Anfang dieser Entwicklung stellt und damit seiner Darstellung einiges an Konsequenz nimmt. Er hätte deutlicher auf die Ausbeutung des Mittelmeeres durch profitorientierte Hochseefischerei und das ihr folgende ökologische Desaster hinweisen können: Ihrer Leistungsfähigkeit und der durch sie leergefischten Küstenregionen mußten die kleinen Küstenfischer nach und nach weichen. Dennoch ist Biondis Darstellung nicht hoch genug einzuschätzen. Sie zeigt, wie Kapital das gesellschaftliche Leben auf den Kopf stellt. Indem der Autor die Vertreibung aus der Heimat als Konsequenz strukturellen gesellschaftlichen Wandels begreift, verdeutlicht er, daß Rückkehr in diese Heimat nichts weiter als ein unerfüllbarer Traum ist.

Solche Einsicht ist notwendig, um die zurückgelassene Heimat nicht länger zu idealisieren. Sie schützt Biondi im Gegensatz zu vielen seiner schreibenden — und sicher auch nicht-schreibenden — Kollegen davor, sich in innerlichkeitsträchtiger Rückwendung auf ein verklärtes Heimatbild der notwendigen Auseinandersetzung mit der Ausländerfeindlichkeit in der Bundesrepublik zu entziehen. Einsicht heißt hier agitieren; Einsicht heißt in das hiesige gesellschaftliche Leben eingreifen; Einsicht heißt politisch handeln.

In „Literatur der Betroffenheit" sprechen Franco Biondi und Rafik Schami dies unumwunden aus:

> „Immer klarer wurde es den Betroffenen, daß ihre Emigration keine gottgewollte Naturkatastrophe, sondern eine Folge der herrschenden ökonomischen Verhältnisse ist. Hier liegt der Grund, weshalb wir zum ersten Mal in der Geschichte der Emigration mit der bisherigen Tradition gebrochen haben, der Tradition nämlich, daß höchstens nationale Zusammenschlüsse von Literaten entstanden, die in eigener Sprache für ihre eigenen Landsleute schrieben."[205]

Es ist neben Franco Biondi und Rafik Schami mit Gino Chiellino ein weiterer Herausgeber der Südwind-Literatur-Reihe — er war von 1981 bis 1984 außerdem Vorsitzender von PoLiKunst —, der die gesellschaftliche und politische Seite der Heimatlosigkeit vieler Arbeitsemigranten besonders hervorhebt: „Heimat", so schreibt er zusammen mit José Vera Morales, „Heimat ist unser Thema, nicht weil wir unter deren Verlust leben müssen, sondern weil wir wissen, daß unsere Zeit als Zeit der Heimatvertriebenen menschengeschichtlich am treffendsten zu fassen ist. Das zwanzigste Jahrhundert [...] ist die Epoche der Massen politischer und arbeitsloser Vertriebener. Politisch Vertriebene entstehen auf dem ganzen Erdball und sind Ausstoß der Nationenspaltungen, Konterrevolutionen und planmäßiger Ausrottung von Volksteilen. Arbeitslose Vertriebene entstehen in den unterentwickelten Regionen, die zwar als Absatzmarkt hochentwickelter Technologie vorgesehen, von der Zuteilung von Arbeit jedoch prinzipiell ausgeschlossen sind."[206]

Politische Reflexion verhindert, die Heimat zu verklären und falschen Illusionen nachzutrauern. Doch noch immer ist derart bewußte Auseinandersetzung Ausnahme. Die meisten der ausländischen Schriftsteller idealisieren ihre Heimat und sind weit davon entfernt, sich mit der zurückgelassenen und der neuen Heimat realitätsgerecht auseinanderzusetzen. Nimmt man psychologische Begriffe zur Hilfe, so kann man resümieren: In der Not schaffen sich viele Migranten schreibend ein gutes Objekt. Der als böse, kalt, fremd und abstoßend erfahrenen Bundesrepublik stellen sie die

„gute", die beschützende Heimat entgegen und können so in einer Welt überleben, die sie als feindlich erfahren.

José F. Agüera Oliver, ein spanischer Migrantensohn, reflektiert die Sehnsucht nach der Heimat in seinem Gedicht „Nostalgie":

> „In der Monotonie
> zwischen Maschine
> und Kantine
> suchen sie
> Geborgenheit
> Wärme
> die
> ihrer Heimat
>
> Enttäuscht
> wurde sie verlassen
> und doch
> Illusionen helfen
> bauen
> voll Sehnsucht
> eine neue
> alte
> Welt[207]

Was Agüera Oliver im Zusammenhang mit Maschinen- und Kantinenmonotonie, also im Zusammenhang unmenschlicher Arbeits- und Lebenswirklichkeit begreift und als Reaktion darauf versteht, erscheint bei vielen Autoren zusammenhanglos und ungebrochen: Heimat erscheint als widerspruchsfreier Fluchtpunkt, als Ort der Sicherheit. Die idyllische Verklärung wird nicht mehr hinterfragt.

Als erstes Beispiel hierfür: Deniz Çalişkan aus der Türkei: „Grenzübergang"

„Meine Heimat ist die Türkei, aber 14 Jahre meines Lebens habe ich in Deutschland verbracht, bin also hier aufgewachsen. [...] Der Kontrast zwischen meiner eigentlichen Heimat und meiner sozusagen zweiten Heimat Deutschland in Bezug auf Kultur, Tradition, Mentalität, Politik, Wirtschaft und Religion macht mein Leben in Deutschland nicht leicht. [...] Es kommt doch häufig zu Mißverständnissen und damit zu Spannungen im Zusammenleben mit den deutschen Bürgern. Daher ist es verständlich, daß ich mich in dieser Umgebung oft unverstanden, allein, isoliert und müde fühle.

Dagegen ist mein Aufenthalt in meiner Heimat jedes Jahr zur Zeit der Sommerferien um so schöner. Man trifft die lieben Verwandten, Freunde und Nachbarn wieder, wobei ich sagen muß, daß die Beziehungen zu diesen Menschen etwas ganz anderes bedeuten als ähnliche Beziehungen in Deutschland. Sie geben mir das Gefühl von Geborgenheit, Glück, Zufriedenheit, Vertrauen und Gemeinschaft."[208]

Deutlicher könnte die Spaltung in abstoßende Bundesrepublik und warme, integrierende, schützende und „eigentliche" Heimat kaum ausfallen. Daß diese „eigentliche" Heimat Ursache der Auswanderung war, gerät nicht in den (verklärten) Blick. Die tagebuchartige Aufzählung, der Ich-Erzählstil, die völlige Distanzlosigkeit in der Erzählhaltung geben der Vermutung Recht, daß die erst achtzehnjährige Autorin ihre Sehnsucht und ihr eigenes Erleben unmittelbar in Sprache übertragen hat. „Zehneinhalb Monate des Jahres verbringe ich", so schreibt sie weiter, „sozusagen in einer eher melancholischen Stimmung, während die restlichen sechs Wochen immer die schönste Zeit des ganzen Jahres sind, in der ich mich rundum zufrieden fühle."[209]

„Gefühl", „Geborgenheit", „Glück", „Zufriedenheit", „Vertrauen", „Gemeinschaft", „Ursprünglichkeit" — alles das steht gegen die „Melancholie" in der Bundesrepublik. Es ist inneres Leiden, das zu solcher Verklärung führt: „Ich zieh mir die Decke über den Kopf und zwinge mich, die trüben Gedanken zu vergessen und mich jetzt nur auf die schöne Zeit, die noch vor mir liegt, zu konzentrieren."[210] Vereinsamt im eigenen Bett, den Kopf unter der Decke — in dieser Situation kommen Träume und Wünsche auf, in der „ursprünglichen" Heimat völlig geborgen und angenommen zu sein. Regressives Verhalten und symbiotische Phantasien bestimmen das Weltbild.

Ein zweites Beispiel: Suleman Taufiq (Syrien): Die Frage

„wer bist du
wer bist du hier in dieser stadt, in diesem land, in dieser neuen welt
vor neun jahren drang in meinen körper der duft der erde ein
hinter mir stehen jahre meiner kindheit
voller sonne, träume, kindergeschrei und mutteraugen
hinter mir stehen geschichten, lieder, musik, tanz
hinter mir eine welt, die anders ist als diese welt

als ich vor neun jahren in diese welt eintrat, stieß mein
gesicht auf wälder von eisen und beton
wurden meine ohren von schreien, bellen und lärm gestopft

> sahen meine ohren eisenkisten, die sich bewegten
> gesichter, die nicht lachen konnten
> [...]
> die schatten meiner kinderjahre
> die schatten meiner alten stadt
> die schatten meiner mutter
> und die idyllen meiner alten welt
> tanzen immer noch in meiner erinnerung"[211]

Dieses Gedicht zeigt noch deutlicher, welche Hoffnungen und Wünsche zur Spaltung in „gute" Heimat und „böses" Westdeutschland führen: Was hier das Heimatbild bestimmt, sind Kinderträume. Naive Phantasien aus den „Jahren" der „Kindheit", „Träume", „Kindergeschrei" und „Mutteraugen" gegen „Eisen und Beton". Die ursprüngliche Heimat wird in eins gesetzt mit Kindheitserlebnissen und Kindheitsphantasien. Die Bundesrepublik hingegen ist die Welt der Erwachsenen. Solche Spaltung wird durch räumliche und zeitliche Distanz begünstigt. Sie hat wohl eine Ursache in der hiesigen Ausländerfeindlichkeit, in der mangelnden Bereitschaft eines Großteils der Deutschen, ausländische Mitbürger in ihrer Andersartigkeit zu akzeptieren. Einwanderer behindern sich aber selbst, wenn sie ihrer Heimat und verlorenen Kindheit nachtrauern. Solange sie ihre Heimat idealisieren, werden sie kaum in der Lage sein, sich auf die neuen Gegebenheiten in der Fremde einzulassen und sich in der Bundesrepublik ein lebenswertes Dasein schaffen.

Gewiß fällt es jedem Migranten schwer, sich in der Bundesrepublik einzurichten, und viele scheitern bei dem Versuch, Wohn-, Arbeits- und Lebensbedingungen so zu gestalten, daß sie zufrieden sind. Die Idealisierung von Kindheit und Heimat verhindert aber, die Möglichkeiten in Westdeutschland wahrzunehmen, die sich trotz aller menschenunwürdigen Umstände bieten.

Hierzu ein drittes Beispiel: Aysel Özakin (Türkei): Nord. Auch hier vermengen sich Kindheitserinnerungen mit Gegenwartserfahrungen:

> „Dieser Stadt
> Hatte ich mich verweigert
> Ihr Fluß war vom Himmel belastet
> Und ich war überrascht
> Daß auf den Straßen keine Stühle standen
> Vor den Fenstern kein Teegeruch

> Keine pathetischen Lieder
> Keine Bewegung hinter Vorhängen
> Ich hatte mich dieser nordischen Stadt verweigert
> Die weder weinte noch lachte
> Kein Abstand zwischen morgens und abends
> Jedesmal, wenn ich draußen war, habe ich
> An die Fassaden geschaut
> Und meine Erinnerungen gesucht.
> Die Erinnerungen waren langsam und blau
> Warm und zerbrechlich
> Ich habe mich damit umhüllt.
> Ich habe mich den neuen Straßen verweigert
> Und die alten, schmalen Straßen meiner Kindheit
> gesucht
> In meinen Adern.
> Ich hätte die Hoffnung verlieren können
> Doch heute, am 27. Dezember
> Ein Kohleofen neben dem Kaufhof
> Mit gegrillten Maroni
> Abends um 18 Uhr in Altona ...
> Habe ich die Tür zur Vergangenheit aufgemacht
> Und meine südländische Mutter gesehen
> Arm in Arm mit einer deutschen Nachbarin
> Meine Hände waren naß vor Regen
> Wie vor zwanzig Jahren
> Jetzt lebe ich hier
> Und sehe den Unterschied
> Der Süden ist ein Kindheitsfoto
> Des Nordens
> Der Süden ist
> Mein Kindheitsfoto"[212]

Das lyrische Ich verweigert sich der nordischen Fremde und erlebt sie emotionslos, nicht weinend, nicht lachend. Es sucht einzig seine Kindheitserinnerungen wiederzubeleben: Teegeruch, pathetische Lieder oder Bewegungen hinter Vorhängen, gegrillte Maroni — es lebt nur in der Vergangenheit. Nur dort, wo sich Begebenheiten gleichen, kann die südländische Mutter „Arm in Arm" mit ihrer deutschen Nachbarin einhergehen. Da vermengen sich nicht zwei Kulturen und bereichern sich gegenseitig, da wird die nördliche lediglich in die Kinderschuhe von einst gepreßt.

Ein letztes Beispiel: Alev Tekinay (Türkei): Frohe Ostern

„Ich erinnere mich an die Feste zu Hause, als ich noch nicht nach Deutschland gekommen war. Alles war so schön ... [...]
Es war [...] nicht nur der Zauber der Kindheit, der die Festtage zu Hause so schön machte. Ich kann mich erinnern, daß sie genauso wunderbar waren, auch nachdem ich erwachsen war [...]
Es ist hier [in der Bundesrepublik] die Kälte, glaube ich, und die Einsamkeit, die mich an Festtagen verstimmen. Im Ausland sind die Festtage nicht schön, sie sind sogar grauer als der Alltag."[213]

Auch Alev Tekinays Erinnerungen an ihre zurückgelassene Heimat sind geprägt vom „Zauber der Kindheit", von Ali Efendi, dem Märchenerzähler, von Rummelplätzen und Festessen mit vielen Gästen. In der Bundesrepublik hingegen herrscht Einsamkeit, Festtage sind „grauer als der Alltag".

Anders aber als den meisten Autoren gelingt es Alev Tekinay diese Wahrnehmungsstruktur zu durchbrechen. Sie verbleibt nicht auf der Ebene undifferenzierter Schwarz-Weiß-Malerei, sondern kann auch dem Fest in der Bundesrepublik einige Sonnenseiten abgewinnen.[214] Schließlich erfährt die Ich-Erzählerin: „Ich bin also doch nicht einsam und verlassen. [...] Heute ist auch mein Fest."[215]

Alev Tekinays kurze Ich-Erzählung beschreibt eine notwendige Voraussetzung dafür, sich im neuen Land zurechtzufinden. Trotz Ausländerfeindlichkeit, Isolation und Benachteiligung erlebt die Ich-Erzählerin, daß es auch in der Bundesrepublik menschlichen Umgang gibt. Dies ist ihr möglich, weil sie die Ebene von Idealisierung und Entwertung verläßt. Hier unterscheidet sie sich von vielen schreibenden Ausländern, die sich in ihrer Phantasie das gute Objekt „Heimatland" schaffen, um dann, mit diesem guten Objekt als Rückenstärkung, die Bundesrepublik zu verteufeln.

Alev Tekinay beschreibt, wie sich ihr Blick verändert, wie ihre Wahrnehmung vielfältiger wird, wie letztlich auch in der Bundesrepublik „Frühling" ist, „trotz der dünnen Schneeschicht auf den Osterglocken."[216] Die Kälte des Winters, der „Schnee", sie gehören wohl zur alltäglichen Erfahrung im frostigen Norden. Dennoch: Frühling und Osterglocken genauso. Dies zu begreifen, ist nicht nur der erste Schritt, sich in der Bundesrepublik einzurichten. Solche Wahrnehmung ist Voraussetzung, die gesellschaftliche Wirklichkeit mitzuverändern. Denn erst die Fähigkeit zu unterscheiden, ermöglicht es — nicht nur einem Ausländer — sich dort einzusetzen, wo Veränderung nötig und möglich erscheint.

Wolf Biermann, ein deutsch-deutscher Emigrant besonderer Art, bestätigt dies in einem seiner jüngeren Lieder. Nachdem er lange Jahre der DDR nachtrauerte und vergeblich gegen den politischen Rausschmiß anno 1976 ankämpfte, sang er 1982:

> „Schön ist Hamburg auch im Regen
> und ich mag
> Nicht zurück woher ich kam, nicht
> einen Tag
>
> Langsam seh ich durch und sehe
> was hier läuft:
> Daß man Kätzchen, die zuviel sind
> auch ersäuft
>
> Gute Leute gibt es drüben
> — hier hab ich sie auch gefunden.
>
> Und ansonsten: Nirgendwo
> Mangelt es an Schweinehunden"

Solche Einsicht — die Einsicht, daß es hüben wie drüben Sonnen- und Schattenseiten gibt — solche Einsicht verhilft dem Hamburger Liedermacher aus der DDR, sich in der Bundesrepublik zu engagieren. Die narzißtische Klage um die verlorene Vergangenheit, die den Ton früherer Lieder prägt, kann er verlassen und seine derzeitige Wirklichkeit anerkennen:

> „Doch ich lebe noch, ich lebe
> Und so ist das eben
> — is nicht traurig, is ja Wahrheit
> Und ich leb mein Leben"[217]

Eine Erfahrung, die vielen Arbeitsemigranten fremd bleibt. Sie können sich auf die „Wahrheit", auf die Wirklichkeit in der Bundesrepublik nicht einlassen, weil sie mit falschen Vorstellungen hierher gekommen sind, weil sie in ihrer Enttäuschung die zurückgelassene Heimat verklären und die Fremde zum bösen Objekt verstümmeln. Ihr Leben verkürzt sich zu einem Phantasie-Leben. Sie richten ihre Wünsche auf eine unerreichbar gewordene Heimat und nehmen sich so die wenigen Möglichkeiten, die sie haben, den Gesellschaftsprozeß im neuen Land mitzubestimmen. Gewiß gibt es Ausnahmen; doch eben nur Ausnahmen.[218]

f) Ernüchterung

Die Idealisierung der Heimat ist die Regel: „Heilige Madonna, bringe mich nach Hause, nach Hause zu meinen Kindern;" fleht Maria Degli Angeli aus Italien. Dort erwartet sie nicht die „Eiseskälte von berechnenden und gleichgültigen Blicken."[219] Ein naiver Kindertraum, der nicht in Erfüllung gehen kann.

Dort, wo Wunsch und Wirklichkeit aufeinander treffen, bei der tatsächlichen Heimkehr, wird dies offenbar. Ernüchterung stellt sich ein. Vito d'Adamo zeigt dies in seiner Erzählung „Die Deutschen kommen". Es sind nicht mehr berechnende Deutsche, die Gastarbeiter demütigen und wie Fremde behandeln, sondern die eigenen Landsleute: Sie werfen ihnen zunehmende „Germanisierung" vor und begegnen ihnen mit Ressentiments und Fremdenscheu. Die „Deutschen" — so werden die Ausgewanderten von ihren Landsleuten voller Verachtung genannt — die „Deutschen" werden voll „Neid" empfangen, weil die ‚„Deutschen' im Mercedes heimkamen, wo es doch bei ihrer Abfahrt kaum für das tägliche Brot gereicht hatte".[220] Die Zurückgebliebenen sehen nur Mercedes-Stern und D-Mark-Überweisungen, die Ausgewanderten wiederum prahlen in ihrer Verzweiflung mit Reichtum und Geld und verkürzen so die Geschichte ihrer Emigration selbst zu einer reinen Geldgeschichte.

So aber vergrößert sich die ohnehin zwischen Ausgewanderten und Zurückgebliebenen bestehende Kluft. Franco Biondi stellt dies in seiner Erzählung „Passavantis Rückkehr" dar: 15 Jahre lebte Passavanti in der Emigration. Nun will er „endgültig" zurückkehren. Doch die Heimkehr wird zu einer einzigen Qual. Nicht allein deswegen, weil Passavanti keine Arbeit findet. Die alten Freunde sind ihm fremd, mit den Lebensgewohnheiten im Dorf ist er nicht (mehr) vertraut, und die Dorfbewohner selbst sind nicht bereit, ihn zu integrieren: ‚„Deine Anwesenheit ist hier nicht erwünscht;'" so bedeutet man ihm, ‚„mach', daß wegkommst'", ‚„also hau endlich ab!'"[221] Und so sieht Passavanti ein: ‚„Letztendlich bin ich hier ein Fremder. Ich fahre, heute noch.'"[222]

Die Geschichte Passavantis ist die Geschichte eines Gastarbeiter(alp)-traumes. Eines Traumes, dessen Erwachen von Schrecken begleitet wird: „In der Bundesrepublik war er [Passavanti] nach fünfzehn Jahren nicht heimisch geworden, und er spürte, daß er dort nie mehr heimisch werden konnte."[223] Doch auch die verlassene Heimat ist nicht bereit, den verlorenen Sohn wieder aufzunehmen. So sieht sich der dreifach Verstoßene im Spiegel „ganz zerstückelt", „in vielen kleine Puzzleteilchen, Teilchen, die nicht mehr zusammensetzbar erschienen."[224] Die Identitätskrise vieler Arbeitsemigranten hat hier ihre Wurzel: Nirgends werden sie integriert, nirgendwo aufgenommen. Ihre Geschichte ist eine Geschichte mehrfacher Vertreibung. So stehen am Ende dieser Geschichte nicht selten Verzweiflung, Selbstmord und Tod. Dies zu zeigen, gehört zu den Leistungen der Gastarbeiterliteratur.

Der materielle Reichtum, den sich viele unter Entbehrungen zusammensparen, soll über solche Erfahrungen hinwegtäuschen: „‚Ein Haus ist eine Sache, um den anderen zu zeigen, daß sich die ganzen Jahre der Emigration gelohnt haben'"[225] — so Carmine Abate. Materieller Reichtum wird zum Beweis eigenen Lebens und äußerer Anerkennung.

Gleichzeitig wird er zum Symbol der jahrelang betriebenen Verleugnung. Denn die Fremde, die ein Emigrant in seiner Heimat erleben kann, beginnt nicht erst dann, wenn ihm — wie im Falle Passavantis — offene Ablehnung entgegenschlägt. Sie beginnt dann, wenn Kinder ihre Väter, die des Geldes und Besitzes wegen in die Fremde gingen, nicht wiedererkennen oder wenn sich Frauen damit abfinden, jahraus jahrein die Last einer Familie allein zu tragen: die Verantwortung für die Kinder, die Pflege der Kranken und Alten, die Feld- und Küchenarbeit. Die Fremde der Väter bezeugt deren Bedeutungslosigkeit für das gesellschaftliche Leben:

> „Marco sagte zu ihm [dem Vater] jetzt: der deutsche Onkel. Da war Lorenzo sehr gekränkt, als Marco ihn so genannt hat, da hat er geweint, bitterlich geweint. Und nun — was hat er? Weder Kind noch Frau. Nur das Haus in Italien, das leersteht."[226]

> „‚Na, Kleiner, komm her, du bist groß geworden, Kemal', sagt Memet und beugt sich zum dreijährigen Kemal, der sich erschrocken am Kleid seiner Mutter festhält.
> ‚Kennst du mich nicht mehr?'
> ‚Nein, wer bist du denn?'
> ‚Ich bin dein Vater', antwortet Memet und nimmt das Kind auf den Arm, das sich aber dagegen sträubt und weint.
> ‚Er war ja noch so klein, als du vor zwei Jahren nach Deutschland fuhrst', entschuldigt Aischa ihren Sohn.
> Memet küßt das Kind, doch Kemal weint bitter, weil der lange Bart des fremden Mannes ihn kratzt. Er wendet sich weinend zur Mutter ab. Memet muß

ihn dieser geben, wobei seine Augen feucht werden: ‚Nicht einmal die eigenen Söhne erkennen uns wieder', flüstert er".[227]

„Sükran machte sich nichts aus Geschenken. Warum brachte ihr dieser Mann, der sich als ihr Vater ausgab, immer Geschenke mit. Wollte er etwa ihre Liebe erkaufen?"[228]

Drei Beispiele, die die Entfremdung eines Emigranten widerspiegeln. Aus dem Vater wird der „deutsche Onkel", kindliche Wiedersehensfreude verkehrt sich in bitterliches Weinen. Liebe zwischen Vätern und Kindern ist nur noch mittelbar erhältlich: durch ungewöhnliche Geschenke. Das Eltern-Kind-Verhältnis ist zur Warenbeziehung verkommen. Die materiellen Güter prägen auch das innerfamiliäre Klima.

So sehr Fremdheit die Eltern-Kind-Beziehung auseinandertreibt, so sehr verkümmert auch der Umgang zwischen den Geschlechtern, dann vor allem, wenn Freund oder Ehemann in die Fremde gehen und die Frau in ihrem Dorf oder Kleinstädtchen zurückbleibt. Mit wachsender Distanz und zunehmender Vereinsamung bestimmt Mißtrauen den Umgang:

„Du wirst Post bekommen [...] Die Post klappt sowieso nicht in Italien, es ist vielleicht nur eine Verspätung. [...] Nein, es ist keine Verspätung, ich weiß es, die betrügt mich, bestimmt"[229]

Franco Biondi gestaltet das Mißtrauen in seiner Erzählung „Die Heimat". Ähnlich Rafik Schami in „Andalusien liegt vor der Tür". „Ich muß mich konzentrieren", grübelt Ramon, der Held dieser Erzählung, als er in der Fremde eine Begegnung mit seiner in der Heimat zurückgebliebenen Frau phantasiert:

Er dachte unentwegt an seine Frau. [...] Ramon merkte zum ersten Mal, wie schön Isabel war. Ihre Bluse war aufgeknöpft, er sah ihre Brust, die wollüstig aus der Blusenöffnung ragte. ‚Du bist seit langem weg', sagte sie, ‚und im Leben gibt es etwas anderes als auf dich zu waren.' Sie drehte sich um. ‚Warte doch', flüsterte Ramon. Aber Isabel ging zur Haustür, öffnete sie und ließ den Sergeant der Guardia Civil, Jose Luiz Alonso herein. Ramon haßte Jose, schon als Kind war der stolz auf die Falangisten, die seinen Vater im Bürgerkrieg ermordet hatten. Jose kam näher, er blickte Ramon in die Augen, lachte widerlich und sagte: ‚Hab ich dir nicht gesagt, du bist ein Esel, arbeite als Sklave weiter.'"[230]

Ganz anders verarbeitet Fakir Baykurt die Trennung von Ehegatten. „Die Flugkarte" ist die Geschichte von Sakir und Ayse. Sakir ist auf Urlaub und Ayse will nicht, daß er sie wieder verläßt. Sie löst den Konflikt auf ihre

Weise: Die Flugkarte, die ihn von ihr fort in die Fremde bringen soll, wirft sie ins Feuer.[231] Baykurt vermittelt hier die Verzweiflung einer Frau und ihre Angst, wiederum elf Monate allein zu bleiben.

Diese literarischen Beispiele zeigen, wie Heimat und selbst die Phantasie, eine Heimat zu besitzen, verloren geht. Heimat wird zur „unstillbaren Wunde". Die Gleichgültigkeit der eigenen Landsleute bestätigt dies nur, etwa dann, wenn sie sich — wie im folgenden Gedicht des Jugoslawen Zvonko Plepelić — nur noch um Eigenheimbau und Zahlungsbilanzen kümmern:

> Zvonko Plepelić: Die Stimme der Heimat
>
> liebe Mitbürger
> vorübergehend
> im Ausland beschäftigt
> glaubt nicht
> wir hätten euch
> vergessen
> wir wissen
> es wäre an der Zeit
> Straßen
> Plätzen
> und ganzen Städten
> eure Namen
> zu geben
> wir würden
> alles
> für euch tun
> wenn wir nicht
> so engagiert
> am Eigenheimbau wären
> glaubt uns
> spätestens
> bei der Zahlungsbilanz
> denken wir
> an euch[232]

Was bei Plepelić als äußere Fremdheit erscheint, als mangelndes Interesse der Zurückgebliebenen an den Ausgewanderten, erhält in vielen Erzählungen Alev Tekinays eine andere Wendung: Der äußere Konflikt wird zum inneren. Diese türkische Autorin ist es vor allem, die in ihrem Schreiben die innere Fremde, die Zerrissenheit und Identitätslosigkeit eines Emigranten im Zusammenhang mit seinem Heimatverlust beschreibt.[233]

In tagebuchähnlicher Ich-Erzählung schildert Tekinay einen Heimaturlaub: „Das Türkische, meine Muttersprache" klingt „für mich wie eine Fremdsprache", heißt es dort, „der Umgang mit meinen Landsleuten bereitet mir Schwierigkeiten." Und weiter: „Die Sprache der neuen [hier: der türkischen] Umgebung klingt völlig fremd, selbst wenn sie die Muttersprache ist. [...] Ich habe einmal, vor vielen Jahren, ein vertrautes Verhältnis zu dieser Sprache gehabt."[234] Sprache als Ausdruck von Fremdsein. Heute, nach „vielen Jahren" kann die Ich-Erzählerin diese Sprache zwar noch „fast akzentfrei"[235] sprechen, aber eben nur noch fast. Es sind derart feine Nuancen, winzige Unterschiede zu früherem Erleben, an denen sich das Gefühl, nicht mehr dazuzugehören, festmacht: „Ich gehöre zwar zu zwei Sprachen und zwei Ländern, aber in beiden bin ich nur Gast."[236] Sie fühlt sich als Gast in ihrem ehemaligen Heimatland und wird dementsprechend behandelt:

> „Die Gastfreundschaft meiner Angehörigen verstärkt das Gefühl des Fremdseins, vielmehr des Entfremdetseins. Und wenn man sich dementsprechend — also wie ein Gast — benimmt, zurückhaltend und objektiv, wird man mit Vorwürfen überschüttet, ‚Gefällt es dir nicht mehr bei uns?' und so weiter."[237]

Sie bleibt ausgeschlossener Gast und wird mit Vorwürfen überschüttet, ja schlimmer, nicht einmal ihre Schwester kann sie verstehen.[238] Es liegen Welten zwischen alter und neuer Heimat. Desorientiert fragt die Erzählerin: „Bin ich nun eine Deutsche, die in der Türkei geboren ist, oder eine Türkin, die in Deutschland lebt?"[239]

Keine zufriedenstellende Alternative, denn wie die Antwort auch ausfallen mag, heißt das Ergebnis immer Unzugehörigkeit:

> „Ich weiß nur, daß ich in zwei Sprachen lebe, und Sprache ist für mich im weitesten Sinne ein zu bewohnendes und bewohnbares Reich. Da ich nicht gleichzeitig in beiden zuhause sein kann, bin ich also in keinem der beiden zuhause, sondern nur dazwischen, immer unterwegs, jeden Tag 2000 Kilometer hin und her in einem imaginären Zug, und erschöpft von der Fahrerei. [...] Hier bin ich ‚die aus Deutschland', während ich für meine Nachbarn und Kollegen ‚die aus der Türkei' bin."[240]

Erinnern wir uns: Irgendwo in seinem Innern weiß ein Auswanderer, daß es ein Abschied für immer sein wird, daß er in die zurückgelassene Heimat nicht wieder zurückkehren wird. Sich im neuen Land einzurichten, ist nur folgerichtig.

Hierzulande leben Arbeitsemigranten aber in dem Dilemma, daß das neue Land den meisten keine neue Heimat sein will. Sie wurden geholt, um Hochöfen zu heizen oder Sahnetörtchen zu servieren, um Zigarren zu drehen oder Gemüse zu konservieren. Heute, da sie in Zeiten wirtschaftlicher Rationalisierung wieder verjagt werden sollen, wird vielen der jahrelang schwelende Konflikt bewußt: Konnten sie die wirtschaftliche Ausbeutung ertragen, indem sie sich ein idealisiertes Heimatbild zurechtstilisierten, so werden sie heute von der Wirklichkeit eingeholt; von der Wirklichkeit, daß ihnen ihre ursprüngliche Heimat fremd geworden ist. Alev Tekinays Schreiben steht hierfür.

Die Illusionen, denen die meisten Arbeitsemigranten nachhängen, überdecken die Ursachen der so widersprüchlich geführten Auseinandersetzung mit der verlassenen Heimat: Die Bundesrepublik Deutschland ist den meisten ein kaltes und ungastliches Land, die Vertreibung aus dem Paradies beginnt regelmäßig an den Schlagbäumen der Bayerischen Grenze.

V. Auf der Suche nach Identität[241]

1. Die erste Generation

Wer wie die meisten, der in den fünfziger, sechziger und siebziger Jahren in die Bundesrepublik Eingewanderten, als Erwachsener in die Fremde geht, hat bereits eine feste Identität ausgebildet. Er gehört einem fest umrissenen Kulturkreis an, spricht dessen Sprache und wird sich auch für den Rest seines Lebens als Türke, Italiener oder Grieche fühlen. Die Auswanderung führt zwar zu dem Kulturschock, den die Einwanderer aus dem Süden bewältigen mußten; sie bewirkt oft lebenslange Anpassungsschwierigkeiten in der neuen Heimat, so daß sich viele Migranten für den Rest ihres Lebens als Fremde im neuen Land fühlen; doch derjenige, der als Erwachsener emigriert, wird eine fest umrissene Identität behalten: eben als eingewanderter Türke, Italiener oder Grieche. Die deutsche Sprache wird für ihn Fremdsprache bleiben, in der er sich nie so zurecht finden wird, wie in seiner Muttersprache. Mancher wird sich vielleicht gelegentlich fragen, ob die Entscheidung auszuwandern, richtig war, die eigene Identität, die Strukturen des Selbst, werden hiervon allerdings nicht berührt. Die Krisen in der Fremde sind für die erste Generation äußere Krisen.

Deshalb bescheinigen Soziologen, daß die erste Generation von Gastarbeitern in der Fremde eine stabile Identität behielt.[242] Diese Stabilität rührt nicht von ungefähr: Denn diejenigen, die sich aus Gründen wirtschaftlicher Not zur Auswanderung entschließen oder weil sie hoffen, in der Fremde ein besseres Leben zu führen, sind ohnehin die Stabilsten und Leistungsfähigsten, diejenigen, die in ihrer Sozialisation stabile Selbststrukturen entwickelten: „Die Migranten repräsentieren den am besten qualifizierten, aktivsten und stärksten motivierten Teil der Schicht von Landarbeitern und städtischen Arbeitnehmern, aus denen sie kommen."[243] Deutschland bietet trotz Ausbeutung und Ausländerfeindlichkeit die Möglichkeit zu sozialem Aufstieg, und sei es nur in der Phantasie.

Die mangelhafte Beherrschung der deutschen Sprache erschwert jede interkulturelle Kommunikation: Griechen wollen mit Türken genauso wenig zu tun haben wie mit Jugoslawen, Italienern oder Deutschen. Jede ethnische Minderheit verbleibt in einem selbstgewählten und darüber hinaus auch von der deutschen Bevölkerung abgeschlossenen Getto, so daß die Erfahrungen der primären Sozialisation durch neue Eindrücke oft nicht mehr aufgebrochen und verändert werden. In seinem Denken und Handeln bleibt der Einwanderer Ausländer. Je weniger er die deutsche Sprache beherrscht, desto mehr wird ihm die deutsche Kultur unverständlich erscheinen. Äußerer Druck — alltägliche Diskriminierung oder drohende Abschiebung beispielsweise — führt dann nur dazu, daß ein südeuropäischer Arbeitsemigrant sich als Ausgestoßener oder Benachteiligter wiedererkennt. Solch negativ geprägte Identität kann zu Einheit und Solidarität führen: ‚Ich gehöre zu den 4,5 Millionen Gastarbeitern, die von Deutschen diskriminiert werden!' Ein weiterer Grund zu Selbstverständnis und Stabilität.

Die relative Stabilität von Einwanderern der ersten Generation erklärt, warum Gastarbeiter bald zwei Jahrzehnte kaum nennenswerte (deutschsprachige) Schreibversuche unternahmen. Denn unabhängig von den sprachlichen Fähigkeiten gehört zur künstlerischen Kreativität notwendig innere wie äußere Verzweiflung.[244] Die zunehmende Ausländerfeindlichkeit in den siebziger Jahren war für einige der ersten Generation dann auch Anlaß, doch zu Feder und Papier zu greifen. Aus diesen ersten literarischen Gehversuchen entstanden „Südwind gastarbeiterdeutsch" und der „Polynationale Literatur- und Kunstverein", zwei Literaturbewegungen, in denen künstlerisch Tätige sich die politischen Ziele von Gastarbeitern auf die Fahnen schrieben.

Es ist bezeichnend, daß vor allem Autoren der ersten Generation — Biondi, Chiellino, Schami, Naoum, Scheinhardt ... — in ihrem Schreiben politische Ziele nicht aus den Augen verlieren und deshalb auch nicht in das Konzert der so sattsam bekannten Klageklänge einstimmen. Die innere Sicherheit, die gefestigten Selbststrukturen, die stabile Identität als Fremder — all das führt dazu, daß die wenigen Autoren der ersten Generation eine deutschsprachige Literatur geschaffen haben, in der sie Bilder und Erfahrungen der zurückgelassenen Heimat in die neue Sprache, die neue Kultur und die Verarbeitung ihrer unsicheren Stellung zwischen zwei Kulturen einbringen. Es sind Bilder, die uns fremd erscheinen mögen, und Erfahrungen, die wir kaum kennen.

Die Stellung dieser Autoren zwischen den Kulturen sichert ihnen die nötige Distanz, wenn sie bundesdeutsche Wirklichkeit beschreiben. Im Zwischenbereich von Orient und Okzident, von mittelalterlicher Landgesellschaft und technisierter Industriewelt entstand eine Literatur, von der ich annehme, daß sie das innerlichkeitsträchtige Schreiben der letzten zehn Jahre überdauern wird. Hier finden sich die herausragenden Werke der Gastarbeiterliteratur.

2. Die zweite Generation

Am 30. September 1982 lebten 1,183 Millionen ausländische Kinder unter 16 Jahren in der Bundesrepublik.[245] Allein zwischen 1970 und 1976 wurden rund 600.000 Babys ausländischer Eltern in unserem Land geboren; das waren Mitte der siebziger Jahre 20 Prozent der Geburten.[246] Die relative Stabilität, die man grob verallgemeinernd der ersten Generation zuschreiben kann, findet sich bei diesen Kindern nicht.

Am besten haben es noch diejenigen, die erst nach Beendigung ihrer Schulpflicht in die Bundesrepublik auswanderten. „Die mangelhafte Beherrschung der deutschen Sprache durch das hohe Einreisealter erschwert jede interethnische Kommunikation, so daß die Inhalte der primären Sozialisation kaum mehr verändert oder aufgebrochen werden. Das Kind bleibt bei seiner ethnischen Herkunft behaftet, es bleibt Ausländer, d.h. Außenseiter in der BRD."[247] Solche Kinder behalten ihre Identität als Ausländer; ihre Muttersprache und ihre ursprüngliche Kultur bleiben für ihr Selbstverständnis maßgebend. So können sie, auch wenn die Krisen der Adoleszenz noch einige Verunsicherung bewirken, doch mit der Generation ihrer Eltern und deren innerer Sicherheit verglichen werden.

Je früher ausländische Kinder in die Fremde gehen müssen — für sie ist es in aller Regel keine freiwillige Entscheidung —, desto größer sind ihre Schwierigkeiten, stabile Selbst-Strukturen aufzubauen und eine gesicherte Identität zu finden. Wer beispielsweise als Vorschulkind mit seinen Eltern in die Bundesrepublik einwandert[248] und die folgenden Jahre als Italiener oder Türke auf einer deutschen Schulbank verbringt, der wird wahrscheinlich täglich eine Reise von der Türkei nach Deutschland unternehmen — denn nachmittags und abends gelten wieder die Gesetze Anatoliens und die Vorschriften Allahs.

Der Schock, der dadurch hervorgerufen wird, daß diese Kinder die eigene Sprache und Kultur zu einem Zeitpunkt verlieren, an dem sie weder Sprache noch Kultur als Eigengut verinnerlicht haben, führt zu lebenslanger Unsicherheit. „Der Verlust der Sprache bedeutet den Verlust der Welt", resümiert Jürgen Habermas. „Das ist der linguistische Begriff der Entfremdung, dem sozialpsychologisch eine Störung der Ich-Identität entspricht."[249]

Kinder, die in solch frühem Alter ihre Sprache und Welt aufgeben müssen, verlieren in ganz anderem Maß ihre Sicherheit als Erwachsene. Die Sprache ihrer ursprünglichen Heimat werden sie nie vervollkommnen können, und die Sprache der neuen Heimat werden nur die wenigsten perfekt lernen. So wird die Sprache zum Stigma, zum Ausdruck von Unzugehörigkeit.

Zwei Sprachen und zwei Kulturen bestimmen ihr Leben, und jede scheint die andere auszuschließen. „Wer bikulturell sozialisiert wird und zweisprachig aufwächst, entwickelt eine Identität, die ihn nirgendwo ‚zu Hause' sein läßt, und bleibt ein Wanderer, ein Fremder ohne kulturelle Heimat."[250] Amerikanische Studien haben gezeigt, daß Bilingualismus, niedriger Intelligenzquotient und Persönlichkeitsstörungen miteinander korrelieren.[251] Eine Untersuchung über Gastarbeiterkinder spricht von „extremen Verständigungsschwierigkeiten", „psychosozialer Desorientierung und neurotischen Verhaltensweisen"[252], eine andere sieht „neben Passivität, Konformismus und Neurosengefahr auch die Möglichkeit einer Neigung zur Schizophrenie".[253]

In einem ist sich die Forschung einig: Kinder, die im Vorschulalter in die Bundesrepublik einreisen, bilden keine feste Persönlichkeit aus, sie erwerben unzulänglich zwei Sprachen und besitzen keine festen Wert- und Orientierungsmuster. In jeder Kommunikationssituation sehen sie sich wahrscheinlich einer Fülle von Symbolen gegenübergestellt, deren Bedeutung sie nicht verstehen.

Der Aufbau eines stabilen Selbst wird hierdurch außergewöhnlich stark beeinträchtigt: Die Bilder, die ein Kind, später ein Heranwachsender und schließlich ein Erwachsener von sich hat, sind immer als Abbild zu verstehen. Das leuchtende Auge der Mutter, des Freundes oder der Geliebten geben jedem die Möglichkeit, sich selbst zu spiegeln und sich so als Subjekt zu erfahren, als ein Mensch, der bestimmte Eigenschaften besitzt. Fehlender sprachlicher Ausdruck und unpräzise Verständigungsmöglichkeiten trüben den Spiegel — das Kind kann sich nicht mehr wahrnehmen, weil ihm „die Einstellung der anderen" verloren geht.[254]

Hinzu kommt, daß viele dieser Kinder ihre Eltern als wichtigste Bezugspersonen entbehren müssen. Entweder sind die Eltern bereits Monate vorher in die Bundesrepublik gegangen und haben das Kind bei Verwandten zurückgelassen, oder aber beide Eltern sind berufstätig, was dazu führt, daß die ohnehin vorhandene Desorientierung noch vergrößert wird. Urvertrauen wird sich nicht einstellen, stattdessen eine tiefe Verunsicherung, die zur Herausbildung narzißtischer Verhaltensweisen führt.[255]

Wahrscheinlich werden solche Kinder mit ihren Identitätsschwierigkeiten zu den psychisch am meisten gefährdeten Jugendlichen heranwachsen.[256] So kommt denn eine Studie über die Kriminalisierung junger Ausländer zu dem Ergebnis, daß es zwar keine erheblichen Unterschiede gibt, wenn man die Kriminalitätsbelastung der unter 21jährigen Ausländer und Deutschen miteinander vergleicht. Betrachtet man allerdings die Jugendlichen isoliert (also die 14-18jährigen), so ergibt sich, daß die ausländischen Jugendlichen „die höchste Kriminalitätsbelastung zeigen", „und zwar nicht nur gegenüber deutschen Jugendlichen und Heranwachsenden, sondern auch im Vergleich zu den ausländischen Heranwachsenden."[257]

Diejenigen Ausländerkinder, die in der Bundesrepublik geboren werden oder im vorsprachlichen Alter mit ihren Eltern einreisen und hier aufwachsen, erwerben ebenfalls keine fest umrissene Identität. Bei diesen Kindern „dominiert die deutsche Sprache, während die Sprache der Eltern oftmals nur mangelhaft beherrscht wird."[258] Dies führt zur Entfremdung von Eltern sowie deren Heimat und Kultur.

Mit der oft vorzüglichen Beherrschung der deutschen Sprache und dem Hineinwachsen in deutsche Kultur und Tradition werden solche Kinder „deutsch fühlen" und sich „äußerlich ihren deutschen Freunden anpassen."[259] Latent bleibt allerdings das Stigma des Ausländers: Die drohende Ausweisung mag dafür äußeres Zeichen sein, der Widerspruch zu Normen und Verhaltensweisen von Eltern und Verwandten inneres, ein Widerspruch, der oft zu verfrühten Ablöseprozessen der Kinder von ihren Eltern führt: Die Eltern, die noch nach anderen Gesetzen leben und oft nicht einmal die deutsche Sprache beherrschen, sind nicht Vorbild für einen Jugendlichen, der sich als Deutscher fühlt. Die kulturelle Ungleichzeitigkeit der Generationen setzt deshalb die Ausländerkinder „eher frei, entfremdet sie ihren Familien, ihrer Kultur und Sprache, macht sie zu verfrühten Jugendlichen." Unsere Gesellschaft „bietet ihnen aber keine institutionalisierten Handlungsräume, keine festen Orientierungsmuster und Verhaltensweisen, keine Berufschancen und handlungsleitende Zukunftsweisungen: Sie überläßt diese Gruppe sich selbst."[260]

Auch wenn es hierzu keine Untersuchungen gibt, nehme ich an, daß die Schwierigkeiten dieser Gruppe am ehesten denen gleichaltriger Deutscher ähneln. Was als neuer Sozialisationstyp, als narzißtisch geprägte Persönlichkeit, oft umschrieben wurde[261], findet hier ein Pendant, wahrscheinlich in noch deutlicherer Ausprägung.

Den Kindern der zweiten Generation ist gemein, daß sie nicht nur unter dem äußeren Druck von Ausländerfeindlichkeit und Jugendarbeitslosigkeit zu leiden haben. Zumeist unerfüllbare Erwartungen der Elterngeneration erhöhen diesen Druck erheblich: Denn „Wanderarbeiter in Deutschland erwarten von ihren Kindern, daß sie mehr als sie selbst erreichen."[262]

Carmine Abate gestaltet dieses unter Gastarbeitern verbreitete Leistungsethos in seiner Erzählung „Das ferne nahe Idol" eindruckvoll als Gespräch zwischen Vater und Sohn:

„Ich war stolz auf die guten Noten. Der Direktor hatte die Klassenbesten lobend hervorgehoben und unter diesen auch mich. ‚Papa, heute haben wir Zeugnisse für das erste Trimester bekommen, du mußt unterschreiben!' [...] ‚Und wie sind die Noten?' fragte er mich, während er das Zeugnis kontrollierte. ‚Gut, gut! Der Direktor hat gesagt: Gut, mach weiter so.' ‚Ach, ja? Und wer ist der Klassenbeste?' ‚Das weiß ich nicht', antwortete ich schüchtern. [...] Er warf das Zeugnis ärgerlich zu Boden und traf mich mit einem schneidenden Blick, als ob er in meinen Gedanken gelesen hätte: ‚Du mußt der Erste sein, hast du verstanden? Der Erste und damit Schluß!' [...] Es wird der Blick meines Vaters gewesen sein, jedenfalls schlief ich in dieser Nacht schlecht: Ich träumte von meinem Großvater mit dem Zwiebelbärtchen, der zu mir sagte: ‚Du mußt der Erste sein!' Von Meister Vincenzo und seiner Frau, zwei Nachbarn, die mir zuschrien: ‚Der Erste, der Erste!' Sie machten mir Angst mit den zahnlosen Mündern und ihren schwarzen Kleidern. Ich verstand, daß sie tot waren. [...] Vom Chor der Toten bedrängt, der mich mal höhnisch, mal bedrohlich mit dem Schrei: ‚Der Erste, der Erste!' peinigte, stürzte ich ins Leere, voll Angst mich nicht mehr retten zu können. [...] Ich wurde Klassenbester, der Erste, wenigstens auf dem Papier, in den Zeugnissen. War es nicht das, was er wollte? [...] ‚Du bist wirklich ein Glücksjunge, du kannst zur Schule gehen.' Das war sein liebstes Gesprächsthema. ‚Als ich ungefähr so alt war wie Du [...] mußte ich für Don Petfideli für sechs Lire am Tag hacken. Ich schwitzte zwölf Stunden am Tag Blut [...] Eines Tages habe ich mir geschworen, daß, wenn ich einen Sohn hätte, er nicht Landarbeiter unter einem Padron werden sollte, auch nicht Pachtbauer. Ich habe es mir geschworen. Es macht nichts, wenn ich jetzt Blut unter den Deutschen schwitze: Du gehst zur Schule. Das ist wichtig.' Das war wichtig für wen? Für mich? Für ihn? Für die Leute? Ich wußte es nicht; er kam und ging und ließ mich allein mit seinen Sprüchen und meinen vergeblichen Bestleistungen, die mich innerlich zermürbten."[263]

Ein bezeichnendes Kinderschicksal, das Abate hier beschreibt: Der kleine Bub soll die unerfüllten Lebensträume seines Vaters erfüllen. Es geht dem Vater einzig darum, daß der Sohn als Aufsteiger seinem unerfüllten Leben einen Sinn verleiht. Solange sich das Kind den Bedingungen des Vaters unterwirft und Klassenbester bleibt, erhält es dessen Anerkennung. Der Preis ist allerdings hoch: Zermürbt von Todeswünschen gegen den Vater — die Verschiebung auf Großvater und Nachbarn ist offensichtlich — stürzt er „ins Leere, voll Angst", sich „nicht retten zu können." Es ist das ‚Drama des begabten Kindes', das der Autor hier nachzeichnet.

Die Hoffnung, in der Fremde ein besseres Leben zu führen, treibt den unter Leistungsdruck stehenden sozialen Aufsteiger dazu, seinen Kindern das aufzubürden, was ihm noch versagt blieb. Solche Kinder entwickeln meist kein Urvertrauen und bleiben innerlich verunsichert, weil der wohlwollende Blick von Vater oder Mutter nicht ihnen, sondern ihrer Leistung galt. Unerfüllbare Leistungsanforderungen an sich selbst und damit verbunden eine schleichende Depression, die in ständiger Überforderung abgewehrt werden muß, sind die Folge. Bleibt der Erfolg einmal aus, kommt es zur Krise.[264]

Heute, da die Möglichkeiten der zweiten Generation im Zeichen von Jungendarbeitslosigkeit und rigide gehandhabter Ausweisungspraxis erheblich gesunken sind, erweisen sich die Anforderungen der ersten Generation als unerfüllbar. Der Erfolg, der eine äußere Stütze in Zeiten innerer Not hätte sein können, bleibt aus, und so tritt die innere Verunsicherung der zweiten Generation offen zutage.

Ich möchte diese Perspektivlosigkeit an einigen Zahlen demonstrieren: Im Schuljahr 1980/81 besuchten 522.340 ausländische Schüler eine Hauptschule in der Bundesrepublik. Ungefähr 50 Prozent der ausländischen Kinder erreichen derzeit einen Hauptschulabschluß. Nur 20 Prozent der Schüler mit Hauptschulabschluß treten hinterher eine Lehrstelle an, insgesamt also nur 10 Prozent. Weitere 10 Prozent nehmen ohne Lehre eine Arbeit an, 15 Prozent werden durch berufliche Weiterbildungsmaßnahmen gefördert, der Rest geht zunächst einmal leer aus. Nur 20 Prozent der ausländischen Jugendlichen konnten 1981 ihren Berufswunsch verwirklichen, die deutschen Jugendlichen immerhin noch zu 50 Prozent. Ein katastrophales Mißverhältnis zwischen Berufswunsch und -Wirklichkeit![265]

Der Zerfall der Werte, der sich mit ausbleibendem Erfolg ohnehin einstellt, ist auch aus anderen Gründen vorprogrammiert: Ausländische Eltern haben meist größere Sprachschwierigkeiten als ihre Kinder, so daß Kinder oftmals Dolmetscherfunktion übernehmen. So erfahren die Kinder ihre Eltern als schwach, spüren die eigene Macht über sie und erleben, daß die geringe Achtung, die ein Ausländer in der Bundesrepublik genießt, berechtigt scheint: Selbst sie sind ja mächtiger. All das verunsichert diese Kinder und verhindert, daß sie traditionelle familiäre Rollen- und Kommunikationsstrukturen übernehmen. Dort, wo bislang gültige Normen standen, an denen sie sich orientieren konnten, entstand ein Vakuum.[266]

Der innere wie der äußere Druck hat Krankheiten zur Folge: „Ausländische Arbeiter und ihre schulpflichtigen Kinder leiden gehäuft an psychischen, psycho-somatischen und paranoiden Syndromen, z.B. an Depressionen, Magen-Darmstörungen, psychogenen Organfunktionsstörungen, Magengeschwüren, Potenzverlust, hysteriformem Verhalten, Lern- und Motivationsstörungen, Identitätsschädigungen."[267]

Die Eingewanderten der ersten und der zweiten Generation werden zerrissen von den Anforderungen einer modernen Industriegesellschaft. Der Sprung aus einer agrarisch strukturierten Gesellschaft, in der Erzeuger und Verbraucher eine Einheit bilden, in eine hochdifferenzierte, auf Arbeitsteilung basierende Konsumgesellschaft ist ein Kulturschock. Werte, die seit Generationen weitergegeben werden, verlieren ihre Gültigkeit.

In der Bundesrepublik gelten Normen, die die meisten nicht kennen, und Verhaltensweisen, die fremd sind. Das führt zu Verunsicherung, Identitätsverlust, zu Krankheit und Selbstmord. Die Freisetzung des Individuums in den hochentwickelten Industrieländern hat inzwischen zur Herausbildung eines neuen Sozialisationstyps beigetragen: zum Narziß des 20. Jahrhunderts. Bindungslos und nur sich selbst verpflichtet sucht er den Anforderungen der heutigen Zeit zu genügen: bereit, sich jederzeit an anderen

Orten, mit anderen Menschen, in anderen Betrieben oder auch anderen Berufen einzurichten. Die Fremde verlangt den Arbeitsemigranten somit ein Verhalten ab, zu dem zumindest die Einwanderer der ersten Generation nicht sozialisiert sind: Sie werden zu Bindungslosigkeit und Flexibilität gezwungen.

Während Schriftsteller der ersten Generation sich in ihrem Schreiben dagegen zu wehren suchen, ringt die zweite Generation nur noch mit den Folgen dieser Bindungslosigkeit: Innerlich verunsichert wendet sie die Wut, die ihre unsichere Situation mit sich bringt, gegen sich selbst, vergleichbar einem verkümmerten Schrei nach Liebe: Ihr Schreiben besteht zu großen Teilen in der Darstellung innerer Leere und Gefühllosigkeit.

3. Schreiben als Lebenshilfe

Daß künstlerische Produktivität psychisches Leiden zur Bedingung hat, ist ein Allgemeinplatz. Die Literatur der Gastarbeiter bestätigt dies nur. Die Suche nach Identität ist ein zentrales Thema. Es ist die Zerrissenheit vor allem der zweiten Generation, die zur Sprache kommt und sich in der Literatur der Einwanderer niederschlägt.

So ist die Fülle der Veröffentlichungen, die seit den achtziger Jahren immer zahlreicher werden, Ausdruck dafür, daß sich die zweite Generation zu Wort meldet.[268] In mancher Anthologie kommt überhaupt nur sie zur Veröffentlichung und stellt ihre inneren und äußeren Konflikte dar.[269]

Bedenkt man, daß ein Großteil der Ausländerliteratur wahrscheinlich auf Grund innerer Zerrissenheit geschrieben wurde, so erscheinen die allerorten dargestellten Konflikte zwischen Deutschen und Ausländern in einem anderen Licht: Auf die Ausländerfeindlichkeit, auf die Fremde und Isolation, die das Leben in der Bundesrepublik zu bestimmen scheinen, wird ein innerer Konflikt projiziert. Die Ausländerfeindlichkeit ist insofern nur Anlaß, die Identitätsschwierigkeiten darzustellen, nicht aber deren Ursache.

Die Ausländerfeindlichkeit als äußerer Konflikt sichert dem jeweiligen Autor Distanz. Er projiziert seine Schwierigkeiten auf die Feindlichkeit der anderen, erlebt sich als hilfloses Opfer unterkühlter Nordländer oder auch faschistischer Parolen- und Witzereißer. Die innere Zerrissenheit, die fehlende Selbstsicherheit, das Urvertrauen oder wie man es immer nennen mag werden so nur unterschwellig thematisiert, dem Autor wie dem Leser nicht bewußt und bestimmen doch gleichzeitig die Darstellung. Der innere Konflikt treibt dazu, die äußeren Mißstände bloßzulegen.[270]

Man kann noch weiter gehen: Identitätslosigkeit ist kein neues Phänomen, von Peter Handke bis Botho Strauß prägt sie die Gegenwartsliteratur. Diese Literatur ist Ausdruck der Krise des Individuums, der Vereinsamung des einzelnen in der Masse und der weiter zunehmenden Vereinzelung in einer sich rasant fortentwickelnden Computergesellschaft. Die Identitätskrise der zweiten Generation ist auf dem gleichen Boden gewachsen wie die Schwierigkeiten unzähliger Deutscher.

So gesehen ist sicher vielen Autoren der zweiten Generation die Tatsache, daß sie Ausländer sind, willkommener Anlaß, ihre inneren Schwierigkeiten darzustellen. Sie schreiben über sich als Ausländer, über ihre Zerrissenheit und meinen letztlich etwas ganz anderes: ein entleertes Selbst, das in ohnmächtigem Zorn nach Hilfe schreit. Die Thematik eines Ausländers entspricht einer Leinwand, auf die ein tieferliegender Konflikt projiziert wird.

Vergleichbar verhalten sich zum Teil Atomkraftgegner oder Anhänger der Friedensbewegung, Linke und Konservative. Manchem dienen Atomkraft und Raketen, die Angst vor Tschernobyl oder Hiroshima, NATO und Warschauer Pakt, Vereinigte Staaten und Sowjetunion, letztlich Kapitalismus und Sozialismus nur dazu, die eigene Unsicherheit auf einen äußeren Feind zu projizieren und dort, gesichert durch Distanz, die solche Projektion schafft, den eigenen Konflikt am anderen zu suchen und sich selbst zu bekämpfen.[271]

Durch solche Verschiebung wird ein äußeres Objekt geschaffen, mit dessen Hilfe sich ein einzelner — und zwar in Abgrenzung zum projizierten Feindbild — als Subjekt erfahren kann: Ich bin Friedenskämpfer, gehöre zur AKW-Bewegung oder eben zur unterdrückten Minderheit der Gastarbeiter. In solchem Fall bewirkt Ausländerfeindlichkeit nicht die Identitätsschwierigkeiten, die sich allerorten in der Gastarbeiterliteratur finden, sondern steht sogar für das Gegenteil: Ausländerfeindlichkeit dient, so zynisch das in dieser erweiterten Formulierung klingen mag, als Hilfe, das schwache Selbst mit einem Korsett zu stützen und der fehlenden Identität Konturen zu verleihen: Durch den äußeren Druck, durch Abschiebung und Diskriminierung können sich südeuropäische Auswanderer und vor allem ihre Kinder als Ausgestoßene und Diskriminierte wiedererkennen. Dies ist wohl eine durch negative Erfahrungen geprägte Identität, sie gibt aber das wieder, was verloren ging: Selbstgefühl und Einigkeit.[272]

Hier findet sich ein weiterer Grund, warum vor allem Akademiker das Schicksal von Emigranten schreibend verarbeiten und weniger die Arbeiter unter den Einwanderern. Abgesehen davon, daß auch deutsche Arbeiter wenig schreiben, sind die schreibenden Akademiker meistens soziale Aufsteiger. Sie haben nicht nur ihre Heimat verlassen, sondern auch ihr soziale Schicht, ihre Eltern, Freunde und Freundinnen. Sie sind nochmals entwurzelt.

Der innere Konflikt — Identitäts- und Rollendiffusion —, der hieraus entsteht, ist selten Thema der Gastarbeiterliteratur. Kaum ein Text spricht ihn an.[273] Die aus ihrer Schicht aufgestiegenen Autoren beschreiben stattdessen äußere Schwierigkeiten, die gewiß auch vorhanden sind, die Feindseligkeit der anderen, Heimatlosigkeit und Sprachschwierigkeiten oder allgemein die Kälte des Nordens.

In der Beschwörung gemeinsamer Schwierigkeiten können sich die Autoren der verlorenen Einheit erneut vergewissern. Solange sie über Ausländerfeindlichkeit schreiben, können sie — und sei es nur in der Phantasie — die Gemeinsamkeit aller Gastarbeiter herbeizitieren, auch wenn dies an der Wirklichkeit vorbeigeht: Die überwältigende Mehrheit der Gastarbeiter liest genauso wenig wie deutsche Kollegen, und wenn doch, dann gewiß nichts Deutschsprachiges über Gastarbeiteralltag. Das wäre allein aufgrund von Sprachschwierigkeiten zu mühselig, ganz abgesehen davon, daß diejenigen, die den Tag über auf einer Baustelle oder in einem Restaurant arbeiten, abends nichts mehr darüber lesen wollen.[274]

*

Zusammenfassend läßt sich festhalten: Es ist zunehmend die zweite Generation, die sich schreibend zu Wort meldet, die Generation, die unter dem Leistungsethos der ersten Generation aufgewachsen und aufgestiegen ist, die sich orientierte an bundesdeutschen D-Mark-Scheinen und Utopien von besserem Leben. Sie hat dieses Leistungsethos verinnerlicht. Ihr Schreiben zeugt für die fehlende Wärme und Zärtlichkeit, nicht nur im großen Westdeutschland, sondern auch innerhalb der kleinen Einwandererfamilie. Es sind deshalb nicht allein Ausländerfeindlichkeit und Fremdenhaß, die zu solchem Schreiben drängen, sondern auch persönlich unbewältigte Konflikte, die Zerrissenheit der Familien oder fehlende Selbstsicherheit.

4. Die literarische Gestaltung

a) In zwei Sprachen leben

„Das Thema des Identitätsverlustes als Preis für die Zweisprachigkeit zieht sich wie ein roter Faden durch die Texte, vor allem bei denen, denen die deutsche Sprache zur Muttersprache wurde."[275] So heißt es beispielsweise bei HSM, einem anonym gebliebenen Autor:

> „Wir reden gemischt, weder richtig Deutsch noch richtig Türkisch, Italienisch oder Griechisch. Wir sind in keiner Sprache mehr zuhaus. Wir sind auf der vergeblichen Suche nach einer Antwort auf die Frage, wer wir eigentlich sind."[276]

Sprache wird zum Kristallisationspunkt. Sie ist vielen schreibenden Ausländern Symbol ihrer kulturellen Unzugehörigkeit. „Der koordiniert bilinguale Sprecher sieht sich in jeder Kommunikationssituation wahrscheinlich einer Fülle von Symbolen gegenüber, deren Bedeutung er nicht versteht." Er kann deshalb „die Einstellung der anderen nicht internalisieren."[277] Sprache, genauer: mangelhafte sprachliche Ausdrucksfähigkeit wird zum Träger ethnischer und kultureller Identitätsschwierigkeit. Ausländische Arbeiter und vor allem ihre Kinder, die zweite Generation, erleben sich als Fremde:

> „Du lebst in zwei Sprachen,
> Doch du beherrscht keine.
> Die eine verlernst du,
> Du mißbrauchst die andere."[278]

So formuliert die Französin Chantal Estran-Goecke, die im Alter von zwanzig Jahren in die Bundesrepublik übersiedelte, ihre Sprachschwierigkeiten: Die Fremde wird ihr durch Sprache vermittelt; mit ihrer eigenen Sprache verliert sie ihre Identität; die neue Sprache, die neue Welt und somit eine neue Identität — all das bleibt ihr verschlossen.

Franco Biondi beschreibt den Verlust sprachlicher Identität ähnlich:

„Sprachfelder

In meinem Kopf
haben sich
die Grenzen zweier Sprachen
verwischt
doch
zwischen mir
und mir
verläuft noch
der Trennzaun
der Wunden zurückläßt
jedesmal
wenn ich ihn öffne"[279]

Die Spannung zwischen der Sprache der Kindheit und Heimat und der neugewonnenen Sprache der Fremde und Erwachsenenwelt markiert die Identitätsschwierigkeiten vieler. Der Trennzaun, von dem Biondi spricht, ist äußeres Zeichen dieser Spannung. Die „Wunden", die er zurückläßt, zeigen den Eingewanderten ihre bikulturelle Existenz, durch die sie zu Ausgestoßenen gestempelt sind.

Der sprachlichen und vor allem der kulturellen Verunsicherung und der mit ihr einhergehenden Identitätskrise geht allerdings eine reale Erfahrung voraus: die Erfahrung, sowohl im neuen, wie im zurückgelassenen Land als Fremder behandelt zu werden: „In keiner Gesellschaft werden wir akzeptiert. In der BRD sind wir Gastarbeiter, Ausländer, noch schlimmer: die Türken. In den Heimatländern sind wir Deutschländer, die Alemannen, noch schlimmer: die Kapitalisten."[280]

Das Gefühl der Zugehörigkeit geht verloren. Zwei Sprachen haben heißt, letztlich keine Heimat zu haben und ausgeschlossen zu sein. Neue Erfahrungen — die Erlebnisse in Deutschland — entfremden die Arbeitsmigranten von ihrer zurückgelassenen Heimat, die Tradition wiederum, die sie aus ihren Heimatländern in die Fremde mitgebracht haben, erschwert die Integration im neuen Land. So sitzen annähernd 4,5 Millionen Menschen tatsächlich „zwischen zwei Stühlen".[281]

Der Konflikt, zwischen zwei Kulturen zu stehen, offenbart sich immer wieder an der Sprache. Alev Tekinay beschreibt: „Die Entfremdung [gegenüber Sprache und Lebensgewohnheiten des Heimatlandes] ist schmerzhaft. Ich stelle mir die Frage: Was ist besser? Fremdsein oder Entfremdetsein?"[282] „Was bin ich?" ergänzt ihre türkische Landsmännin Aysel Özakin flapsig: „Bach oder Dönerkebap?"[283]

Deshalb ist für viele Autoren der Identitätsverlust identisch mit dem Verlust einer Situation, in der eine Sprache den Alltag bestimmt. Die Zweisprachigkeit symbolisiert den inneren Konflikt: „In Deutschland war ich eine Ausländerin und in Portugal war ich die ‚Deutsche'", umschreibt die Portugiesin Ana Christina de Jesus Dias, die mit sieben Jahren nach Westdeutschland kam, ihre Frage „Wohin gehöre ich?" „Ich stellte mir oft die Frage: [...] Wo ist es besser zu leben? Als Fremde in der Fremde oder als Fremde im eigenen Heimatland?" Und die Ich-Erzählerin, die mit der Zunge der Autorin spricht, weiß nur zu antworten: „Ja, wir Ausländer haben die Schwierigkeit, daß wir zwei Sprachen gleichzeitig gut beherrschen müssen. Nachmittags mit Freunden spreche ich Deutsch. Zuhause aber muß ich Portugiesisch sprechen."[284]

„Ich besitze zwei Sprachen, aber dafür keine Heimat."[285] In dieser kurzen Formel spiegelt sich das Dilemma vieler Einwanderer. Die Sprachenvielfalt ist ihnen Beweis ihrer inneren Zerrissenheit.

Man muß allerdings unterscheiden: Was an Identitätskonflikten das Schreiben der Gastarbeiter prägt, gilt nicht für alle Einwanderer gleichermaßen. Erste und zweite Generation unterscheiden sich in ihren Texten erheblich. Die erste Generation mußte zwar ihre Heimat verlassen und in der Fremde zu einer neuen Identität als Einwanderer finden, ihre Texte bezeugen allerdings, daß ihr die kulturelle Sicherheit, die die Kindheit und Jugend in der Heimat bestimmte, dabei nicht gänzlich verloren ging.

Von der zweiten Generation läßt sich dies nicht behaupten. Sie gehört sowohl zur hiesigen Kultur, in der sie aufwuchs, als auch zu der ihrer Elterngeneration, die die Werte aus der Fremde mitbrachte. Zwischen diesen Kulturen ist sie nirgendwo verwurzelt.

b) Die Sehnsucht der zweiten Generation

„An meine Sehnsucht

Ich schreibe. Ich schreibe einen Brief. Ich schreibe einen Brief an einen Unbekannten. Ich schreibe einen Brief an einen unbekannten Bekannten. Ich schreibe einen Brief an mich. Ich schreibe einen Brief an Dich, meine Sehnsucht, die Du mich jahrelang hintergangen und betrogen hast. Dein schamloses Spiel, ich habe es erkannt.

Dort, in irgendeinem Übungszimmer der Universität habe ich Dich ertappt — ja, ich weiß jetzt, was Du all die Jahre, in denen ich mich Dir hingegeben habe, mit mir getrieben hast!

‚Eres espanol! — Du bist Spanier!' — wie oft haben sie es mir gesagt, mein Vater, meine Mutter ... Wie oft auch Du! Regelrecht gezwungen hast Du mich, es zu glauben, es zu hoffen ... Und dann — die Erkenntnis: Jahrelanger Selbstbetrug in einer illusionären Welt, ein heuchlerischer Traum — Tag und Nacht ...

Sie haben spanisch geredet, dort, in jenem Übungsraum. Ein Märchen von Hermann Hesse auf Spanisch. Weißt Du, was ich verstanden habe? Brocken, Satzbrocken, Bruchstücke!

‚Eres Espanol!' — Weißt Du, wie das klingt? Lächerlich und demütigend zugleich. Ich — ein Spanier? Ich bin ein Nichts! Ein ‚Möchtegern-Spanier' mit einer deutschen Vergangenheit, ein ‚Zwangsdeutscher' mit einem spanischen Namen.

Was sagst Du? Ich hätte spanische Eltern? Ich sei in einer spanischen Familie groß geworden — eine spanische Erziehung. Ja, stimmt. Stimmt alles — nur, wie willst Du erwarten, daß Dir jemand die Kultur eines Landes vermittelt, der selbst in einer Umgebung aufgewachsen ist, in der Kultur und Bildung heute noch Fremdwörter sind? — Schweig! Schweig lieber! Ich kann einen ‚potaje' bestellen. Fluchen kann ich auch: ‚cono', ‚joder', ‚higo de la gran puta' ... Willst Du noch mehr hören? Ich kann weinen, ich kann lachen, ich sage ‚te quiero'. Aber — die Gedichte Lorcas, die Dramen Calderons, den ‚Hidalgo espanol', Don Quichote, die verstehe ich nicht. Bruchstücke nur, seitenweise manchmal.

Zweisprachig aufgewachsen! Ich weiß, Du findest das toll! Weißt Du auch, wie es sich wirklich verhält? Deutsch bin ich aufgewachsen! Das Spanische an mir war immer nur ein lästiges Anhängsel, ein schmerzendes Brandzeichen, das ich, wo immer es nur möglich war, verleugnete, versteckte. Damals war ich 12 oder 13. Ich schämte mich. Ja, ich schämte mich. Und dann mit 16, 17 kam die Zeit, in der ich stolz war auf meine Herkunft, auf meinen Namen, auf jeden ‚puchero' und jeden Fandango.

Krampfhaft versuchte ich, Andalusien zu umarmen; jene Luft, die nach verbranntem Zuckerrohr und blühendem Rosmarin duftet, tief einzuatmen. Verzweifelt küßte ich den ausgetrockneten Boden zwischen unzähligen Olivenhainen. Umsonst trank ich aus den Brunnen des Generalife ... Nur Dich, meine Sehnsucht, Dich hat es genährt, das Wasser der Sierra Nevada. Du

wurdest immer stärker, immer zehrender in der Agonie der kalten Winternächte.
Was bleibt? Ich — ein spanischer Gastarbeiter, kastriert und fortwährend vergewaltigt von einer fremden und doch so bekannten Welt.
Leb wohl, Sehnsucht!
Es fällt schwer, sich nach so vielen Jahren zu trennen ...
Ich will es versuchen!"[286]

Eine Selbstanalyse in Briefform. José F. Agüera Oliver, von 1984 bis 1986 Vorsitzender von PoLiKunst, gehört zur zweiten Generation. Seine Lebensgeschichte steht stellvertretend für die einer ganzen Generation: Seine Eltern stammen aus Andalusien, er wurde 1961 in Haussach im Schwarzwald geboren. Derzeit studiert er Romanistik, Germanistik und Philosophie an der Universität Freiburg. Ein Aufsteiger, der seine soziale Schicht verläßt.

Agüera Oliver rechnet mit sich und seiner Vergangenheit ab und erkennt: „Jahrelanger Selbstbetrug in einer illusionären Welt". Sein bisheriges Leben beschreibt er als einzige Sehnsucht, als Sehnsucht dazuzugehören: mit zwölf, dreizehn zu den Deutschen, später zu den Spaniern. Sein Urteil ist vernichtend: Die spanische Sprache und Kultur blieb ihm verschlossen, sein spanischer Name erscheint nur als „schmerzendes Brandzeichen". So fühlt er sich als „ein Sohn spanischer Gastarbeiter, kastriert und fortwährend vergewaltigt".

Bei aller Offenheit verleugnet der spanische Einwanderersohn allerdings Wesentliches, und auch hierin ist er typischer Vertreter seiner Generation: An keiner Stelle setzt er sich mit seinen Eltern und deren gesellschaftlicher Situation auseinander, die ihn dazu zwangen, daß er „zweisprachig" und in der Fremde aufwuchs. Seine stilisierten Lebensängste erscheinen stattdessen als undefinierbare Sehnsucht, die sein Leben überschattet.

Kein Wort auch zu den Klassenschranken, die der Autor überspringt. Er, der werdende Akademiker, der in „einer Umgebung aufgewachsen ist, in der Kultur und Bildung heute noch Fremdwörter geblieben sind", führt seine Unfähigkeit, sich als Spanier zu fühlen, auf die Kulturlosigkeit seiner Eltern zurück, darauf, daß ihm niemand die Gedichte Lorcas oder die Dramen Calderons in die Wiege gelegt hat. So liest sich die Abrechnung mit dem eigenen Leben wie ein stummer Vorwurf an die ungebildeten Eltern, die es zuließen, daß er in einer „fremden und doch so bekannten Welt" „kastriert und fortwährend vergewaltigt" wurde, ein Vorwurf allerdings, hinter dem man die Schuldgefühle ahnen kann, die der soziale Aufstieg und das Übertreffen des Vaters mit sich bringen.

So bleibt von Agüera Olivers Brief „An meine Sehnsucht", der beim ersten Lesen so freimütig erscheint, nur diffuse Sehnsucht, eine klebrige Wehmut, die sich keinem speziellen Adressaten zuwendet. Das kennzeichnet die Schriftsteller der zweiten Generation: Sie bringen distanzlos innerstes Anliegen zu Papier und schwelgen in Gefühlen von Betroffenheit und diffuser Klage. Hierin nähern sie sich am ehesten der deutschen Gegenwartsliteratur. Dem so oft beklagten Rückzug deutscher Autoren in die Innerlichkeit begegnen wir auch in ihren Gedichten — Lyrik ist die bevorzugte Gattung der schreibenden Ausländer — und Ich-Erzählungen, in gefühlsüberladenen Zeilen und der meist nur geringen Distanz zwischen lyrischem Ich und schreibendem Autor.

Demgegenüber erscheinen Autoren der ersten Generation souverän, wenn sie sich in mehreren denkbaren Rollen zu Hause fühlen und sich selten mit nur einer literarischen Kunstfigur vorbehaltlos identifizieren.

Wie nahe die zweite Generation der deutschen Gegenwartsliteratur kommen kann, hierfür ist der 1960 geborene Akif Pirinçci ein Beispiel. In seinem Roman „Tränen sind immer das Ende" steht allein ein literarisches Ich im Zentrum und dessen innere Problematik. Die Gastarbeiterthematik spricht der Autor mit Absicht nicht an und bekundet an den Schwierigkeiten seiner türkischen Landsleute ausdrücklich sein Desinteresse: „Das ist überhaupt kein Thema, das kennt doch jeder."[287] So gleicht sich Pirinçci nicht nur in seinem Schreibduktus hiesigen Schriftstellern an, er unterscheidet sich auch thematisch nicht mehr von ihnen. Wüßte man nicht um seine Vergangenheit — niemand würde ihn zur Ausländerliteratur zählen.

Gewiß, in solcher Zuspitzung ist Pirinçci ein Einzelfall, seine Schreibhaltung allerdings ist bezeichnend und offenbart die Desorientierung der ganzen Generation. An ihr wird deutlich, daß die zweite Generation mit vergleichbaren Schwierigkeiten ringt wie die meisten Deutschen gleichen Alters: An dem, was Psychoanalytiker als narzißtische Persönlichkeitsstörung bezeichnen. Der vielbeschriebene neue Sozialisationstyp[288], der sich als Folge von Objektverlust und zunehmender Abstraktion aller Lebenszusammenhänge herausbildete, findet sich bei ausländischen Heranwachsenden ebenso wie bei deutschen.

Objektverlust und Innerlichkeit schlagen sich unmittelbar im Schreiben nieder. Die zweite Generation findet nicht zu eigenen Themen oder einer eigenen Sprache. In dem Maße, in dem die Gastarbeiterthematik auf ein tieferliegendes psychisches Problem aufgesetzt ist, werden alle benutzten Motive — Heimatverlust, Fremde, Ausländerfeindlichkeit ... — nur zum Mittel, die innere Haltlosigkeit darzustellen. Deshalb prägt die Suche nach Identität das gesamte Schreiben der zweiten Generation und deshalb sind alle angesprochenen Themen Varianten der Identitätssuche.

Anders als der ersten gelingt es der zweiten Generation auch nicht, eine eigene Sprache zu entwickeln. Das Schreiben der ersten Generation lebt davon, daß die Tradition des jeweiligen Herkunftslandes, daß Stilelemente und lyrische Haltungen, sprachliche Wendungen und Bilder in die deutsche Sprache eingeführt werden. Da heißt es dann, einen anderen in einem „Löffel Wasser zu ertränken"[289], wenn man ihm den Tod wünscht, oder „Frauen weinten Blut", nicht Tränen, wenn ihr Leid unerträglich erscheinen soll.[290] Bilder, die fremd erscheinen, und Wortzusammenhänge, die ungeläufig sind. Da werden mit Leichtigkeit herkömmliche Metaphern gesprengt, wenn aus einem „Klotz am Bein" ein „Klotz im Magen" wird.[291] Die Sprache bleibt im Fluß, sie lebt von dem, was Schriftsteller aus dem Süden an Erfahrung und Tradition mitgebracht haben. Sie finden hierin — wie Franco Biondi — „eine multikulturelle Identität", eine Identität „jenseits der nationalen und kulturellen Schranken, die mit Sprache verbunden sind."[292] Hiermit bereichern sie die deutsche Sprache:

> „Manche Sprachen, insbesondere die des Mittelmeerraumes sind reichhaltiger an Bildern als das Deutsche. Neue Ausdrücke und Bilder in der Sprache bewegen die Erstarrung, erweitern die Ausdrucksmöglichkeiten, ermöglichen dadurch eine höhere Stufe der Wahrnehmung. Aus stilistischen Elementen, literarischen Traditionen und Formen kann die deutsche Literatur neuen Atem schöpfen."[293]

Vergleichbares läßt sich von der zweiten Generation nicht behaupten. Sie, die im mitteleuropäischen Kulturkreis aufwuchs, ist der deutschen Sprache verhaftet, die Kultur der Elterngeneration existiert allenfalls in Erzählungen, auf Urlaubsreisen oder in Ritualen, die die Elterngeneration weiter pflegt, die in der Fremde aber sinnlos erscheinen.

Das „Förderzentrum Jugend schreibt" veröffentlichte 1980 eine Anthologie, in der ausschließlich jugendliche Autoren der zweiten Ausländergeneration zu Wort kommen. Der Band ist ein vorzügliches Dokument des Rückzugs dieser Generation in die Innerlichkeit. Er belegt, daß einzig die Sehnsucht nach Liebe, Halt und Geborgenheit und die Suche nach Identität ihr Schreiben bestimmt: „In meinem Herzen hat sich viel Liebe angesammelt, die ich an meine Freunde verteilen möchte", schreibt Türkan, „— Sie wollten sie nicht. [...] Die Liebe in meinem Herzen ist zu Stein geworden, von dieser Schwere bin ich ermüdet."[294] Ähnlich Nurten:

„Traum von einem Traumland

Komm mit mir in das Land der Träume. [...]
Komm mit mir,
laß uns gleiten
über Sonnenstrahlen hin zum Himmel,
übers Wasser hin zu weiten Fernen.
Laß uns fliegen durch die Lüfte,
laß uns frei sein,
laß uns singen,
laß uns tanzen,
laß uns all das tun, was wir sonst nicht machen.
Laß uns nach den Sternen greifen,
laß uns barfuß durch den Regen rennen,
laß uns leben,
laß uns sein.
Drum komm mit mir in das Land der Träume, [...]
wo die Menschen Menschen sind."[295]

Das sind beliebig herausgegriffene Beispiele. Sie zeigen, wie eine Generation mit ihren Illusionen allein bleibt und nur noch in Illusionen lebt. Angesichts eines unlebbaren Lebens wird „die Liebe" „zu Stein". Das Leben spielt sich nicht mehr in der Wirklichkeit, sondern in einem „Traumland" ab. Dort erscheint das möglich, was die bundesrepublikanische Gesellschaft der zweiten Generation nicht zu bieten vermag: ein menschenwürdiges Dasein.

Die zweite Generation hat, und das ist ihr besonderes Dilemma, nicht nur die Heimat und damit „die Mitte der Welt, das Zentrum der Wirklichkeit" verloren, sie hat eine solche Heimat nie besessen. Unzugehörigkeit bestimmt ihr Leben, Verlassenheit ihr Schreiben. „Wo gehöre ich denn hin?"[296] lautet ihre verzweifelt gestellte Frage. Eine Frage, die nur eine Antwort kennt: Nirgendwohin.

Günter Wallraff berichtet beispielsweise von dem zwanzigjährigen Atasayar, der in Deutschland aufwuchs, akzentfrei Deutsch spricht und jetzt für ein paar hundert Mark im Monat seine Gesundheit ruiniert. Er resigniert bereits in jungen Jahren:

„Für mich ist das Leben eigentlich gar nichts. Hat doch normalerweise nichts Sinnvolles. [...] Ja, wo ich jetzt hier am Arbeiten bin bei Adler auf Thyssen, das ist das Schlimmste überhaupt, da bist du lieber tot."[297] Der Tod als Erlösung. Der Lebensüberdruß, den Wallraff hier schildert, hat seine Entsprechung in der Darstellung von Selbstmorden. Der Rückzug in die Innerlichkeit endet nicht in der Phantasie, wo die unlebbaren Gefühle einen neuen Lebensbereich finden. Die veruntreute Sinnlichkeit kommt in Todesphantasien zu entstellter und schrecklicher Sprache. Die verschwiegenen Gefühle finden nur noch in Form nach innen gewandter Wut ihren Ausdruck. Die Wut, die den Eltern, später der Gesellschaft gilt, richtet sich gegen das Selbst. Der Selbstmord vollendet den Rückzug in die Innerlickeit:

„Alles, alles ist leer, und nichts hat Sinn!" stellt Kasim, Held einer Erzählung von Hüseyin Murat Dörtyol, resignierend fest, als er sogar von Nutten fortgejagt wird und Liebe sich nicht einmal mehr kaufen läßt. Im Rhein findet er Erlösung: „Er fuhr auf die Brücke. Das schwarze Wasser war bewegungslos und verschlossen. [...] Plötzlich hörte er ein Krachen und fühlte sich in eine Leere gleiten. [...] Der Rhein öffnete sich kurz und schloß sich wieder."[298]

c) Die erste Generation: Politisches Schreiben als Selbstrettung

Selbst wenn die Frage nach Identität und Zugehörigkeit in erster Linie Thema der zweiten Generation ist, darf man nicht übersehen, daß auch diejenigen, die aus eigenem Antrieb und als Erwachsene in die Fremde gegangen sind, nicht frei sind von Anpassungsschwierigkeiten, von Rollenkonflikten, Identitätsdiffusion und Gefühlen innerer Zerrissenheit. Es gibt jedoch erhebliche Unterschiede zwischen den Generationen. Vor allem Autoren der ersten Generation gewinnen Distanz zu ihrer persönlichen Befangenheit: Eine notwendige Voraussetzung, die inneren Ängste in größerem (gesellschaftlichem) Zusammenhang zu begreifen — und sie letztlich zu überwinden.

„Ein Arm in Anatolien
ein Arm in Deutschland
Von beiden Armen
wird einer

in der Maschine bleiben.
Welcher wohl?"²⁹⁹

Der Kurde Hasan Dewran kam 1977 als 20jähriger zum Studium in die Bundesrepublik. Sein Gedicht belegt den inneren Konflikt und die Entwurzelung, die der Wechsel nach Mitteleuropa mit sich brachte. Der Grieche Tryphon Papastamatelos — er kam 1966 als 22jähriger nach Deutschland — gestaltet die Erfahrung der Entwurzelung ähnlich:

> „durch den tunnel
> der entwurzelung
> irgendwo zwischen hoffnung
> und vergessen
> fuhren wir mit dem zug
> der erinnerung
> die fahrt dauert
> inzwischen
> ein leben lang
> und ein ende ist nicht abzusehen."³⁰⁰

„Ich bin schuld", so betitelt der Spanier Antonio Hernando ein zehnseitiges Gedicht³⁰¹, in dem er den Zusammenhang von äußerer Entwurzelung und daraus resultierendem Rückzug auf das eigene Ich eindrucksvoll beschreibt:

> „Ich bin nicht hier geboren,
> unterwegs kam ich zur Welt,
> und meine Vergessenheit nahm ihren Anfang,
> die Ablehnung,
> die Suche nach einem Ort."³⁰²

Die Suche nach einem Ort beginnt im Augenblick der Auswanderung, im Augenblick der Erfahrung, daß der Autor — er dürfte vom lyrischen Ich kaum geschieden sein — dort leben muß, wo er nicht geboren ist:

> „Umherirrend meine Seele,
> Sie haben mir
> die Seele
> zur Tür hinausgestoßen.
> Heute will ich
> noch einmal
> anklopfen,
> wenn sie mir
> nicht aufmachen,

> werde ich
> meiner Seele fern
> weiterleben,
> lebendig gestorben,
> gestorben leben,
> umherirrend
> das ganze Leben.
> Mein Schatten begleitet mich."[303]

Die Erfahrung, in der Fremde leben zu müssen, beschreibt Hernando als lebenslanges Umherirren und lebendiges Gestorbensein. Er wendet diese Erfahrung ins Allgemeine, wenn er schließlich festhält: „So sind die Emigranten".[304] Hernando, Jahrgang 1928 und 1960 in die Bundesrepublik eingewandert, reiht sich in den Strom der 4,5 Millionen Arbeitsemigranten und distanziert sich von seinem Schicksal als einem nur persönlichen.

Wie alle Autoren der ersten Generation ist Hernando geprägt von der zurückgelassenen Heimat und der Erfahrung der Fremde. Diese doppelte Erfahrung schafft Distanz. Analyse und Reflexion werden möglich. Wer wie Unzählige aus Anatolien, Kalabrien oder Sizilien ausgewandert ist, aus Regionen also, in denen bis heute mehr oder minder mittelalterliche Lebenszusammenhänge den Alltag prägten, der erfuhr in seinem Leben mehrere Phasen: Zuerst die Sicherheit dieses nach jahrhundertealten Sitten bestehenden Zusammenlebens, dann den Zusammenbruch der Sicherheit und schließlich die völlige Auflösung von Lebenszusammenhängen im hochkapitalistisch entwickelten Mitteleuropa. Diese widersprüchlichen Erfahrungen bestimmen Leben und Schreiben. Die Brüche zwischen den Lebensphasen erlauben es, die vorausgegangene aus der Distanz zu betrachten. Die innere Sicherheit der ersten Lebensphase — in ihr werden die entscheidenden Selbststrukturen ausgebildet — ermöglicht es dem Auswanderer, sein Leben in der Fremde an früheren Erfahrungen zu messen. Der Kulturschock, den er in Deutschland erfahren mag, das Aufeinanderprallen von Jahrhunderten, führt zur Krise des Individuums, aber auch zur Relativierung dieser Krise.

In diesem Spannungsfeld, in dem Einwanderer ihre uns fremden Erfahrungen mit dem verbinden, was uns vertraut ist, genau in diesem Spannungsfeld bringt die Gastarbeiterliteratur ihre vollendetsten Werke hervor.

Die Autoren der zweiten Generation haben über ihrem persönlichen Schicksal den Blick für größere Zusammenhänge verloren. Die Gesetze des kapitalistischen Marktes erscheinen bei ihnen nicht. Anders die erste Generation von Einwanderern: Dort erscheint die ökonomische Krise auch als solche, als wirtschaftliches Desaster der alten wie der neuen Heimat, dem die Arbeitsemigranten zum Opfer fallen. Sie, die nach Aussagen von Soziologen eine vergleichsweise stabile Identität erworben haben, beschreiben, daß es nicht allein persönliche Angelegenheit ist, sich fest mit einem Land verbunden zu fühlen und auf Grund solcher Verbundenheit tragfähige Selbststrukturen zu erwerben. Äußere Bedingungen sind nötig. Sie sehen, daß sie ohne besonderen gesetzgeberischen Schutz den Gesetzen des kapitalistischen Marktes ausgeliefert sind. Einige Migranten beschreiben dies auch. Ein entscheidender Schritt, denn diese Erkenntnis hilft, Wut in politische Aktion umzulenken und nicht selbstzerstörerisch gegen sich zu wenden.

„Und auf meiner Stirn, auf meiner Jacke stand seit Geburt geschrieben: Gastarbeiter; das bedeutete: ausbeutbar, rechtlos, abschiebbar. Mit diesem Wort wurde mit Stempel und Siegel das Schicksal besiegelt. Und dieses Wort hatte jemand für uns erfunden und geschrieben, jemand, der uns nicht kannte, der den Gewinn aus diesem Wort abschätzen konnte und auch Gewinn machte."[305]

Wie hier Franco Biondi zeigt auch Gino Chiellino, daß ein Arbeiter aus dem Süden nicht mehr ist als käufliche Ware:

„Man nehme einen Ausländer — aus dem Süden natürlich! — je nach Geschmack, je nach Bedürfnis.
 Nota bene: davon gibt es in verschiedener Sorte, Größe, Farbe und für alle Zwecke geeignet; denn, merkwürdigerweise, teilen sie sich in männliche und weibliche und sind zu jeder Zeit zu haben. [...]
 Z.B. im Juli brauchte die Stadt L. dringend 10 Stück. Da schalteten sich die Auslandsexperten ein, und in Kürze bekam die Stadt L. durch die deutsche Auswahlkommission in Verone die 10 Stück zu einem Meter fünfzig. Man hat sie nicht zu sehen bekommen, denn dank der natürlichen Gestalt dieser Sorte eignen sie sich besonders gut, um die Kanalisation der Stadt sauberzuhalten."[306]

Chiellino beschreibt hier die Situation der Gastarbeiter vor dem Anwerbestop im November 1973. Südländische Interessenten werden von einer deutschen Auswahlkommission nach „Sorte, Größe, Farbe" und „Zweck" begutachtet.

Von Antonio Hernando zitiere ich ein drittes Beispiel:

„Fleischmarkt

Verkauf von Fleisch auf dem Markt
es ist das unsere, der Emigranten
Fleisch, das unter den Peitschenhieben
des Hungers gelitten hat
den Peitschenhieben der Not.
Die Peitsche der Diskriminierung
hat uns gebrandtmarkt
ohne daß es sichtbar wird.
Fleisch, das man kauft und verkauft
mit Seele und Gedanken.
Unsere Körper hängen
ausgestellt auf dem Fleischmarkt dieses Lebens.

Spanien
du hattest es eilig mit unserem Verkauf
weil dein Markt davon gesättigt war.
Der Preis war sehr niedrig
Bauernfleisch
zu Geschenkpreisen.

Die Regierung verkauft uns
als Fleisch
zu Preisen
so wie es ihr paßt
oder je nach Angebot und Nachfrage
auf dem Fleischmarkt" ...[307]

Menschen als Exportgut. Die südländischen Autoren zeigen, daß sie in den Jahren vor dem Anwerbestop gehandelt wurden wie heute argentinisches Rindfleisch oder australische Hammelkeulen. Eine standartisierte Ware, deren Preis nach den Gesetzen von „Angebot und Nachfrage" steht und fällt.

Ein letztes Beispiel hierfür: In einem fiktiven Brief beschreibt der Syrer Rafik Schami, wie sich jeder einzelne Tag für Tag verdingen muß:

„Um sechs Uhr muß ich vor dem Edeka-Laden sein. Dort stehen wir Vertreter vieler Völker auf dem Schwarzen Markt. Vertreter der Verhungerten und Geschundenen aus Syrien, Italien, Griechenland, dem Libanon, der Türkei, Spanien, Jugoslawien und noch anderen Ländern. Wir stehen da, bis ein Herr kommt, ein Vermittlungsagent, der einige von uns auswählt und dann verschwindet. Wir warten auf den nächsten. Gedränge, Streit, dann kehrt

Ruhe ein, und keiner blickt dem anderen in die Augen, als schäme er sich seines Fluchtversuches aus Angst vor Hunger."[308]
In all diesen Beispielen wird Literatur zur Geschichtsschreibung. Die Autoren dokumentieren, wie mit dem Hunger von Millionen Profit gemacht wird.[309] Der internationale Handel mit Arbeitskraft findet literarische Gestalt. Die Ohnmacht der Abhängigen, der zur Ware degradierten „Spezies: südländisches Arbeitstier", drückt dies aus.

Wenn Rafik Schami die demütig Wartenden beschreibt, die dem „Herrn", einem Vermittlungsagenten, ausgeliefert sind und als Motiv, sich zu verkaufen, die „Angst vor Hunger" angibt, so prangert er die unterste Ebene dieses schwunghaften Geschäftes mit Arbeitskraft an: Mit der Ware Arbeitskraft machen Verleihfirmen auf zum Teil illegale und gesetzwidrige Weise ihren Reibach. Günter Wallraff, der als Türke verkleidet bei einer Verleihfirma gearbeitet hat, beschreibt, wie Lohngelder zurückgehalten, Sozialabgaben nicht bezahlt und Steuern nicht abgeführt werden, um den ohnehin einträglichen Profit mit Einwanderern noch zu vergrößern. Adler, Chef der Firma, bei der Wallraff als Türke Ali anheuerte, verdiente mit 20 Verleiharbeitern für einen Auftrag bei Thyssen 48.000,- Mark im Monat. Thyssen sparte Urlaubs- und Weihnachtsgelder, Lohnfortzahlungen in Krankheitsfällen, war sämtlicher sozialer Leistungen enthoben und mußte sich mit keinerlei rechtlichen Verpflichtungen, etwa dem Kündigungsschutz, herumschlagen. Wird die Arbeit knapp, so steht der ausgeliehene Türke wieder vor der Tür. Adler, nach Wallraff ein kleiner Fisch im trüben Gewässer, sahnt im großen Stil ab — während die ausgeliehenen „Arbeitssklaven" für Schwerstarbeit mit ein paar Mark die Stunde abgespeist werden.[310] Dies ist die unterste Stufe des einträglichen Handels mit Arbeitskraft.

Hernandos Gedicht weist auf die höchste Stufe dieses profitorientierten Menschenhandels: Ein ganzes Land, so vermittelt er, verkaufte seine Bürger in die Fremde, und erhielt dafür Devisen, um seine Industrie dem mitteleuropäischen Standard anzugleichen.

Man mag einwenden, daß der Warencharakter von Arbeitskraft in heutigen Zeiten nichts Besonderes ist und nicht allein Brecht dieses Thema literarisch längst gestaltet hat. Man kann auch einwenden, daß nicht nur südländische Migranten ihre Arbeitskraft verkaufen, sondern auch ihre deutschen Kollegen, und daß es auch viele Deutsche gibt, die unter menschenunwürdigen Bedingungen arbeiten.

Für die Mehrheit der Deutschen gilt dies allerdings nicht. Denn dort, wo besonders ungünstige Arbeitsbedingungen herrschen, werden bevorzugt ausländische Arbeitskräfte beschäftigt. Hinzu kommt, daß die Mehrzahl der Deutschen die schmerzende eigene Abhängigkeit zu leugnen sucht. Die Illusion, geborgen in Familie und Eigenheim als unabhängiger Mensch seiner Arbeit nachzugehen, ist angenehmer, als das Bewußtsein eigener Bedeutungslosigkeit und Abhängigkeit. Je höher einer in der Hierarchie der Arbeitswelt steht, desto leichter wird es ihm fallen, sich solchen Illusionen hinzugeben. Er hat dann die Macht, das, was ihm angetan wird, an Schwächere weiterzugeben, an Frauen, Kinder — und eben Gastarbeiter.

Franco Biondi weist auf die Bedeutung solcher Hierarchien, indem er beschreibt, wie sie selbst unter Gastarbeitern entstehen, wie also auch Gastarbeiter versuchen, den Druck an Schwächere weiterzugeben:

„Klar, Deutscher: größte Kapo. Italiener: große Kapo. Türke: kleine Kapo. Du [= Pakistani] noch kleinere Kapo. Afrikaner: Dreckarbeit und so. Wo arm und reich gibt, immer so."[311]

Arbeitsemigranten, die solche Erfahrungen gestalten, zeigen, wie sehr sie die gesellschaftlichen Mechanismen von Ausbeutung und Unterdrückung durchschauen. Nicht zufällig schreiben Franco Biondi und Rafik Schami: „Ein Gastarbeiter ist ein Türke". Die derzeitige Hetzwelle gegen türkische Einwanderer, die nur ein Drittel aller Ausländer in der Bundesrepublik ausmachen, hat auch Zersplitterung und leichtere Ausbeutung zum Ziel: „Je zersplitterter die zum Arbeiten herbeigeholten Minderheiten sind, desto besser ist ihre Kontrolle; je höher der Grad der kulturellen, sprachlichen und ethnischen Unterschiede, desto schwieriger wird für die Betroffenen ein Zusammenfinden, der Prozeß der Solidarisierung."[312] Solange sich nicht alle Gastarbeiter als Türken fühlen und die bestehenden Hierarchien durchbrechen, solange wird sich an der international organisierten Ausbeutung unterprivilegierter Menschen wenig ändern.

Die Literatur, die solche Zusammenhänge aufzeigt, ist mehr als Dokumentation und Geschichtsbuch. Sie ist Agitation, ein erster Schritt zu Veränderung. Sie führt in scheinbar auswegloser Situation zu neuem Selbstverständnis:

„Als ich herkam, war ich fünf Jahre alt.
Seit zehn Jahren bin ich hier, meine Brüder
sind in Berlin geboren.

Wo ist jetzt meine Fremde, meine Heimat?
Die Fremde meines Vaters ist meine Heimat geworden.
Meine Heimat ist die Fremde meines Vaters.

Streichen sie bitte meinen Namen
im Paß meines Vaters.
Ich möchte einen eigenen Paß in der Tasche haben.

Wer mich danach fragt, dem will ich
ehrlich sagen, wer ich bin,
ohne Scham, ohne Furcht
und fast noch ein bißchen stolz darauf.

Das Jahrhundert, in dem ich lebe,
hat mich gemacht:

geboren 1963 in Kayseri
Wohnort: Berlin-Kreuzberg.
Emine."[313]

Selbstbewußt bekennt sich Aras Örens Emine zu ihrer Situation. Solch emanzipiertes Auftreten ist möglich, sobald sich Einwanderer des gesellschaftlichen Charakters ihrer Lebensumstände bewußt werden. Das Verhalten dieser türkischen Frau der zweiten Generation ist allerdings eine Utopie Örens, die mit der Wirklichkeit wenig zu tun hat.

Das Schreiben der zweiten Generation belegt gerade, daß die Mehrzahl der Einwandererkinder den äußeren Konflikt verinnerlicht. Ihr Schreiben bleibt deshalb in Ausweglosigkeit befangen. Innere Leere und Identitätsdiffusion sind die Folge. So kann man an dieser Literatur ablesen, wie eine ganze Generation zu innerlichkeitsträchtigen und selbstmordgefährdeten Leisetretern verkümmert.

d) Sprache als Waffe

Zweisprachigkeit ist Symbol von Innerlichkeit und Identitätsdiffusion, sie erschöpft sich allerdings nicht darin. Den Einwanderern der ersten Generation bezeugt sie ihre Macht, allerdings erst in einem zweiten Schritt. Einige Autoren beschreiben, wie die Neuankömmlinge dadurch, daß sie die Sprache der Fremde erlernen, zunächst die Schrecken des „Gast"landes erfahren. Denn alltägliche Beleidigungen — von Ausländerwitzen bis zu neofaschistischen Hetzparolen — werden durch Sprache vermittelt:

„Ich ging zu Euch, ihr sagtet, lerne zuerst Deutsch. Ich lernte Deutsch, ging wieder zu Euch. Ihr machtet mich mit den Perversionen Eurer Sprache bekannt, mit Türkenwitzen."[314]

So findet sich bei einigen ausländischen Autoren der Wunsch, diese beleidigende deutsche Sprache doch nie erlernt zu haben. Dann wären die Illusionen, mit denen die Fremden angereist kamen, nicht zerbrochen.[315]

Auch wenn das widersinnig erscheinen mag: Das neugewonnene Sprachverständnis führt zunächst zur Erfahrung eigener Ohnmacht. Die Eingewanderten verstehen allmählich die Beleidigungen, die Schikanen, die Witzeleien und Gehässigkeiten und erleben sich, je mehr sie die offene oder verdeckte Feindseligkeit verstehen, als Menschen zweiter Klasse.

In Umkehrung hierzu wird Sprache und Sprachfähigkeit zur Waffe. Deutsch ist die Sprache, mit der sich Arbeitsemigranten untereinander verständigen können. Deutsch ist die Sprache, mit deren Hilfe diese Menschen ihre Anonymität, Ohnmacht und Isolation mindern. Die deutschsprachige Literatur ausländischer Autoren ist deshalb ein Schritt zu Solidarität, ein Zeichen wachsender Macht in einer Situation der Ohnmacht. Franco Biondi und Rafik Schami haben dies formuliert:

„Sie [die Literatur der Gastarbeiter] soll vielmehr die ansprechen, die mit Gastarbeitern auf derselben Ebene stehen, aber auch die, die von ihrer Situation, wie sie noch ist und werden kann, erfahren wollen, damit sie sie besser verstehen. Hierbei wird versucht, die literarische Kommunikation zunehmend in Deutsch zu schreiben. Damit wollte und will man das Gemeinsame betonen, um Brücken zu schlagen zu den deutschen Mitbürgern und zu den verschiedensten Minderheiten anderer Sprachherkunft in der Bundesrepublik."[316]

Die Sprache wird zum Ausdruck neu gewonnener Stärke. In deutscher Sprache veröffentlichende Autoren treten aus ihrer (landes-)sprachlichen Isolation heraus und können sich miteinander und mit Deutschen verständigen. Das neue Selbstverständnis wird an vielen literarischen Beispielen deutlich:

„Bevor ich ein Wort spreche aus
nachdenke ich gründlich darüber
Mir soll laufen unter kein Fehler
damit ich nicht falle auf
vor einem so erlesenen Publikum

>   als unkundiger Trottel
>   der sich benimmt immer daneben"[317]

Ivan Tapia Bravo, der Autor dieses Gedichts, klagt nicht mehr über Heimatlosigkeit, über die Feindseligkeit der deutschen Umwelt oder Identitäts- und Sprachschwierigkeiten. Er zeigt in diesen Wortverdrehungen, wie sehr er inzwischen die deutsche Sprache beherrscht und mit ihr spielen kann und karikiert so einstige Sprachschwierigkeiten. Inhaltlich ist der Bruch mit der Vergangenheit noch augenfälliger: Zuerst einmal denkt er nach, dann will er möglichst fehlerfrei sein und nicht auffallen. Das sind nicht mehr die Eigenschaften eines spontanen, wortgewaltig gestikulierenden Südländers — Bravo ist Chilene —, sondern die eines Deutschen. Der Autor zeigt, wie sehr er sich angepaßt hat, wie sehr er dadurch aber auch gleichrangig geworden ist und sich sicher fühlen kann.

Der Italiener Pasquale Marino, der als 14jähriger 1970 in die Bundesrepublik kam, führt die Bedeutung der Sprache auf ganz andere Weise vor:

> „Verstehen
>
> Ich Türke. Nix verstehen!
> Ich Grieche. Deutsch nix verstehen!
> Ich Jugoslawe. Nicht Deutsch verstehen!
> Ich bin Spanier. Ich nicht verstehe Deutsch!
> Ich bin Italiener. Ich verstehe nicht gut Deutsch!
>
> Ich bin Deutscher. Ich verstehe euch alle nicht."[318]

Gewiß, das Gedicht ist tendenziös. Jeder, Türke, Grieche, Jugoslawe, Spanier oder Italiener könnte anstelle des Deutschen stehen. Und der Italiener, der die deutsche Sprache immerhin versteht, kommt im Vergleich der Nationalitäten ganz besonders gut weg. Da mag Marinos Nationalgefühl eine Rolle gespielt haben. Entscheidend ist hier aber, daß der Autor uns Deutschen mit sprachlichen Mitteln unsere sprachliche Borniertheit vorführt. Denn viele, die keine einzige Fremdsprache beherrschen, lachen über die sprachliche Unbeholfenheit von Türken oder Italienern und geben sich keine Mühe, sie zu verstehen.

Genau daran macht sich dann auch die Macht von Sprache fest. Viele der schreibenden Ausländer klagen, daß ihnen Deutsche oft zu verstehen geben, wie wenig sie integriert sind, wenn sie mit ihnen in gebrochenem Deutsch sprechen. Wenn Ausländer dann in akzentfreiem und grammatikalisch richtigem Deutsch antworten, stellen sie sich mit Deutschen auf eine Stufe. Hierzu zwei Beispiele.

Rafik Schami beschreibt die Sicherheit eines Ausländers, der die deutsche Sprache souverän beherrscht, in seiner Erzählung „Die gepanzerte Haut":

> „Der bärtige [deutsche] Mann setzte sich nun aufrecht und schob seine Begleiterin zur Seite.
> ‚Die Türkei viel schön, ich Deutschland, nix Sonne ... viel Arbeit. Arbeit nix gut — nicht wahr?'
> Ich musterte ihn, dann seine Begleiterin, die kopfnickend lächelte. ‚Reden sie immer so miserables Deutsch?' fragte ich.
> Beide schauten einander verlegen an und schüttelten die Köpfe.
> ‚Können Sie nicht Deutsch sprechen?'
> Beide sprachen kein Wort mehr mit mir, sie wußten aber auch nicht, daß ich mir diese zwei Sätze von einem Gewerkschaftskollegen beibringen ließ und sie so oft wiederholt hatte, bis ich sie akzentfrei sprechen konnte, um sie solchen Typen vor die Nase knallen zu können. Die zwei Fragen hatten Wunder gewirkt, diese arroganten Typen stotterten, erröteten und wurden sprachlos."[319]

Die Schilderung dieser kleinen, vielleicht alltäglichen Begebenheit zeigt, wie die einstige Sprach- und Machtlosigkeit eines Einwanderers durch den bewußten und gekonnten Einsatz von „akzentfreier" Sprache auf den Kopf gestellt wird: Nun sind die arroganten Deutschen „sprachlos".

Der Tscheche Jiri Kral beschreibt in seiner kurzen Erzählung „Supermarkt" einen ähnlichen Triumph: Der Ich-Erzähler ist in einem Supermarkt angestellt, hat gerade nichts zu tun und liest deshalb Zeitschriften. Dabei wird er von seinem Chef überrascht:

> „‚Nix lesen, putzen, putzen!'
> Es ist der Leiter des Geschäfts, ein unbeliebter Mann, der allen hier das Leben schwer macht. Besonders uns [Ausländern]. Er benutzt nur Infinitive, wenn er mit uns spricht — es beleidigt mich jedesmal, genau so wie sein Benehmen uns gegenüber. Bis heute habe ich mich immer beherrscht, aber jetzt weiß ich, daß es zu einem Krach kommt. Ich frage höflich: ‚Bitte?', als ob ich nicht gehört hätte.
> ‚Du nix lesen, du arbeiten, putzen, putzen', wiederholt er. Ich fühle, wie mein Blut tobt, beiße die Zähne zusammen und suche in meinem Gedächtnis nach den besten Worten. Gleichzeitig sehe ich in seinem Gesicht Triumph, man kann seine Gedanken fast lesen: ‚Jetzt hab ich euch erwischt.' Es ver-

geht ein kleiner Moment, und ich sage voll konzentriert und so deutlich wie ich es kann: ‚Entschuldigen Sie, aber wie Sie selbst sehen können, sind wir mit allem außer der Wurst- und Obstabteilung fertig. Jetzt können wir dort nicht putzen!'
Überraschung in seinem Gesicht.
Dann fällt mir noch etwas ein, und ich sage ohne nachzudenken: ‚By the way, if you don't speak German, you can speak English. I understand English.'
Schock!
‚Was?' fragt er mit gefrorenem Gesicht. Ich lache innerlich: ‚Er spricht also nicht Englisch', und ich sage langsam: ‚Ich habe nur gesagt, wenn Sie nicht Deutsch sprechen können, können Sie mit uns Englisch sprechen. Oder', füge ich hinzu, ‚mit ihr', ich zeige auf Hedwiga, ‚auch Französisch. Und wenn es Ihnen nicht genügt, verstehen wir beide Russisch, ganz zu schweigen von unseren Muttersprachen, also Polnisch und Tschechisch.' Seine Überlegenheit verschwindet, es ist als ob er sich verkleinerte. ‚Aber ich spreche doch Deutsch', antwortet er zuletzt ganz verwirrt. ‚Habe ich nicht bemerkt', antworte ich. ‚Sie benutzen nur Infinitive, wenn Sie sich mit uns unterhalten. Wie kann ich dann erkennen, daß sie Deutschsprechender sind?'
Jetzt sehe ich, daß er wirklich nicht weiß, was er antworten soll. Er hatte keinen Widerstand erwartet, und jetzt fühlt er, daß er in eine Falle geraten ist."[320]

Auch hier die gleiche Struktur: Schwäche und Unterlegenheit verwandeln sich mit Hilfe sprachlicher Fertigkeiten in Sicherheit und Überlegenheit. Es ist der bewußte und gekonnte Einsatz von Sprache — „und ich sage voll konzentriert und so deutlich ich es kann" —, es ist der bewußte Einsatz von Sprache, der dem ökonomisch Unterlegenen und Abhängigen Gefühle von Gleichheit, ja sogar von Triumph sichert.

So sehr Sprache Sicherheit und Stärke vermitteln kann, so sehr zeigen diese Beispiele den Einwanderern ihren Alltag: Solange sich ein Ausländer in solcher Weise zur Wehr setzen muß, solange sind derartige Machtdemonstrationen Beweis für die kleinen Unmenschlichkeiten, denen sie ausgesetzt sind. Bedenkt man außerdem, daß innere Sicherheit dazugehört, um eine Demütigung in ihr Gegenteil verkehren zu können, so verwundert es nicht, daß solche Beispiele Ausnahme bleiben.

Bezeichnend wiederum, daß diese Autoren fast ausnahmslos der ersten Generation angehören.[321] Auch das belegt, daß diejenigen, die als Erwachsene in die Fremde gehen, größere Sicherheit haben, sich im neuen Land durchzusetzen.

VI. Ausländer raus —
ein neues Feindbild nach altem Muster

1. Rassismus made in Germany

„Die Gelehrten des frühen 17. Jahrhunderts streiten darüber, ob die Wilden Afrikas überhaupt zu Gottes Ebenbildern zählen. Ende des Jahrhunderts setzt sich die Erkenntnis durch, daß auch der ‚Neger' ein menschliches Geschöpf ist. Dies ändert nichts an seiner Unterwerfung und Versklavung."[322]
Es ist nicht allein die deutsche Geschichte, die davon lebt, äußere Feinde zu schaffen und dann zu vernichten. Die kirchlichen Inquisitoren des ausgehenden Mittelalters oder die Hexenjäger jener Zeit wüteten in ganz Europa. Nicht nur die Nationalsozialisten des Hitlerfaschismus behandelten andere Völker als Untermenschen und willfährige Opfer. Den Farbigen in Südafrika oder den Palästina-Flüchtlingen werden bis heute grundlegende Menschenrechte verwehrt.

Ausländerfeindlichkeit ist denn auch keine spezifisch deutsche Tugend. Wie hier Türken, so werden in Frankreich Algerier, in England Schwarze, Inder und Moslems und mehr oder minder alle Einwanderer aus dem ehemaligen Commonwealth als Menschen zweiter Klasse behandelt. Die Verweigerung grundlegender Bürgerrechte für Teile der Bevölkerung, vor allem für rassische, ethnische und religiöse Minderheiten, und deren oft gewaltsame Unterdrückung wird aus allen Zeiten der Geschichte überliefert und gehört in vielen Teilen der Welt noch heute zum Alltag.

Dies mag den Haß und die aufflammenden Gewaltakte gegen Ausländer in unserem Land, vor allem gegen Türken und neuerdings Asylanten, relativieren. Entschuldigen kann es sie nicht. Wenn heute bereits wieder Witze kursieren, in denen als „Pointe" Türken vergast werden, so haftet der Geruch von Zyklon B daran. Wenn heute wieder Fremdenfeindlichkeit das Klima in diesem unserem Land bestimmt, so sollten wir uns unserer Geschichte erinnern und den Haß, der gegen Fremdländische geschürt wird, als Projektion erkennen.

Projektion ermöglicht vielen, Verunsicherung, Ohnmacht und Schwäche zu kompensieren. Schuldige werden gesucht, denen die Ursachen gesellschaftlicher Bedrohung, von Arbeitslosigkeit oder Zukunftsangst, angelastet werden. Der alte Glaube erblüht in ständig neuer Pracht: „Die Menschheit werde endlich in Frieden und Freiheit erblühen, wenn Siegfried oder Georg den bösen Drachen töte. Das ist das stereotype Grundkonzept, das sich lediglich in der inhaltlichen Ausfüllung wandelt."[323] Selbst Hitler kannte diesen Mechanismus, als er feststellte: „Wenn es den Juden nicht gäbe, müßte man ihn erfinden."[324]

„Nach dem ‚Weltjudentum' ist seit längerem der ‚Weltkommunismus' der große Drachen, in dessen Ausmerzung viele insgeheim das Rezept zur möglichen schlagartigen Beseitigung allen Elends auf der Erde erblicken."[325] Nach dem Zweiten Weltkrieg bewahrten viele nicht nur gegenüber Kommunisten ihre faschistisch geprägten Feindbilder: „Fremdarbeiter" — so hießen die Italiener, die in den fünfziger Jahren in die Bundesrepublik geholt wurden. Das Wort kennzeichnet ihren Stellenwert. Fremdarbeiter — so hießen auch die Arbeitskräfte, die während des Dritten Reiches nach Deutschland verschleppt wurden. Erst später wurde die Bezeichnung „Fremdarbeiter" durch „Gastarbeiter" ersetzt.[326] Italienische Gastarbeiter waren dann auch die erste Gruppe, gegen die sich die Gastarbeiterfeindlichkeit richtete.[327] Seit den siebziger Jahren verschob sich die Fremdenfeindlichkeit auf die türkische Minderheit.

„Wie bei keiner anderen Minderheit toben sich an ihnen diffuse eigene Ängste, Aggressionen und Wahnideen aus. Türken werden mit mörderischen Vernichtungsphantasien (‚Türkenwitzen') verfolgt, die Frauen Opfer eines wüsten und brutalen Sexismus."[328] Ihr fremdartiges Aussehen, die Bewahrung ihrer eigenen Religion, ihr unterschiedliches soziales Gefüge und ihre offen zur Schau getragene Weigerung, sich an hiesige Lebensgewohnheiten anzupassen, nähren die Projektionen.[329]

Die Projektion inneren Leidens auf fremdländische Einwanderer ermöglicht es einem Menschen, der seine „Probleme stets äußeren Schuldigen anhaften" muß, „sich durch deren Bekämpfung inneres Leiden zu ersparen."[330]

In diesem Mechanismus liegt die Wurzel dafür, daß Gastarbeiter- und speziell Türkenfeindlichkeit in der Bundesrepublik so stark zugenommen hat.

Hinzu kommt, daß sich inneres Leiden und äußere Bedrohung wechsel-

seitig bedingen. Seit Denis Meadows „Die Grenzen des Wachstums" brach eine Gruppenphantasie zusammen: Der Glaube daran, das gesellschaftliche Wachstum sei unbegrenzbar und mit technischem Fortschritt ließen sich alle Schwierigkeiten lösen. Die ökologische Bedrohung offenbart die Grenzen des Lebens: Wälder sterben, Gewässer versauern, Böden sind überdüngt und werden unfruchtbar. Die Erde scheint immer schneller einem Kollaps entgegenzusteuern. All das läßt die kollekte Phantasie vom nicht enden wollenden Fortschritt zusammenbrechen. Die neue Zukunftsperspektive heißt: No future![331]
Dieser wirklich sich vollziehende Untergang weckt Ängste, auf die jeder auf seine Weise antwortet. „Das Fortschrittsbewußtsein" ist nichts weiter als „der aus Verzweiflung geborene Strohhalm, an den man sich aus Angst vor der absoluten Ziellosigkeit klammert."[332] Mit dem Untergang des Fortschrittsglaubens verloren die Menschen den Strohhalm, an den sie sich klammerten. Wer nicht in der Lage ist, seine Vergänglichkeit und seinen Tod anzuerkennen[333], der wird einen äußeren Schuldigen suchen, um auf ihn seine Ängste uns sein inneres Chaos projizieren zu können. Feindbilder entstehen aus Leidensabwehr: Was dem Amerikaner seit Jahrzehnten der Russe ist, das wurde dem Deutschen der Türke.[334]

2. Das wütende Selbst: Fixpunkt der Projektion

Warum aber sind viele nicht bereit, sich mit der Wirklichkeit auseinanderzusetzen? Warum benötigen Unzählige zur Selbststabilisierung die Projektion eigener Ängste?

„Spezifisch an der heutigen deutschen Situation ist nicht die Tendenz, den bösen Sündenbock ‚draußen', in einer Gruppe von ‚Hexen' zu sehen. Spezifischer ist schon das schlechte Selbstgefühl ‚autoritär' strukturierter Charaktere, die sich mit äußerer Herrschaft (als Protagonist oder als Antagonist) identifizieren müssen, um das eigene Selbstgefühl wiederzuerlangen. Ganz spezifisch ist — entsprechend den nationalen Traditionen —, daß es die Staatsgewalt ist, die vom einzelnen verabsolutiert wird und die als absoluter Wert oder Unwert gesetzt wird, den man in Zeiten persönlicher, ökonomischer oder sozialer Erschütterung nicht entbehren kann."[335]

Was Paul Parin 1978 geschrieben hat, um die Projektion auf deutsche Terroristen zu verstehen, gilt auch für das Verhalten gegenüber Ausländern.

Viele benötigen zur eigenen Stabilisierung die Jagd auf andere. Wenn genügend Türken aus dem Land geworfen oder genügend Asylanten abgeschoben werden, erweisen sich die Staatsorgane als mächtig und dienen — per Identifikation — eigener Aufwertung.

„Das schlechte Selbstgefühl", von dem Parin spricht, ist heute Allgemeingut. Es beruht auf frühkindlichen Frustrationen, die eine geglückte Selbstentfaltung nicht ermöglichen.[336] Entscheidend bei dieser Fehlentwicklung ist die Tatsache, daß Kinder ihre Aggressionen nicht ausleben können.[337] Das Selbst eines Menschen kann sich aber nur entfalten, wenn zärtliche und aggressive Triebanteile ausgelebt und somit in das Selbst-Bild integriert werden können: „Zwei wichtige Schritte müssen im Verlauf der frühen Ichentwicklung kurz hintereinander vollzogen werden: erstens die Differenzierung zwischen Selbst- und Objektimagines und zweitens die Integration libidinös-bestimmter mit aggressiv bestimmten Selbst- und Objektimagines."[338]

Mißlingt der zweite Entwicklungsschritt, so stehen aggressive und libidinöse Selbstanteile unverbunden nebeneinander. Das Kind, das beispielsweise die Mutter als sehr böse und versagend wahrnimmt, muß, sofern die Frustration zu groß ist und kein Dritter helfend zur Seite steht, diese als böse erfahrenen Anteile der Mutter verleugnen und abspalten. Es wird sie auf andere projizieren. Dritte erscheinen dann als böse und rachsüchtig, das eigene Selbst hingegen als ausschließlich gut.[339]

Es ist ein schwaches Selbst, das sich derart entwickelt. Vorhandene Aggressionen werden nicht dadurch aufgefangen und neutralisiert, daß liebevolle Selbst- und Objektanteile dominieren und es ermöglichen, die Aggression auszuleben. Die Aggression muß verleugnet und auf andere projiziert werden.[340] Sich selbst und andere wird ein solches Kind — und später der Erwachsene — nicht mehr selbstverständlich in wechselhaften Stimmungen erleben. So aber entfällt die „wichtigste Energiequelle der Ichentwicklung."[341] Spaltungsprozesse, also die Unfähigkeit andere Menschen und sich selbst gleichzeitig als „böse" und „gut" wahrzunehmen, stützen nun ein in Abwehr befindliches Selbst. Sie werden zumeist durch „starke projektive Tendenzen" ergänzt: „Der Hauptzweck der Projektion besteht in der Externalisierung der ‚total bösen', aggressiven Selbst- und Obektimagines, und als wichtigste Folge dieses Vorganges entstehen gefährliche vergeltungssüchtige Objekte."[342] Gegen sie muß man sich zur Wehr setzen. Der Kreislauf wahnhafter Wahrnehmung ist in Gang gesetzt.

Da sich Menschen heutzutage in vielen gesellschaftlichen Bereichen als hilflos, ohnmächtig und alleingelassen erfahren, werden die frühkindlichen Verlassenheitsängste, die zu Spaltung und Projektion führten, ständig traumatisch wiederholt. Angst bestimmt das Zusammenleben in unserer Gesellschaft. Da ein schwaches Selbst die wirkliche Bedrohung nicht auszuhalten vermag, wird es auf die Abwehrmechanismen der Kindheit zurückgreifen, auf Spaltung und Projektion. Nur so können viele ihr Leben in einer als bedrohlich erfahrenen Welt aushalten. Deshalb sind Projektionsfiguren aller Art notwendig. Auf Kommunisten, Terroristen oder eben auf Gastarbeiter und speziell Türken projizieren Unzählige ihre aggressiven Selbstanteile. Der Gastarbeiter verkörpert so das in jedem einzelnen wütende und nur schwer zu kontrollierende Selbst. Er gleicht — auf dem Wege der Projektion — dem „Bild eines ausgehungerten, wütenden, innerlich leeren Selbst in seinem ohnmächtigen Zorn über die ihm zugefügten Frustrationen." Ein Mensch, der sich durch derartige Projektion stabilisieren muß, lebt in „ständiger Furcht vor der Welt der anderen, die er als genauso haßerfüllt und rachsüchtig empfindet wie sich selbst."[343] Er liebt nicht, er haßt seinen Nächsten wie sich selbst.

3. Ausländerfeindlichkeit in der Bundesrepublik

Wie schon in früheren Zeiten unserer Geschichte bleibt es nicht bei Projektion und Verteufelung. Anhand verschiedener Vorfälle will ich das Klima beschreiben, das derzeit zwischen Deutschen und Ausländern herrscht:
* „Wieso ist die BRD verpflichtet", so fragt beispielsweise ein Bundesbürger unseren Innenminister, „all den Dreck auf Kosten der deutschen Steuerzahler zu ernähren und obendrein zu bezahlen? Den Scheiß-Juden kriecht man heute noch in den Arsch, ebenso den Gastarbeitern und Asylanten und Zigeunern. Wie in anderen Ländern soll man den Weibern die Gebärmutter rausnehmen oder die Männer kastrieren, denn sie sind wie Wanzen und vermehren sich ebenso."[344]
* In Witzen, die diese Bezeichnung nicht verdienen, wird unverhohlen ihre Vernichtung phantasiert: „Was ist der Unterschied zwischen Juden und Türken — die Juden haben's schon hinter sich."[345]
Diese neofaschistischen Äußerungen sind in ihrer Deutlichkeit untypisch für die bundesdeutsche Bevölkerung. Bedenkt man aber, daß noch

immer Millionen von Deutschen einem rechtsextremen Weltbild nachhängen, das dem der Nazi-Faschisten sehr ähnelt und gekennzeichnet ist von Haß auf Fremdgruppen, Demokratie und Pluralismus, so erscheinen derartige Hetztiraden in anderem Licht. Bedenkt man weiterhin, daß rund die Hälfte aller Deutschen Einstellungen teilt, „die sich mit rechtsextremen Denkinhalten überschneiden", so zeigt dies, wie sehr diese neofaschistischen Äußerungen dem „gesunden Volksempfinden" entstammen.[346] Und schließlich bleibt es nicht bei „Witz" und Wort:

* Kurz vor Weihnachten 1985 erschlagen gewalttätige Skinheads in Hamburg einen Türken auf offener Straße. Dies ist der zweite Türke, der innerhalb von fünf Monaten in der Hansestadt von jungen Deutschen ermordert wurde.[347] „Unter Türken breitet sich Angst aus. Manche Jugendliche gehen nur noch in Gruppen auf die Straße", und Eltern wagen es nicht mehr, ihre Kinder in die Schule zu schicken. Schließlich sind die Morde nur spektakuläre Ereignisse. Mehr als 70 Straftaten hat die Hamburger Kripo 1985 von Skins registriert, schon kurz nach dem Mord schlugen sie in der S-Bahn auf einen 46jährigen Türken und seine beiden Söhne ein, mit Bierflaschen und Ketten wohlgemerkt.[348]

* Im September 1984 wird eine 39jährige Türkin in Berlin erschossen und eine 21jährige lebensgefährlich verletzt.[349]

* Im Sommer 1985 wird der Rektor eines Gelsenkirchener Gymnasiums von Rechtsradikalen regelrecht gejagt, weil er an seiner Schule Türken besonders fördert und gezielt zum Abitur führt. Anonyme Anrufer drohten: „Wir werden dich töten, du Vaterlandsverräter!" und schickten ihm ein „Todesurteil" zu. Vollstreckt werde das Urteil „einen Tag nach der Machtübernahme in einer mehrstündigen Prozedur."[350]

* Im Mai 1984 hängten zwei deutsche Druckereibeschäftigte einen türkischen Druckereihelfer „aus Jux" am Werktor auf.[351]

* Im Dezember 1983 schlugen vier junge Deutsche zwei Jugoslawen schwer zusammen. Auf der Polizeiwache meinten sie: Es sei doch gar nicht so schlimm, schließlich gehe es nur um Sachbeschädigung. Ausländer seien ja keine Menschen.[352]

* In einem bayerischen Provinznest zettelten im Juni 1985 60 deutsche Jugendliche eine Massenschlägerei mit ausländischen Jugendlichen an.[353]

* Im November 1983 schlug ein etwa 20jähriger Mann einem 11jährigen türkischen Mädchen gezielt mit der Faust ins Gesicht. „Du bist eine Türkin und hast hier zu verschwinden", schrie er dabei.[354] Es war das erste Mal,

daß ein Fall bekannt wurde, in dem sich der Ausländerhaß an einem Kind entlud.

* Anläßlich eines Fußballspiels zwischen der Bundesrepublik und der Türkei rief eine „Kampfgruppe Prinz Eugen" in Flugblättern zu Hetze und Randale gegen Türken auf. 6.000 Polizisten und Sicherheitskräfte mußte die Stadt Berlin als Austragungsort im Oktober 1983 aufbieten, um die Völkerfreundschaft notdürftig im Gleichgewicht zu halten.[355]
* „In Leinfelden nahe Stuttgart flog im August 1980 ein Brandsatz in das Zimmer äthiopischer Flüchtlinge. In Esslingen wurde im selben Jahr ein Anschlag auf das ‚ausländerfreundliche' Landratsamt verübt, in Lörrach auf ein Heim mit Asylbewerbern. In Hannover wurden die Schaufenster türkischer Läden mit Backsteinen eingeworfen. In Hamburg forderte ein Anschlag mit Molotow-Cocktails auf ein Vietnamesenasyl zwei Todesopfer."[356] In Freiburg inseriert eine „Bürgerinitiative Ausländerstop!" in der Badischen Zeitung, und kurz danach werden in der Freiburger Innenstadt zwei Griechen von einer Bande junger Deutscher angegriffen und verprügelt.[357] Autos von Ausländern werden in die Luft gesprengt[358], Brandanschläge auf Ausländerwohnheime und Ausländerinitiativen sind die Regel.[359] Die Neofaschisten gehen auf Kriegspfad: Von den im Jahr 1983 bekanntgewordenen 227 Körperverletzungen und Gewaltandrohungen mit neofaschistischem Hintergrund richteten sich 121, das sind 53 Prozent, gegen Ausländer, insbesondere Türken.[360] Noch 1975 waren die neofaschistischen Gewalttaten gegen Ausländer so unbedeutend, daß der damalige Verfassungsschutzbericht kein Wort über sie verlor.

Derartige Anschläge, bei denen es zu Toten, Verletzten und erheblicher Sachbeschädigung kommt, sind die Spitzen der Ausländerfeindlichkeit. Hiergegen können sich Ausländer noch am ehesten wehren, zeigen sich doch Politiker und Medien aus allen Lagern bestürzt und betroffen. Mit der Erinnerung an die eigene Blutvergangenheit verurteilen die meisten Deutschen neofaschistische Gewalttaten oder bringen dem Protest der angegriffenen Minderheit zumindest Verständnis entgegen.

Diese spektakulären Gewaltverbrechen verstellen allerdings den Blick auf eine andere Form von Ausländerfeindlichkeit: auf die Ablehnung alles Fremden im Alltag. Die gewöhnliche Fremdenfeindlichkeit kommt selten in die Schlagzeilen, sie bestimmt aber den Umgang zwischen Deutschen und Ausländern.

„Der Verkaufspreis eines Immobilienprojektes", so schrieb ein Immobilienmakler, „sinkt bereits dann, wenn türkische Familien in unmittelbarer Nachbarschaft wohnen."[361] Wen wundert dies, wenn 48 Prozent aller Bundesbürger der Meinung sind, durch die vielen Ausländer würden „ganze Wohnviertel verkommen und verdrecken."[362]

Nach einer Umfrage des Instituts für Demoskopie Allensbach halten sich zwar 72 Prozent der Bundesbürger für ausländerfreundlich, gleichzeitig glauben sie aber, „daß die meisten Deutschen gegen die Ausländer eingestellt seien."[363] Die Bösen sind wie immer die anderen, man selbst ist friedlich gesinnt und sehr zuvorkommend gegenüber ausländischen Mitbürgern, vor allem dann, wenn sie weit weg wohnen. Es reicht ja wohl, für einen Gastarbeiter verbal einzutreten, wozu auch noch in seiner Nähe wohnen ...?!

* Im niederbayerischen Bogen sollten im Sommer 1985 20 ghanaische Asylanten einquartiert werden. Das zuständige Landratsamt mietete geeignete Räume an, doch die Bürger des 200-Seelen-Dorfes waren dagegen. Der ansässige Pfarrer zog mit einer Delegation seiner Gemeinde ins ferne Landshut, um gegen deren Einquartierung zu protestieren — mit Erfolg versteht sich.[364]

* Bogen, ein Beispiel für viele: Von den so ausländerfreundlich gesinnten Deutschen geben immerhin über die Hälfte an, daß in ihrer Nähe keine Ausländer wohnen.[365] Und da viele Hausbesitzer nicht an Ausländer vermieten, wird das auch so bleiben.

* In Pulling, einem eingemeindeten Ortsteil von Freising, stimmten 1983 42 von 52 anwesenden Mitgliedern des SV Pulling dagegen, einer türkischen Gastmannschaft den Fußballplatz für deren Heimspiel zu überlassen.[366]

Derartige Kontaktangst sorgte inzwischen in anderem Zusammenhang für Aufsehen:

* Immer mehr Gastwirte weigern sich, in ihren Lokalen Ausländer zu bedienen. Stadtverwaltungen, Regierungspräsidien und Gerichte müssen sich mit dieser deutschen Variante von Apartheid auseinandersetzen.[367]

Man mag dies für wenig beachtenswerte Einzelfälle halten. Wenn aber das Oberlandesgericht Frankfurt in letzter Instanz für Recht erklärt, daß sich ein Gastwirt „keiner Volksverhetzung" zu schulden kommen läßt, wenn er ein Schild mit der Schrift aufhängt: „Türken dürfen dieses Lokal nicht betreten/Bu lokala Türkler giremez", so zeigt dies, daß neuerdings ausländerfeindliche Aktivitäten höchstrichterlich geduldet werden. „Da sich aus den Schilderaufschriften nicht ergibt", so urteilten die Frankfurter Richter, „warum Türken das Lokal nicht betreten dürfen, kann ihnen nicht entnommen werden, daß durch sie die Türken etwa zu unterwertigen Gliedern der Gemeinschaft erklärt werden."[368]

* Ein Urteil mit ähnlichem Tenor fällte der Bundesgerichtshof: „Juden raus" ist Volksverhetzung, „Türken raus" jedoch nicht. Die höchsten deutschen Richter rechtfertigen Hetzparolen, aus denen tiefer Fremdenhaß spricht.[369]

Richter sind, wie es scheint, zunehmend weniger bereit, die Menschenwürde von Ausländern zu schützen. Selbst die Katholische Akademie Stuttgart kommt zu dem Schluß: „In der deutschen Rechtssprechung sind zunehmend Tendenzen zu beobachten, die ausländerfeindlichen Bestrebungen Vorschub leisten."[370] Besonders aufsehenerregend ist folgendes Urteil:

* Türken, die befürchten müssen, nach ihrer Heimkehr gefoltert zu werden, haben nach Ansicht des Oberverwaltungsgerichts Lüneburg dennoch keinen Anspruch auf Asyl in der Bundesrepublik. „Auch durch den Einsatz der Folter in strafrichterlichen Ermittlungsverfahren erhält die Verfolgung der Staatsschutzdelikte keine politische Qualität", entschied das Gericht. Das Gericht urteilte: Asylanspruch in der Bundesrepublik bestehe nach dem Grundgesetz nur bei politischer Verfolgung, Übergriffe wie Folterungen könnten teilweise durch die traditionsbedingte Einstellung in der Türkei zur Gewalt erklärt werden.[371]

Von Richtern werden Ausländer mit ihren Anliegen alleine gelassen — und von Politikern geradezu verhöhnt:

* Liselotte Funcke, Ausländerbeauftragte der Bundesregierung und FDP-Bundestagsabgeordnete, sah bereits im Januar 1984 den Höhepunkt der ausländerfeindlichen Stimmung überwunden.[372] Im Januar 1986 stellte sie sogar vor dem Innenausschuß fest: „Ich sehe keine Ausländerfeindlichkeit in der Bundesrepublik."[373] Ausländerfeindlichkeit wird bewältigt, indem man sie leugnet, nach dem Motto: „Das nicht sein kann, was nicht sein darf." Die Folge ist, daß unter juristischem Schutz von Richtern und unter verbaler Verharmlosung von Politikern Ausländer verlacht und verhöhnt werden:

* Im Zusammenhang mit der Flüssigeiaffäre verteidigte sich die Geschäftsführerin der Firma „3-Glockennudeln": „Wenn Sie einen Salatkopf essen,

den vorher eine Türkin angefaßt hat, dann haben sie viel mehr Bakterien auf dem Tisch als bei unseren Nudeln."[374]

* Drei Professoren deutscher Universitäten wenden sich in einer Broschüre, die der „Schutzbund für das deutsche Volk" verschickt, an Kollegen und fordern eine andere Bevölkerungspolitik. „Das große Mißverständnis unserer Zeit, ja die Sünde wider die Natur, ist die vermeintliche Gleichheit aller Menschen", so ist dort zu lesen. Die Herren Wissenschaftler warnen vor Überfremdung „durch den Zuzug von mehreren Millionen zum Teil sehr kulturfremder Ausländer und ihrer Familien." „Es ist heute offenkundig", so resümiert der Schutzbund, „daß die Integrationspolitik bisher alle Probleme verschärft hat, statt sie einer friedensstiftenden Lösung zuzuführen. Damit muß das Modell millionenfacher Ausländerintegration als untauglich, ja höchst gefährlich für den inneren Frieden der Bundesrepublik Deutschland bezeichnet werden."[375] Nicht Arbeitslosigkeit und Umverteilung von Besitz auf Kosten sozial Schwacher bedrohen den „inneren Frieden", sondern die Ausländer, die integriert werden. Deutlichere Beispiele für die Projektion gesellschaftlicher Konflikte auf Randgruppen gibt es wohl kaum.

* Im Januar 1986 sucht die Staatsanwaltschaft Solingen nach der Mutter eines Babys, das im Keller eines Mietshauses gefunden wurde, in dem nur türkische Familien wohnen. Kurzerhand verordnete sie, daß sich alle türkischen Frauen, die in diesem Haus wohnen, einer gynäkologischen Untersuchung unterziehen müssen. So sollte die Frau gefunden werden, die erst kürzlich ein Kind geboren hat. Eine merkwürdige Untersuchung. Auf ein Schreiben der „Arbeitsgemeinschaft sozialdemokratischer Frauen" wies die Oberstaatsanwaltschaft den Vorwurf zurück, daß „die gewählte Ermittlungsmethode aus rechtsstaatlicher Sicht zu irgendwelchen Bedenken Anlaß geben könnte"[376]

Beispiele über Beispiele. In Hamm wird ein Betriebsrat „wegen Störung des Betriebsfriedens und Verstoßes gegen die politische Neutralität" gerügt, weil er gegen Ausländerfeindlichkeit protestiert hatte.[377] In Frankfurt überschreibt die CDU eine Wahlanzeige mit: „Frankfurts Ausländerpolitik liegt in ihren Händen" und protestiert gegen die liberale Ausländerpolitik der hessischen Landesregierung. Daß ein Viertel der Frankfurter Einwohner Ausländer sind und ein Oberbürgermeister auch für deren Anliegen zuständig sein sollte, übersieht die Frankfurter CDU.[378] Und bei den Koalitionsverhandlungen im März 1983 versuchte die CDU/CSU mit der FDP eine Politik zu vereinbaren, die darauf zielt, „den Ausländeranteil in der Bundesrepublik in den nächsten 10 Jahren zu halbieren."[379]

Solches Denken bestimmt den Alltag zwischen Deutschen und Ausländern bis in einzelne Sprachvarianten. Medien und Öffentlichkeit sprechen von „Ausländerflut" oder „Ausländerschwemme", vom „ungezügelten Zustrom, der gestoppt werden müsse", oder von einer „sozialen Zeitbombe", wenn es darum geht, die erwarteten Schwierigkeiten mit der zweiten Generation zu umschreiben. Ein Ausländer muß sich wie ein lästiger Parasit fühlen, wenn er Tag für Tag solche Vokabeln zu hören bekommt. Es sind Vokabeln, die allzu deutlich an die roten Fluten erinnern, gegen die schon einmal wackere deutsche Männer zu Felde zogen.

4. Literatur als Waffe

Ausländer müssen mit diesem deutschen Alltag leben und sich mit ihm auseinandersetzen. In ihrem Schreiben verarbeiten nahezu alle Autoren die Fremdenfeindlichkeit: Kaum ein literarischer Text, der nicht die Niedertracht des deutschen Alltags aufzuzeigen sucht. Ob nun Erfahrungen mit deutschen Verwaltungen, deutschen Behörden, Fabrik- und Hausbesitzern beschrieben werden: Die ausländischen Autoren zeigen, daß sie und mit ihnen alle Einwanderer in allen Lebensbereichen unter massiven Druck geraten.

Es ist schwierig, aus der Fülle der Texte, die sich mit Ausländerfeindlichkeit befassen, einzelne hervorzuheben. Die folgenden Textbeispiele sind deshalb so gewählt, daß an ihnen die Themenvielfalt sichtbar wird.

a) Betrieblicher Alltag

Ressentiments, kleine Gehässigkeiten, offene und versteckte Beleidigungen kennzeichnen den betrieblichen Alltag, den Bereich, in dem sich Ausländer und Deutsche am meisten begegnen:

Dragutin Trumbetaš: Arschsprache

„Dobro jutro,
grüßte ich
um halb acht Uhr früh
im Betrieb.

>Buna dimminiata,
>antwortete Dimitriu.
>Kalimera!
>rief Andronis.
>Buenos dias,
>sagte Antonio,
>und wir lachten,
>wir Gastarbeiter.
>
>Red' deutsch!
>schrie uns Siegfried an,
>red' ein ordentliches deutsch
>und nicht diese
>Arschsprache,
>die kein normaler Mensch
>versteht!"[380]

Schmerzhafte Erfahrungen spricht der Jugoslawe Dragutin Trumbetas´ hier an: Statt seine ausländischen Kollegen freundlich und solidarisch zu behandeln, beleidigt sie Siegfried, der prototypische Deutsche. Wer in dieser „Arschsprache" spricht, ist kein „normaler Mensch". Die Verachtung, die Ausländer in diesem unserem Land spüren, findet hier seine sprachliche Gestalt.

Das Gedicht ist mehr als Klage über derartige Demütigung. Schließlich ist es Siegfried, der nicht einmal einfachste Grußformeln fremder Sprachen versteht. Er beleidigt zwar seine ausländischen Mitarbeiter, verrät dabei aber seine deutsche Provinzialität. Mit hinterlistigem Lächeln führt Trumbetas´ dies vor.

Solche Erfahrung beschreiben viele Autoren. Ihre Sprache ist dabei meist, wie in diesem Gedicht, wirklichkeitsnah gewählt; die Knappheit der Worte belegt die Armut der Gefühle. Die Grobheit deutscher Kollegen kehrt als alltägliche Begebenheit wieder.

Trumbetas´ Gedicht verweist nicht nur auf die Überheblichkeit, mit der deutsche Arbeiter und Vorgesetzte ihren ausländischen Kollegen und Kolleginnen begegnen. Die Sprachenvielfalt bestätigt die Einstellungspraxis deutscher Unternehmer: Da arbeiten nicht mehrere Griechen oder Türken als nationale Gruppe nebeneinander, sondern Gastarbeiter unterschiedlichster Nationalität, also Menschen, die sich aufgrund sprachlicher Schwierigkeiten oder kultureller Vorurteile kaum verständigen können. Solche Art der Isolierung hat in deutschen Betrieben Methode:

„Je zersplitteter die zum Arbeiten herbeigeholten Minderheiten sind, desto besser ist ihre Kontrolle; je höher der Grad der kulturellen, sprachlichen und ethnischen Unterschiede, desto schwieriger wird für die Betroffenen ein Zusammenfinden, der Prozeß der Solidarisierung. [...] die Gastarbeiter selbst kamen zu dieser Erkenntnis, sobald sie an ihrem Arbeitsplatz einen Türken, einen Griechen oder einen Jugoslawen als Fließbandnachbar fanden, mit dem sie über Jahre hinweg mit Händen und spärlichen Sprachbrocken sich verständigen mußten. Und es waren viele Gastarbeiter, die allzuschnell begriffen haben, warum die Meister es mit Sorgfalt und Nachdruck ablehnten, eine große Anzahl von Landsleuten untereinander arbeiten zu lassen. Dies alles wurde und wird planmäßig und mit Methodik durchgeführt wie die Einführung und Verwertung der EDV. Die Strategie der begrenzten Gastarbeiterzahl bzw. deren Zersplitterung in mehrere ethnische und/oder nationale Gruppen erfüllt eigentlich mehrere Funktionen:
— die Spaltung der Arbeiterschaft,
— leichtere Übersicht,
— bei Bedarf gute Voraussetzungen für Assimilation,
— gute Voraussetzungen für die Anwendung des Rotationsprinzips."[381]

Ziel innerbetrieblicher Politik ist es meist nicht, Gastarbeiter langfristig zu integrieren. Die herbeigeholten Einwanderer bleiben Fremde, die erstaunt sind, wie sehr sie von deutschen Kollegen verachtet werden:

Franco Biondi: Nicht nur gastarbeiterdeutsch

...

„doitsche kollega
warum du immer weggucken
warum du mir nix akzeptieren
isch nix schaiss

isch mensch
zusammen
isch arbait du arbait fabrik
isch leben du leben hiir

gut, du doitsch
isch auslender,
du immer sagen
isch gastarbeiter
aber isch nix gast
isch arbeit, isch kollega
zusammenarbeiten
in fabrik"[382]

Franco Biondi beschreibt hier, wie unfreundlich sich Gastarbeiter in deutschen Betrieben behandelt fühlen. Diese menschenfeindliche Behandlung gehört aber notwendig zur Ausbeutung. Solange ein deutscher Vorarbeiter die ihm untergebenen und zugeteilten Arbeitsemigranten als „schaiss" ansieht, denen er ihre „Arschsprache" vorwirft, und sie nicht als „kollega" behandelt, solange wird er bereit sein, ihre Ausbeutung zu unterstützen und aus ihnen den letzten Rest an Arbeitskraft herauszupressen:

> „,Weh dir, wenn du noch einmal zu spät kommst, dann kannst du gleich deine Papiere nehmen, ne!' hatte mir Max, mein Meister, gedroht, als ich ein einziges Mal in drei Jahren eine halbe Stunde zu spät gekommen war. Herr Keller hatte mich schief angesehen und ein rasches ‚Schnellschnellschnell!' hinzugefügt. Herr Breckmann, der Chef, hatte kein Wort gesagt und mich keines Blickes gewürdigt. Wie immer. Der Meister, Herr Keller und Herr Breckmann waren eins für mich, die Boshaftigkeit und die Ausbeutung."[383]

Eine Erfahrung, die sich täglich zu wiederholen scheint:

> „Die LKWs wurden schnell entladen, während Max ständig hin und herlief und schrie: ‚Nix immer blablabla, arbeiten, arbeiten!'
> Und Herr Keller zählte schnell die Kisten und Paletten, sah uns mit schiefem Blick an, und ohne ein Wort zu sagen, ließ auch er uns verstehen: ‚Nix immer blablabla, arbeiten."[384]

Der Türke Nazim Kavasoglu beschreibt Leben und Ausbeutung von Gastarbeitern in einem Satz: „Was sie [die Gastarbeiter] taten — tun konnten — war nur arbeiten, essen und schlafen."[385] Arbeitsemigranten werden in der Bundesrepublik zu Arbeitstieren, denen die Möglichkeit genommen ist, menschenwürdig zu leben:

> Kostas Papanastasiou: In der Fabrik
>
> „such mich auf, wenn die sirene
>   nicht mehr heult.
> ich arbeite in block 4
>   in der gießerei
>   du kannst mich an der
>   karierten mütze erkennen
>   mein gesicht ist ganz schwarz
>   vom gießerpulver.
> nein nein
>   daran wirst du mich
>   nicht erkennen

>   alle gesichter da werden
>   schwarz, ganz schwarz
>   ohne hoffnung!
>   nur die augen blitzen
>   weiß, viel weißer
>   als sonst.
>   sie scheinen wie zwei löcher
>   geschossen in den himmel
>   mit blutroten rändern.
>   daran wirst du mich nicht erkennen
>   nein nein
>   alle augen sind im block 4 so einsam
>   sie gleichen sich alle so
>   weißt du, nur an der mütze
>   wirst du mich erkennen
>   an der alten karierten mütze."[386]

Was der Grieche Kostas Papanastasiou mit melancholisch-resigniertem Unterton darstellt, wird bei Sergio Amado Monroy aus Guatemala zur ironischen Sprachspielerei:

> „Deutsche Grammatik
>
> Ich arbeite, du schuftest,
> er verdient.
>
> Wir erkranken, ihr verreckt,
> er verdient.
>
> Ich Ausländer, du Ausländer,
> er verdient.
>
> Wir Arbeitstiere,
> ‚Ihr nicht gleiche Menschen',
> er Unternehmer.
>
> Wir verstehen."[387]

„Arbeitstier" ist das Stichwort. Versklavt und ausgebeutet fühlen sich deshalb Gastarbeiter in deutschen Betrieben. „Ohne Pause mußte er acht Stunden am Tag Schrauben anziehen"[388], heißt es über Ahmet, einen beliebigen Türken. Seine stumpfsinnige Tätigkeit bringt Profit: Der Reichtum Deutschlands, so erscheint es den meisten und so stellen es die Autoren dar, wird auf ihrem Rücken erwirtschaftet.

Mehr noch als Männer werden Frauen in deutschen Betrieben ausgebeutet:

„Die Arbeitszeit ist von halb sechs in der Früh bis halb elf vormittags, sonntags und an Feiertagen bis halb neun, natürlich nur, falls sie auch sonntags und an Feiertagen arbeiten will; denn die Firma Christian Holzer AG übt auf niemanden Druck aus, im Gegenteil, sie gibt jedem, der Lust zum Arbeiten hat, die Möglichkeit, es zu beweisen; wenn man alle sieben Tage die Woche arbeitet, dann hat man 35 Wochenstunden mit etwa fünf Mark Stundenlohn gemacht — ich sage etwa, weil die Abzüge von Beschäftigtem zu Beschäftigtem unterschiedlich sind. Mit einigen Zulagen bekommt man jede Woche fast zweihundert Mark netto auf die Hand! So hat es ihr der Blonde vorgerechnet. [...]
‚Du kannst sogar einen freien Tag machen, man kann es absprechen, aber lohnt sich das? Sonntags arbeitest du bis halb neun und wirst für volle fünf Stunden bezahlt! Dasselbe gilt für die Feiertage. Die Zeit vergeht schnell. Bis die anderen zu Hause aufstehen am Sonntag früh, bin ich schon wieder daheim, ich kann ihnen sogar das Frühstück machen. Und was den Urlaub betrifft, das kannst du auch regeln, es gibt ja eine ganze Menge Leute, die an deiner Stelle arbeiten wollen ... Hälst du es aber für günstig, drei Wochen zu versäumen, für die du doppelt bezahlt würdest, und noch dazu: wenn du auf Urlaub gehst, wirst du sicher eine ganze Menge Geld ausgeben ... ich frage dich bloß, lohnt sich das? ..."[389]

Auch Ihsan Ece gestaltet deutsche Wirklichkeit: Ein paar Mark Stundenlohn werden vor allem Frauen bezahlt, die in sogenannten Leichtlohngruppen beschäftigt sind: Putzhilfen, Friseusen, Verkaufshilfen, Löterinnen in der Elektronikindustrie ... Deutsche sind zu solchen Bedingungen kaum bereit, eine Stelle anzutreten. Da kommen die eingewanderten Frauen gerade recht.

Solche Ausbeutung zeigt den Nutzen des ausländerfeindlichen Klimas in der Bundesrepublik. Wenn die Eingewanderten von einer breiten Öffentlichkeit abgelehnt und als minderwertig betrachtet werden, läßt sich ihre hemmungslose Ausbeutung im betrieblichen Alltag leichter durchsetzen. Von deutschen Kollegen haben Gastarbeiter kaum Solidarität zu erwarten. Und in einem Klima, das von Angst bestimmt ist, werden die Betroffenen eher bereit sein, weit unter Tariflohn zu arbeiten, oder selbst dann schweigen, wenn das Recht auf ihrer Seite steht und ihnen günstigere Arbeitsbedingungen zustünden. Etwa dann, wenn Arbeiterverleihfirmen illegale Verleihgeschäfte tätigen, Sozialabgaben nicht abführen oder angestellte Ausländer um ihren Lohn prellen, wie dies Günter Wallraff beschrieben hat.[390] Ausländerfeindlichkeit läßt sich in Mark und Pfennig umrechnen.

b) „Judenfrage" neu gestellt

In Deutschland kursieren derzeit Türkenwitze, die an die planmäßige Ermordung des jüdischen Volkes erinnern.[391] Alle Autoren, die diese volksverhetzenden und Mord und Gewalt predigenden Äußerungen literarisch verarbeiten, gestalten die Gefühle, mit denen die beleidigten, verhöhnten und bedrohten Ausländer reagieren: Verunsicherung und Angst.

„Aber wo ich arbeite erzählen sie Witzen. Die ich nichts mehr hören will. Ich hatte im meiner Kindheit im meiner Heimat wegen meiner Religion schämen mußte. Ich glaube jetzt muß ich wegen meiner Nationalität schämen. Im Arbeitskolleginnen erzählen:
— Wenn man an einem Fleischwolf Rind fleisch rein tut und dreht, was kommt raus?
— Rindermed
— Wenn man Schweinefleisch rein tut und den dreht was kommt raus?
— Schweinemed
— Wenn man Türkenfleisch rein tut und dreht, was kommt dann raus?
— Achmed.
So und ähnlich wird jeden gehört. Ich bleib immer ruhig.
Ich ziehe mich aber immer zurück. Meine Traurigkeit ändert sich auf angst."[392]

Haßerfüllte Witze, die Angst erzeugen. Was der Türke Servet Aksakal in gebrochenem Deutsch wiedergibt, in Worten, die seine ganze Verunsicherung beinhalten, beschreibt auch Franco Biondi:

„,Schön durchklopfen sollte man sie und alle in einen Waggon, und ab nach Dachau!' Unruhe kroch in meine Glieder, ich begann zu zittern. Es ist besser, wenn ich mich gleich aus dem Staub mache, bevor sie merken, daß ich auch einer von der Sorte bin. So groß und kräftig wie sie sind, hauen sie mich noch kurz und klein. [...] Die Hautporen öffneten sich wie Schleusen, und ich schwamm im Schweiß. Es trommelte in meinem Kopf: nix wie weg, nix wie weg."[393]

Ähnlich der Türke Birol Denizeri:

„,Ich weiß einen besseren Witz', sagte Sabine. ,Ein Adler hat zwei Meter

Spannweite. Wieviel Meter Spannweite hat er, wenn er über die Türkei fliegt? Einen Meter. Mit einem Flügel muß er die Nase zuhalten.'
‚Du bist doch stolz auf dein Land, nicht wahr, Yalgin?'
Es machte ihnen Spaß. Sie wurden immer hemmungsloser, immer zudringlicher. Jeder in der Klasse beteiligte sich an dem Riesenspaß.
Ich fühlte nichts, wenn ich ihre dämlichen Witze hören mußte. Mein Kopf war leer, ich wußte nicht, wie ich mich bewegen sollte. Ich sagte nie etwas und schaute sie nie an."[394]

Die wenigen Beispiele zeigen, wie solch leicht dahergesprochene Beleidigungen wirken: Die Verhöhnten versuchen die Demütigungen zu verarbeiten, indem sie zu Gefühlen innerer Leere oder zu Taub- und Blindheit Zuflucht nehmen. Hilflose und resignative Reaktionen. Auch daran läßt sich der Profit ablesen: Denn wer resigniert und in die Welt der Innerlichkeit flüchtet, der wird sich nicht mehr um Lohnerhöhung und Gleichbehandlung bemühen.

Es wäre verfehlt, Ausländerfeindlichkeit auf materielle Ausbeutung oder auf das Verhalten rechtsgerichteter Kreise zu verkürzen. Wie bereits das Kapitel „Ausländerfeindlichkeit in der Bundesrepublik" gezeigt hat, sind verschiedene Kreise — Behörden, Gerichte, Hausbesitzer, Nachbarn usw. — an der Treibjagd auf Fremde beteiligt. Die eingewanderten Autoren beschreiben denn auch, daß dort, wo sich Deutsche und Ausländer begegnen, oft mehr oder minder offen Fremdenfeindlichkeit das Klima bestimmt.

c) Von der Unmöglichkeit friedlichen Zusammenlebens

Heinz Mees: Nix geje Ausländer, gell!

„ja moanst du vielleicht
mer macht des Spaß
moanst du vielleicht
isch deht des gärn due
moanst du
mer det des net weh due
awwer ahner muß
schließlich in de sauer Appel neubeiße
also

sach dus rer doch
dasse den Kimmelterk nemmeh mit hoam bringe soll
net daß mer was geje Auslänner
hette
awwer die Leit redde schun iwwer uns
un schließlich hon mer e Geschäft
un do muß mer Ricksichte nemme
gell"[395]

Da reflektiert einmal ein Deutscher literarisch die Vorurteile, die sich selbst bei sogenannten „ausländerfreundlich" gesinnten Bundesbürgern einschleichen: Man hat nichts gegen Ausländer, aber die eigene Tochter soll der „Kimmelterk" doch in Ruhe lassen, bitte schön. Romeo und Julia also, getrennt durch zwei fremde Kulturen und die Borniertheit deutscher Eltern. Die tragische Vorlage kommt zu ihrem Recht, weil ein deutscher Vater um sein Ansehen fürchtet. Solange Türken in ihren Gettos bleiben, das vermittelt Heinz Mees, solange ist die Welt in Ordnung und jeder Deutsche ein Ausländerfreund. Aber wehe, sie verlassen ihre Lebensbereiche.

Nicht allein Liebesbeziehungen offenbaren, wie schwierig das friedliche Neben- und Miteinander verschiedener Kulturen im Alltag vonstatten geht. Am Beispiel der Wohnungssuche gestalten die ausländischen Autoren besonders häufig, daß die Ablehnung alles Fremden den Alltag bestimmt. Vergleichbar dem betrieblichen Alltag begegnen sich auch hier Ausländer und Deutsche in vorgegebenen Rollen und Herrschaftsstrukturen.

Şinasi Dikmen, schildert in seiner Satire „Wohnungssuche" die Verzweiflung einer türkischen Familie, die vergeblich nach einer Unterkunft sucht. Der Hauseigentümer versteht sich zwar als Ausländerfreund, den türkischen Clan weist er aber unter fadenscheinigen Gründen zurück:

„'So, so. Sie geben viel Geld aus für Kleider. Das geht mich nichts an. Das Geld verdienen Sie, nicht ich. Glauben Sie mir, ich habe nichts gegen Türken, wohl aber gegen Leute, die für Kleider so viel Geld ausgeben. Solche Leute kann ich zum Verrecken nicht leiden. Ich bin kein Rassist, ich bin Schwabe. Aber ich kann meine Wohnung nicht dem vermieten, der sein Geld zum Fenster rausschmeißt. Verstehen Sie mich?'"[396]

Was soll die Familie noch machen, hat sie sich doch nur für den deutschen Hausbesitzer fein herausgeputzt; resignierend stellt sie fest:

„Leider haben wir bis heute keine Wohnung gefunden, aber wir sind ganz sicher, daß die Deutschen nette Leute und sehr feinfühlig sind. Sie werden uns irgendwann eine Wohnung geben, wenn nicht in diesem Jahrhundert, dann eben im nächsten."[397]

Jos Jacquemoth ironisiert eine solch demütigende Erfahrung ebenfalls: Nachdem sein Ich-Erzähler die Hoffnung, eine Wohnung zu finden, bereits aufgegeben hatte, gelangt er doch noch ans Ziel; doch die Wohnsituation hat einen Haken:

> „Bei der guten Frau in Marienfelde dürfe ich zwar leider keinen Besuch empfangen, aber ich selbst könne selbstverständlich kommen und gehen, wann es mir beliebe."[398]

In der ironischen Brechung versteckt sich die existentielle Not, die andere Autoren offen aussprechen:

> „Bei der Ausländerbehörde verlangte man einen Nachweis über ‚angemessenen Wohnraum' von ihm [einem Türken, dem im Ausländerwohnheim des Betriebs gekündigt wurde]. Er hatte zwar nach einer Wohnung gesucht, wurde aber immer, wenn er aufgrund der Zeitungsannonce anrief und sagte, daß er Türke war, mit den sich immer wiederholenden Sätzen: ‚Sie sind Türke? Das macht doch nichts. Aber leider ist die Wohnung gerade vermietet worden. Außerdem wäre sie zu teuer für Sie gewesen!' abgewiesen. In seiner Lage hätte er sogar Kaution, Provision und sonst noch was alles bezahlt, wenn sie ihn nur genommen hätten."[399]

„Angemessener Wohnraum", was ist das schon? Die Ausländerbehörde schreibt ihn vor: In Baden-Württemberg legen die Wohnraumrichtlinien 12 Quadratmeter pro Person als Minimum fest. Wohnraumrichtlinien gibt es schon seit längerem, doch erst seit dem Anwerbestop 1973 werden sie strenger gehandhabt. So wird vor allem für die türkische Bevölkerung der Familiennachzug erschwert, oder es werden ganze Familien ausgewiesen, wenn sie beispielsweise durch Arbeitslosigkeit eine große, teure Wohnung nicht mehr finanzieren können. Denn wer den Richtlinien nicht entspricht, hat kein Recht auf Aufenthalt ...[400]

Wie schwer es einem Ausländer fällt, „angemessenen Wohnraum" zu erhalten, schildert der Italiener Carmine Abate in seiner Erzählung „Wie man ein Brombeerstrauch wird": „in Hamburg ist es schon für einen Deutschen schwer, eine Wohnung zu finden, was soll ich da sagen als Ausländer, Ausländer von den Beinen — kurz und krumm — bis zu den Haaren — lockig und schwarz wie Kohle."[401]

Solange die Ausländerbehörde nichts weiß, behilft man sich dann eben selbst:

„Sicher war es unbequem, zu 13 in zwei Schlafzimmern und einem kleinen Zimmerchen zu schlafen. ‚Aber im Ausland muß man sich behelfen, so gut es geht', sagte mein Onkel. ‚Man muß Opfer bringen', fügte sein Schwiegersohn hinzu, der sich mit der ältesten Tochter und zwei kleinen Kindern zu uns gesellt hatte, weil er mit seiner Wohnung in Pinneberg, seiner Meinung nach, nicht so viel hatte sparen können, wie er eigentlich wollte. Man mußte sich also behelfen; und so gingen wir eben morgens immer zu zweit auf einmal ins Bad; einer wusch sich schnell das Gesicht, während der andere pinkelte, und umgekehrt."[402]

Literarische Beispiele, die den Mangel an Lebensqualität für eine unterprivilegierte Gruppe beispielhaft beleuchten. Doch es bleibt ja nicht bei der Beschneidung des Lebensstandards, bei Gettoisierung und Ausbeutung, bei offener und verdeckter Fremdenverachtung oder bei gewalttätigen Übergriffen. Abschiebung ist seit der Bonner Wende das Ziel der CDU/CSU/FDP-Koalition.[403]

d) „Und nun schieben sie uns ab"

Abschiebung gehört zu den dunkelsten Kapiteln unseres Rechtsstaates. Umso mehr, da rund 800.000 politisch und rassisch Verfolgte des Dritten Reiches ihr Leben nur retten konnten, weil andere Staaten und Völker bereit waren, Flüchtlinge aus Deutschland aufzunehmen.

Wenn nun heute in der Bundesrepublik Deutschland Richter für Recht erklären, daß Türken selbst dann in ihre Heimat abgeschoben werden dürfen, wenn ihnen dort Folter droht und dies mit der traditionsbedingten Einstellung in der Türkei zur Gewalt begründen, wie dies das Oberverwaltungsgericht Lüneburg getan hat[404], dann erscheint es verständlich, daß Ausländer um ihre Existenz und ihr Leben fürchten.

Doch auch hier muß betont werden, daß solche Urteile spektakuläre Einzelfälle sind. In den meisten Fällen verschwinden Asylsuchende zwei Jahre in Asylantenwohnheimen. Sie dürfen während dieser Zeit keiner Arbeit nachgehen und werden nach Ablauf ihres Asylverfahrens meist ohne Aufsehen in ihre Heimatländer abgeschoben, sofern ihr Antrag abgelehnt wurde.[405]

Unauffälliger vollzieht sich die Abschiebung der als Gastarbeiter in die Bundesrepublik angeworbenen Arbeitskräfte. „Rückkehrhilfe" hieß das beschönigende Wort hierfür: Jeder Arbeitnehmer aus Jugoslawien, Korea,

Marokko, Portugal, Spanien, Tunesien und der Türkei, der durch Stillegung des Betriebs, in dem er arbeitete, oder durch Konkurs arbeitslos wurde, konnte 10.500 Mark als Rückkehrhilfe beantragen. Er mußte allerdings sofort und mit seiner ganzen Familie das Land verlassen, wollte er diese Unterstützung in vollem Umfang in Anspruch nehmen. Politiker verwiesen gern auf die Millionen, die großzügig zur Abschiebung der unliebsamen Minderheit bereitgestellt wurden, und verkauften diese Maßnahme als Geste der Humanität.

Eine einfache Rechnung offenbart das noble Gerede als hinterlistiges Kalkül: Die Rückkehrhilfe erhielt nur der in vollem Umfang, der kein Arbeitslosengeld in Anspruch nahm. Der Grundbetrag reduzierte sich pro angefangenem Monat des Leistungsbezugs um 1.500 Mark. Wer ein halbes Jahr Arbeitslosengeld erhielt, hatte keinen Anspruch mehr auf Rückkehrhilfe. Die Bundesanstalt für Arbeit sparte also bei jedem, der Rückkehrhilfe in Anspruch nahm, das Arbeitslosengeld, das jedem versicherten Ausländer zusteht. Die Heimkehrenden finanzierten sich ihre Rückkehrhilfe somit selbst; Humanität oder Großzügigkeit spielten keine Rolle.[406]

Heute gibt es nicht einmal Rückkehrhilfe. Jeder Nicht-EG-Ausländer, der keinen Anspruch auf Arbeitslosengeld oder -Hilfe mehr hat und auf Sozialhilfe angewiesen ist, kann sofort ausgewiesen werden, sobald er Sozialhilfe beantragt. Die Bundesrepublik ist nicht bereit, die Sozialfürsorge für die angeworbenen Südländer zu übernehmen.

So ist es nicht verwunderlich, daß die Literatur der Gastarbeiter den Zorn widerspiegelt, den Ausweisungs- und Abschiebepraktiken entfacht haben:

Şiir Eroğlu: Zurück

„Verloren
in der Kälte des gelobten Landes
irren sie durch die Städte
Man gebrauchte ihre Körper
und raubte ihre Kräfte
Die erschöpften Glieder
können nun zurück

Die müden Augen
dürfen ihre Felder wiedersehen

Auch die Gedanken müssen mitgenommen werden
die Gedanken an Sehnsucht und Wärme
man braucht sie nicht mehr
Doch es bleiben noch andere Gedanken
die an Hohn, Schweiß und Verachtung
Diese lassen sie zurück
denn sie gehören hierhier"[407]

Wie die Türkin Şiir Eroğlu, so schildert auch ihr Landsmann Hasan Dewran die Vision einer Welt, in der es für (türkische) Gastarbeiter keinen Platz gibt.

Hasan Dewran: Reserviert

„Ich steige
in den Zug ein,
suche mir einen
freien Platz,
setze mich nieder
kommt der Schaffner,
sagt: ‚Der Platz ist reserviert!'

Ich gehe
ins Restaurant,
suche mir einen
freien Tisch und
setze mich hin,
kommt der Kellner,
sagt: ‚Der Tisch ist reserviert!'

Manchmal
stelle ich mir vor:
Wenn ich eines Tages
aus diesen Träumen erwache,
dann wird jemand
vor mir stehen
und sagen:
‚Schlaf weiter!
Die Wirklichkeit ist reserviert!'"[408]

In der Wirklichkeit der Bundesrepublik haben Türken heute nichts mehr zu suchen:

„Es ist bald ein Vierteljahrhundert", so berichtet die Türkin Şirin, „daß mein Vater in Deutschland arbeitet. Sein Leben ist in der Finsternis untertage [er arbeitet im Steinkohlebergbau] vergangen. Seine Lungen seien schwarz wie die Nacht, schrieb er. ‚Ich kann nicht mehr, ich bin am Ende, man will uns hier nicht mehr haben, Şirin. Stell dir vor, 24 Jahre habe ich in den Kohlebergwerken mein Leben hergegeben, jetzt braucht man uns nicht mehr. Es vergeht kein Tag, an dem nicht Tausende von Menschen auf die Straße gesetzt werden, die Bosse haben uns genug ausgesaugt, nun will man uns nicht mehr."[409]

Ein Gastarbeiterschicksal, stellvertretend für viele. So wie die Türkin Saliha Scheinhardt beschreibt dies auch die Griechin Dadi Sideri:

„ich sehe uns
sonnenhungrige Gastarbeiter
als Greise
vor dem eigenen Haus
im Süden
den Alptraum Deutschland
verarbeiten"[410]

Aus den Erzählungen, Gedichten, Kurz- und Kürzestgeschichten, die sich dem Thema Abschiebung nähern, ragt ein Text heraus: Franco Biondis 1984 erschienene Novelle „Abschied der zerschellten Jahre".[411] Auf 141 Seiten schildert Biondi das Schicksal des 20jährigen Mamo, der in einem Zimmer sitzt und auf seine Abschiebung wartet. Die Novelle gehört zum Besten, was bisher in dem Genre „Gastarbeiterliteratur" veröffentlicht wurde.

Ausgerüstet mit dem Gewehr eines GI-Soldaten und versorgt mit Lebensmittelvorräten von Aldi verschanzt sich Mamo in seinem Zimmer und wartet auf den Greiftrupp der Ausländerbehörde, entschlossen sich zu wehren.

In den Tagen des Wartens passieren Bilder aus seinem bisherigen Leben Revue: Erfahrungen mit Deutschen, mit Landsleuten, seinen Eltern, seiner Freundin. Schule, Schweißerlehrgang, Arbeitslosigkeit und schließlich die drohende Abschiebung — das ist sein Weg, ein Weg der Verzweiflung.

Biondis Novelle schildert dieses Gastarbeiterschicksal aus der Sicht Mamos. Fast distanzlos fühlt sich der Erzähler in den jungen Ausländer ein, um die Identifikation dann doch wieder zu brechen, indem er kurz den Blick auf andere richtet, auf die Freundin und deren Verhalten, auf den ausländischen Sozialarbeiter von der Ausländerbehörde, der selbst zerrissen wird zwischen Menschlichkeit und Pflichterfüllung.

Gleichzeitig erreicht Biondi Distanz, indem er sie ganz aufgibt: Der Erzähler verschwindet, die Innenperspektive Mamos wird zur tragenden Erlebnisebene. Innerhalb von Satzbruchstücken und Gedankenfetzen wechselt dann wieder der Blick, so daß der Leser nie zur vorbehaltlosen Identifikation verleitet wird.

Die zeitliche Verdichtung, die Brechung von Vergangenheit und Gegenwart durch Abschweifungen, der Wechsel der Ebenen, der Erzählhaltungen — all das fesselt den Leser an dieses Schicksal. Da wird kein Zeigefinger erhoben, nicht geklagt, gejammert, nicht lamentiert über ein ungastliches Deutschland. Und doch spürt der Leser das Leid, das der junge Held erdulden mußte, lange bevor ihm die Abschiebung drohte. Diese Distanz scheidet Biondis Novelle von den meisten Texten, die ausländische Autoren bisher in deutscher Sprache veröffentlicht haben.

Biondis Novelle endet in dem Augenblick, da für seinen Helden der Tod naht, spektakulär und untypisch. Bedenkt man aber, daß heute bald die Hälfte aller Gastarbeiter zehn und mehr Jahre in der Bundesrepublik lebt[412] und damit dokumentiert, daß sie für immer in der Fremde bleiben will, dann erscheint Biondis aufsehenerregender Novellenschluß konsequent gewählt. Die Entscheidung Mamos, lieber zu sterben, statt sich der Ausländerbehörde anzuvertrauen, beleuchtet den Willen der Mehrzahl aller Gastarbeiter, sich in der Fremde auf Dauer einzurichten.

Mit viel Ironie zeigt dies auch der Syrer Rafik Schami:

„Die Industrie hat uns geholt, als es ihr gut ging. Jetzt, wo es unseren deutschen Freunden schlecht geht, lassen wir sie nicht im Stich. Wir bleiben! Das ist fair! Ich in meiner Fremde mit meinen Freunden aus allen Erdteilen."[413]

> Und die Frauen,
> unsere Frauen:
> mit ihren unheimlichen und glücklichen Händen,
> mit ihren zierlichen, kleinen Kinnen,
> ihren großen Augen,
> unsere Mutter, unser Weib, unsere Geliebte.
>
> Frauen, die sterben, ohne daß sie gelebt hätten,
> und deren Platz am Eßtisch erst nach unserem Ochsen kommt,
> und die wir auf die Berge entführen,
> derentwegen wir im Gefängnis sitzen,
> und die vor den Holzpflug gespannt werden,
> und die in den Koppeln
> im Licht der in die Erde gestoßenen Messer
> mit ihren geschmeidigen, schweren Hüften
> und ihrem Zierat unser werden,
> unsere Frauen.
>
> Nazim Hikmet

VII. „Frauen, die sterben, ohne daß sie gelebt hätten"

Bisher ist diese Einführung so geschrieben, als gäbe es keine Geschlechter, als würden Männer und Frauen in der Fremde Gleiches erleben. Ausländerfeindlichkeit, Heimatverlust und -sehnsucht, Identitätskonflikt und Enttäuschung in der Fremde — all das sind auch Themen, die Männer wie Frauen betreffen. Der Blick einer schreibenden Frau mag ein anderer sein, als der eines Mannes — beispielsweise fehlen bei Frauen Größenphantasien, und ihre Bereitschaft ist größer, das Leid anderer in den Mittelpunkt zu stellen als ihr eigenes — doch Themen und Konflikte sind vielfach identisch.[414]

Unberücksichtigt blieb bisher die Unterdrückung von Frauen in der Fremde. Sie reiht sich ein in die nach wie vor bestehende Unterdrückung von Frauen in der Bundesrepublik. Durch Verwurzelung in althergebrachte Traditionen, an denen Frauen wie Männer im neuen Land festhalten, wird die Unterdrückung und Ausbeutung von Gastarbeiterinnen verstärkt. Am Schicksal türkischer Frauen manifestiert sie sich am deutlichsten.

Männer griffen dieses Thema in ihrem Schreiben bisher kaum auf und wiesen allenfalls auf die Unterdrückung von Frauen in den Herkunftsländern hin.[415] Überraschenderweise beschreiben auch nur wenige Frauen Frauenschicksale in der Fremde. So erschienen 1985 zwar erstmals zwei Sammelbände, in denen ausschließlich Frauen zu Wort kommen.[416] Doch spezielle Frauenthemen sprechen nur wenige an.[417] Die meisten Autorinnen übernehmen die Fragestellungen männlicher Schreiber.

Die Türkin Aysel Özakin, die 1981 in die Bundesrepublik einwanderte, gehört zu den wenigen Frauen, die nicht nur in Anthologien veröffentlichen. Fünf Bücher entstanden, seit sie im Exil lebt. Alle sind aus dem Türkischen übersetzt. Sie sehen zwar Frauen im Zentrum, nicht aber deren (Überlebens-)Schwierigkeiten in einer von Männern beherrschten Gastarbeiterinnen-Welt. Die Suche nach Identität ist das dominierende Thema: „Lösungen bietet Aysel Özakin nicht an", resümiert „Die Zeit". „Die Erzählungen bleiben in der Schwebe. Da ist von Verlusten die Rede und von Traurigkeit. Vor allem aber geht es um Sehnsucht: ‚Die Sehnsucht; ja die darf man nicht verlieren.' Sie gibt den Figuren ihre Kraft. Doch die Sehnsucht gilt nicht der Heimat. Der Ort des Begehrens bleibt unbestimmt."[418]

Eine Ausnahme sind die Veröffentlichungen ihrer Landsmännin Saliha Scheinhardt. Ihre authentischen Erzählungen orientieren sich an der Wirklichkeit, am Schicksal türkischer Frauen und Mädchen. Sie recherchiert deren Lebenswege, fühlt sich in sie ein und stilisiert sie literarisch. Drei Erzählbände, die eine Einheit bilden, sind bisher erschienen: „Und die Frauen weinten Blut" (1985) schildert den Weg türkischer Frauen aus Ostanatolien in die Gecekondus, die Slums der türkischen Großstädte. Von dort wandern viele nach Mitteleuropa weiter. „Drei Zypressen" (1984) beschreibt drei türkische Frauenschicksale in der Bundesrepublik, deren Not und Verzweiflung. Ihre erste Veröffentlichung, „Frauen, die sterben, ohne daß sie gelebt hätten" (1983), müßte eigentlich die letzte sein: Sie zeigt das blutige Ergebnis der Auswanderung: In größter Angst erschlägt eine Türkin ihren Ehemann und verbüßt nun eine mehrjährige Gefängnisstrafe. Saliha Scheinhardt hielt mit dieser Trilogie die Auswanderungsgeschichte der Türken aus Ostanatolien in die Metropolen der Industrienationen fest. Es geht ihr allerdings nicht in erster Linie um Ausländerfeindlichkeit in der Bundesrepublik oder Ausbeutung auf dem Arbeitsmarkt. Sie hat diese Geschichte aus der Sicht betroffener Frauen geschrieben, aus der Sicht von

Frauen, die nicht allein unter dem Druck der Fremde leiden, sondern mehr noch unter ihren Männern, Vätern und Brüdern.

Hinweisen will ich hier auf eine Veröffentlichung, die in diese Reihe gehört: Vera Kamenkos „Unter uns war Krieg", eine autobiographische Lebensgeschichte. Mit siebzehn wird die Jugoslawin schwanger und heiratet, die Ehe geht schief. Ohne finanzielle Hilfe und arbeitslos wird die junge Mutter nach Deutschland vermittelt; ihren Sohn läßt sie bei ihrer Mutter zurück. In der Fremde steht sie an einer Drehbank und lebt im Wohnheim, ehe sie mit Hasan, einem türkischen Arbeiter, zusammenzieht. Später holt sie ihren kleinen Sohn in ihre Einzimmerwohnung, in der nun drei Menschen hausen. Enge und Aussichtslosigkeit treiben Vera zur Verzweiflung, bis sie schließlich ihr Kind erschlägt: „Ich habe nachher immer mehr geschlagen, ich wußte nicht mehr, was ich tue"[419], schreibt sie. Not kennt kein Gebot. Wie die Gesetze der Moral wandeln sich die Gefühle und passen sich den ökonomischen Bedingungen an; das Kind wird der Fremde geopfert, die Mutter zu drei Jahren Gefängnis verurteilt. Im Gefängnis bringt sie ihre Geschichte zu Papier.

Um solche Frauenschicksale zu verstehen, ist es notwendig, die Bedingungen kennenzulernen, unter denen Gastarbeiterinnen aufwachsen. Je stärker Frauen in ihren Herkunftsländern in Familien gepreßt und vom patriarchalischen Verhalten ihrer Männer unterjocht werden, desto schwerer fällt es ihnen, sich in der Fremde zurechtzufinden. Ich will dies beispielhaft an türkischen Frauen und ihren Rollenkonflikten in der Bundesrepublik zeigen. Es gibt sicher kaum einen größeren Entwicklungsschritt für eine Frau, als aus einem agrarisch strukturierten und mohammedanisch geprägten Land wie Anatolien in die hochtechnisierte Welt Mitteleuropas zu emigrieren. Ganze Welten, Jahrhunderte müssen überbrückt werden. An diesem Extrem wird die Verunsicherung und existentielle Not vieler Ausländerinnen deutlich.

1. Frauen in der türkischen Gesellschaft

Noch heute beherrscht der Islam das Leben in der türkischen Gesellschaft. Daran änderten auch die Reformen wenig, die Kemal Mustapha Atatürk, der erste türkische Staatspräsident, nach der Gründung der türkischen Republik zwischen 1923 und 1938 betrieb. Atatürk versuchte zwar, die Trennung von Staat und Religion so radikal als möglich durchzusetzen — 1928 schaffte der Reformer den Islam als Staatsreligion ab und versuchte, jahrhundertealte Herrschaft zu beenden —, die Türkei nach westlichem Vorbild zu verändern und die Gleichberechtigung zwischen Mann und Frau gesetzlich festzuschreiben, doch das Leben auf dem Land wurde von all diesen Reformen kaum berührt.

Frauen erhielten zwar 1930 aktives und passives Wahlrecht bei Kommunalwahlen, 1934 auch für die Wahlen zur großen Nationalversammlung; die allgemeine Schulpflicht wurde eingeführt, um die gleiche Grundausbildung für beide Geschlechter zu gewährleisten; die Polygamie wurde abgeschafft, die Zivilehe möglich; das neue Scheidungsrecht stellte Frauen den Männern gleich; in Kampagnen wurden „Tschador", der Schleier, und traditionelle Kleidung der Frau bekämpft.

Die Frauen in den Städten nutzten die rechtliche Besserstellung: Die Zahl der Schülerinnen an mittleren und höheren Schulen stieg sprunghaft, und bereits 1931 legten 33 Frauen an der Universität Istanbul ihr Examen ab.[420] Für die Mehrzahl der türkischen Frauen, die sich auf dem Land mit schwerer Feldarbeit abplagen mußten, standen diese Reformen jedoch nur auf dem Papier. Althergebrachte Traditionen und patriarchalisch geprägte Hierarchien dominierten sie ungebrochen.

Daran hat sich bis heute wenig geändert. Die politischen Reformen konnten nicht umgesetzt werden, weil die bestehenden Machtstrukturen unverändert blieben. In der islamischen Gesellschaft ist die Unterdrückung der Frau Ausdruck einer ökonomischen Struktur, die auf Landbesitz beruht, auf Abstammung, Erbnachfolge und der patriarchalischen Familie: „Solange der arme Bauer von der Gnade der Großgrundbesitzer und städtischen Wucherer abhängig blieb und die Besitzverhältnisse nicht zu seinen Gunsten verschoben wurden, konnten auch Frauen auf dem Land nicht von diesen Reformen profitieren."[421] So besaßen nach einer 1976 veröffentlichten Statistik 82 Prozent der Bauernfamilien keinen oder nur sehr wenig Boden.[422] Während in den Städten heutzutage immerhin eine halbe Million Frauen einen Beruf erlernen konnten[423], blieb in diesen feudal geprägten Gebieten die Frau Arbeitssklavin des Mannes. Vom ersten Augenblick ihres Lebens an wird sie zur Unterordnung erzogen:

„Alle Kinder, die gesund und normal zur Welt kommen, werden sich auch als ganze Menschen fühlen — nur die weiblichen Kinder nicht. Vom Augenblick ihrer Geburt an, noch bevor es die ersten Worte lernt, wird ein Mädchen bemerken, wie man es anschaut: den Blicken, dem Ausdruck der Augen kann es entnehmen, daß ihm ‚etwas fehlt', daß es ‚unvollständig' geboren sei. Und die Frage wird es verfolgen, von ihrer Geburt bis zum Tod: ‚Warum?' Das Gefühl, nicht willkommen zu sein auf dieser Welt, ist für ein weibliches Wesen die erste Erfahrung gesellschaftlicher Aggression. In manchen Familien, vor allem in den ländlichen Gebieten, bleibt es nicht bei diesem ‚kühlen Empfang': oft herrscht Trauer oder Niedergeschlagenheit, manchmal wird die Mutter sogar bestraft — mit Beleidigungen, Schlägen oder der Scheidung."[424]

Eine Beschreibung, die für alle islamischen Länder gilt: Eine Frau zählt nichts.

Entsprechend seiner gesellschaftlichen Minderbewertung, wird ein türkisches Mädchen bereits mit fünf, sechs Jahren an seine spätere Rolle als Hausfrau und Mutter gewöhnt: Es muß kochen, waschen und seine jüngeren Geschwister versorgen. Schulbildung scheint überflüssiger Luxus, denn nach der Pubertät steht ohnehin die Verheiratung an: Die aufblühende Frau wird an den verkauft, der den höchsten Brautpreis bietet. Von nun an ist die Fruchtbarkeit gefragt. Sie, die als Jungfrau in die Ehe zu gehen hat, muß nun Kinder gebären, denn Kinder bedeuten in ländlichen Gebieten Arbeitskraft und Altersversorgung: „Kinder sind dann auch das einzige Statussymbol der Frau, deren sonstige natürliche Eigenschaften, wie Jugend und Schönheit, hinten anstehen."[425]

Richtet sich das Ansehen einer verheirateten Frau nach der Kinderzahl, vor allem den männlichen Nachkommen, die sie der Familie beschert, so bemißt sich ihr Wert an ihrer Arbeitskraft: Eine verheiratete Frau auf dem Land ist Tag für Tag und von früh bis spät bei der Feldarbeit. Beruflicher Alltag, der sich an einem bestimmten Bildungsniveau orientiert, steht außerhalb des Gesichtskreises türkischer Dorfbewohner. Noch 1970 waren mehr als 70 Prozent aller Frauen Analphabetinnen.[426]

Das gesellschaftliche Leben ist zweigeteilt, in eine Männer- und eine Frauengesellschaft. Mann und Frau begegnen sich nur innerhalb von Ehe und Familie. Männer dominieren in der Öffentlichkeit, Frauen können sich allenfalls in abgeschlossenen Zirkeln untereinander treffen, ihre Jugend, Schönheit und Sexualität wird unterdrückt: „Ansehen und Reputation einer Familie sind oft unwiderruflich verloren, wenn eine der Töchter vorzeitig entjungfert wird — selbst wenn sie Opfer einer Vergewaltigung wurde. Das Opfer ist für den Rest seines Lebens zur Ehrlosigkeit verdammt. Die Ehre des Mädchens ist ihr Jungfernhäutchen; der Verlust des Hymen — ganz gleich aus welchem Grund, in welchem Alter, ob in der frühen Kindheit oder infolge einer Vergewaltigung — ist nicht wieder gutzumachen."[427] Ein kleines Häutchen, von dessen Unversehrtheit auch die Ehre der Männer abhängt. Es zu schützen, werden Mädchen von frühesten Lebensjahren an zu Demut und Gehorsam erzogen, gehalten als willfährige Dienerinnen ihrer Väter, Brüder und später ihrer Männer.

In den Städten sind Frauen inzwischen emanzipierter; sie sind zum großen Teil berufstätig, als Hilfsarbeiterinnen oder Putzfrauen, und tragen erheblich zum Familieneinkommen bei. Die Vormacht der Männer ist dadurch zwar nicht gebrochen und die Gleichstellung der Frau nicht in Sicht. Die wirtschaftliche Notwendigkeit, den Familienunterhalt mitzubestreiten, sichert den städtischen Frauen aber zunehmend mehr Unabhängigkeit.

In den Mittelschichten wird die Ausbildung der Töchter eifrig betrieben, aber in erster Linie unter dem Gesichtspunkt, ihre Heiratschancen zu verbessern, weniger deshalb, um ihnen eine eigenständige Existenz zu sichern.[428]

Getragen wird der gültige Verhaltenskodex von der gesamten Gesellschaft. Sie achtet darauf, daß keiner die bestehenden Normen verletzt und daß Sitte und Moral eingehalten werden. Ideologisches Fundament sind Islam und Koran. Mahmut Makal, türkischer Lehrer und Schriftsteller in Berlin, schreibt: „Männer sollen vor Frauen bevorzugt werden, weil Allah auch die einen vor den anderen mit Vorzügen begabte." Entsprechend schreibt der Koran vor: „Rechtschaffene Frauen sollen gehorsam, treu und verschwiegen sein, damit auch Allah sie beschütze. Denjenigen Frauen aber, von denen ihr fürchtet, daß sie euch durch ihr Betragen erzürnen, gebt Verweise, enthaltet euch ihrer, sperrt sie in ihre Gemächer und züchtigt sie. Gehorchen sie euch aber, dann sucht keine Gelegenheit gegen sie zu zürnen."[429] Der Islam fordert Unterwerfung und bedingungslosen Gehorsam unter die Gesetze Allahs. Frauen werden so unter die Herrschaft ihrer Väter und Männer gezwungen, die Männer wiederum unter die Gewalt der weltlichen Herrscher. Die fast fatalistische Ergebenheit eines Moslems in sein Schicksal, das durch die Fügung Allahs bestimmt wird, trägt wesentlich zur Stabilisierung bestehender Hierarchien bei.[430]

Seit dem Zweiten Weltkrieg nimmt die Macht des Islam wieder zu, Koranschulen gewinnen an Bedeutung, neue Moscheen werden gebaut, alte restauriert. Nach iranischem Vorbild versuchen auch in der Türkei reaktionäre islamische Gruppen, die in den Städten vorangetriebene Emanzipation von Frauen zurückzuschrauben und den Islam als gesellschaftliches Leitbild erneut zu installieren; auf dem Land hat er diese Bedeutung ohnehin nie verloren.

2. Türkische Frauen in der Fremde

Die Gesetze Allahs gelten für türkische Frauen und Mädchen auch in der Bundesrepublik. Während erwachsene Frauen ihr türkisches Getto und somit ihre Frauenrolle kaum verlassen, geraten heranwachsende Mädchen in Loyalitäts- und Identitätskonflikte. Die Eltern richten Erziehung noch nach den Mustern des Heimatlandes aus, doch das Leben in der Bundesrepublik fordert andere, zum Teil konträre Verhaltensweisen.

So werden Mädchen zwar auch hier früh auf ihre Rolle als Hausfrau und Mutter vorbereitet, und Eltern sehen nach wie vor in der jungfräulichen Verheiratung ihrer Töchter das höchste Erziehungsziel; doch in der Bundesrepublik werden die jungen Mädchen — durch Ausbildung und allgemeine Schulpflicht — mit der ausgeprägten Jugendphase gleichaltriger deutscher Jugendlicher konfrontiert, mit deren Ablösungsphase vom Elternhaus, der Entwicklung einer eigenen Persönlichkeit und beruflichen Perspektive, mit deren Hinwendung zu Gleichaltrigen und zum anderen Geschlecht, wenn man so will: mit deren Individuation.

Die Werte türkischer Erziehung höhlen aus und verlieren ihre Verbindlichkeit. Anders als in der Türkei, in der die Gesellschaft kaum von gültigen Normen abweichendes Verhalten zuläßt, provoziert die deutsche Umwelt geradezu, den bestehenden Verhaltenskodex zu verletzen.

Eltern sehen deshalb Sitte und Moral zunehmend gefährdet und verteidigen mit der Jungfräulichkeit ihrer Töchter ihre eigenen Lebenswerte. Da der äußere Schutz der Gesellschaft in der Bundesrepublik wegfällt, ersetzen sie ihn durch familiären Zwang: Freiräume türkischer Mädchen werden in der Fremde noch mehr beschnitten als in der Heimat. Dort können Töchter sich ungezwungen mit Freundinnen treffen, schließlich wacht das ganze Dorf; hier dagegen wird ihnen kaum frei verfügbare Zeit zugestanden, weil jeder Kontakt mit Gleichaltrigen die Moral zu verletzen droht.

Der Druck auf türkische Mädchen ist in der Fremde deshalb ungleich größer als in der ursprünglichen Heimat. Einerseits erleben sie die Freiheiten deutscher Jugendlicher, gleichzeitig versuchen ihre Familien, sie so umfassend als möglich nach außen abzuschirmen. „Die widersprüchlichen Erfahrungen und Anforderungen führen zu Verunsicherung über die zu entwickelnden Verhaltensweisen, schlagen sich nicht selten in einer ambivalenten Einstellung gegenüber bestimmten Werten und Normen nieder und finden ihren Ausdruck im Gefühl, nirgends zu Hause zu sein. Es ist für die Mädchen ein schwieriger und langwieriger Prozeß, sich mit den Widersprüchen auseinanderzusetzen und zu einer Identität zu finden, zumal sie dabei auf keine Vorbilder zurückgreifen können. (Ihre Mütter waren nicht in diesem Konflikt.)"[431]

Die Auswirkungen all dieser Widersprüche zeigen sich dann auch sehr deutlich:

„Entweder versuchen die Mädchen, den eigenen Willen, die eigenen Wünsche, die sie entdeckt haben, auch gegen die Eltern aufrechtzuerhalten und ihre Realisierung mit Auflehnung bis hin zu konfliktbeladenen Ausbruchsversuchen durchzusetzen, wie z.B. durch Weglaufen und Selbstmordversuche. Dies wiederum kann zu extremen Reaktionen der Eltern — wie Einsperren der Mädchen — führen. Oder aber sie verinnerlichen die Vorstellungen und Werthaltungen der Eltern und verdrängen und beschränken ihre eigenen Bedürfnisse und Wünsche; das führt letztlich zu einer allgemein resignativen Einstellung und resignierten Anpassung an die traditionelle Frauenrolle."[432]

Der gesellschaftliche Druck in der Bundesrepublik verstärkt den resignativen Rückzug junger Türkinnen, deren Verhalten für das aller Ausländerinnen steht: Arbeitslosigkeit und Ausländerfeindlichkeit treiben sie in ihre traditionelle Frauenrolle zurück, die sie auf dem Boden der freiheitlich demokratischen Grundordnung doch gerade verlassen wollen. Da Eltern und Lehrer in der Ausbildung versagen und über 50 Prozent aller Mädchen keinen Hauptschulabschluß erreichen, sind ihre beruflichen Chancen gleich null: Nicht einmal zehn Prozent finden eine Lehrstelle.[433] Gezwungenermaßen werden sie auch in der Bundesrepublik zu Abhängigen ihrer Männer. Väter, Brüder und Ehemänner wiederum geben den gesellschaftlichen Druck, dem sie in der Bundesrepublik durch Ausbeutung und Ausländerfeindlichkeit ausgesetzt sind, an ihre Frauen weiter. Als unterstes Glied einer hierarchischen Gesellschaft sind sie am meisten benachteiligt: Als Frauen, als Ausländerinnen und speziell als Türkinnen.

3. Schreibend zur Emanzipation

Es gibt bemerkenswert wenige Frauen, die die Schwierigkeiten von Ausländerinnen thematisieren und dabei über die Darstellung allgemeiner Identitätskonflikte hinausgehen. Solange aber Frauen ihre Ängste und (Selbst-)Zweifel nur mit dem Etikett „Identitätskonflikt" belegen, erscheinen ihre Schwierigkeiten als persönliche Konflikte und nicht als das, was sie sind: Folge der massiven Unterdrückung in einer von Männern diktierten Welt.

Saliha Scheinhardt, heute Stadtschreiberin im Turm zu Offenbach, hat sich die Lebensgeschichten türkischer Frauen in der Fremde zu eigen gemacht. Geschichten, die sich merkwürdig gleichen, Geschichten, die zu Geschichte werden. Ihre bisherigen Veröffentlichungen bilden eine Trilogie, die die Unterdrückung türkischer Frauen erzählt.

„Frauen, die sterben, ohne daß sie gelebt hätten", Saliha Scheinhardts erstes Buch, beschreibt das Schicksal einer Türkin, die ihren türkischen Ehemann mit einem Beil erschlägt, weil er sie zum Analverkehr zwingen will, weil er sie schlägt, demütigt, auspeitscht und sie schließlich zu ermorden droht, falls sie seinem geschlechtlichen Verlangen nicht nachkommt.[434] Verzweifelt tötet sie ihn nach dieser Drohung.

Die Autorin schildert den Leidensweg dieser jungen Frau als inneren Monolog. Während sie im Gefängnis eine mehrjährige Strafe verbüßt, erinnert sie sich ihres Lebens: „In unseren Dörfern blieben in den Jahren nur noch alte Männer, Frauen und Kinder. Die Dörfer verloren ihren Geist, ihr Leben. Alle Arbeiten mußten von Frauen erledigt werden." Unter solchem Wandel wuchs das Mädchen heran, „die ‚Deutschlandwelle' hatte ein neues Leben und neue Lebensgewohnheiten ins Dorf gebracht", „alle Nachrichten, die wir durch Erzählungen, durch Briefe über Deutschland bekamen, waren umwerfend, unvorstellbar begeisternd."[435]

Eine Begeisterung, die durch Männer bestimmt wird. Entsprechend ihrer traditionellen Rolle als Frau wird das junge Mädchen kurzerhand nach Deutschland verheiratet:

„Ein Jahr später traf es mich wie der Blitz. Mein Bruder hatte mich seinem Freund versprochen.
An einem glühendheißen Augustabend kamen sie. Mein Bruder, meine

Schwägerin, die Kinder. Sie brachten einen Gast, der später mein Mann wurde.
Es ging alles blitzartig. Bis zur Hochzeitsnacht hatten wir kaum ein Wort miteinander gesprochen. Ich hatte keine Zeit, keinen Mut und keine Gelegenheit, überhaupt irgendeine Frage zu stellen. [...] Es war für meine Eltern nicht einmal notwendig, über diesen fremden Mann einige ganz oberflächliche Angaben zu erhalten: seinen Namen, sein Alter und daß er aus einem der fernliegenden Dörfer der Kreisstadt stammte. Daß er in Deutschland arbeitete, sagte uns alles, es war genug, um ihm das ‚Jawort' zu geben."[436]

Von nun an bestimmt Deutschland ihr Leben, doch als Türkin bleibt das neue Land ein ferner Traum: „Der erste Kontakt mit den Deutschen ergab sich im Krankenhaus, der zweite im Knast. Wenn ich in die Heimat abgeschoben werde", so resümiert sie im Gefängnis, „werden mich die Leute fragen, ‚Du kommst doch aus Deutschland, wie läßt es sich dort leben?' Was soll ich sagen, mein Deutschland besteht nur aus schlechten Erinnerungen, kahlen Wänden und Knastmief."[437]

Derart isoliert ist diese junge Frau den sexuellen Wünschen ihres Mannes bedingungslos ausgeliefert. Entsprechend den Gesetzen des Korans ist Analverkehr für sie „sittenwidrig". Sie verweigert sich und wird deshalb von ihrem Mann geschlagen und gefoltert, solange, bis sie ihn schließlich erschlägt.

Einfühlsam beschreibt Saliha Scheinhardt, daß Verzweiflung und Einsamkeit in der Fremde Bedingungen für diesen Totschlag sind: In ihrer Kindheit hörte sie davon, daß eine Frau aus einem Nachbardorf ebenfalls zum Analverkehr gezwungen wurde. Sie ging zum Hoca, dem islamischen Geistlichen, der stellte den Mann zur Rede und schiedete das Paar. Später schwor der Mann, „seine Sünde nie zu wiederholen" und so konnte das Paar erneut getraut werden. „Ich habe mich oft an diese Geschichte erinnert", erzählt die zum Mord Getriebene, „in meiner Not habe ich jemanden gesucht, dem ich von meinem Schicksal berichten und um Rat bitten konnte. Ich hatte niemanden."[438]

Das Leid von Frauen in der Fremde wird an dieser Erzählung nacherlebbar. Der Leser erfährt, wie eine Frau in Jahren der Einsamkeit zum Mord getrieben wird, weil sie keine Hilfe und keinen Ausweg findet. Die Geschichte ist gewiß nicht typisch für türkische Frauen, nicht jede Frau erschlägt ihren Ehemann. Bezeichnend aber scheint die Ohnmacht dieser Frau: Allzu viele Türkinnen sind der Willkür ihrer Ehemänner, Väter,

Brüder und Söhne bedingungslos ausgeliefert, weil die Gesetze Allahs auch im neuen Land den Frauen uneingeschränkte Ergebenheit abfordern. Dies zu zeigen, ist die Leistung Saliha Scheinhardts.

Ihre authentischen Erzählungen sind ohne Ausnahme diesem Thema gewidmet. Beschreibt ihre erste Veröffentlichung das Leben einer türkischen Frau, die nach Deutschland verheiratet wird und erst als Erwachsene die neue Welt kennenlernt, so geht „Drei Zypressen" dem Leben der zweiten (Frauen-)Generation nach.

Drei Zypressen stehen als Sinnbild für das Leben dreier Frauen: Gülnaz, Zümrüt und Zeynep. Auch hier eine Wirklichkeit, die uns Deutschen fremd erscheint. Umso erstaunlicher ist es, daß es der Autorin auch hier gelingt, das unterschiedliche Erleben dieser Frauen zu übersetzen und uns vor Augen zu führen, was es heißt, als Türkin in der Fremde aufzuwachsen.

Zeynep beispielsweise: Sie wurde wie ihre Brüder nach Deutschland nachgeholt. Saliha Scheinhardt beschreibt wie in Deutschland die türkischen Sitten und Moralvorstellungen noch strenger eingehalten werden müssen als in Anatolien: Das Mädchen wurde geschlagen und ausgehorcht, bespitzelt und gefoltert, nur weil es mit einem Jungen gesehen wurde. Es sollte so werden, wie türkische Frauen in der Heimat: „Sie sind wohlbehütete Töchter, treue Ehefrauen, tüchtige Arbeitstiere."[439]

Doch Zeynep konnte aus dieser Reihe, die auch ihr Leben bestimmen sollte, ausbrechen: Mit sechzehn liebt sie den Sohn ihrer Lehrerin, zieht mit ihm zusammen — und wird von ihrer Familie fortan wie eine Tote behandelt. Die Liebesbeziehung scheitert, Werner ist nicht der erträumte Märchenprinz, der Retter in der Not, er ist schlicht überfordert.

Eine Rückkehr in den Schoß der Familie ist nicht mehr möglich, der Vater verstößt seine Tochter, um die Familienehre zu retten: „Wie leicht war es", stellt Zeynep anklagend fest, „wie leicht war es, das eigene Kind zu verstoßen, wenn es nicht nach den altertümlichen Vorstellungen der Eltern tanzte. Wie unmenschlich konnten diese frommen Menschen sein, wenn ihre Töchter den elementarsten Freiheiten nachgingen. Es halfen keine Tränen, keine Reue."[440] Ohne äußeren Halt, ohne Lehrstelle und Arbeit, ohne Geld und Wohnung, verlassen von ihrem Freund und ihrer Familie, findet Zeynep schließlich Zuflucht im Frauenhaus und in ihren Träumen — und geht ihren eigenen Weg.

Es ist eine Geschichte, die ermutigen soll. Saliha Scheinhardt schreibt hier für die Emanzipation ihrer türkischen Landsfrauen. Ein neues Selbstverständnis drückt sich in dieser Erzählung aus: das Selbstverständnis, sich das elementare Recht zu leben notfalls auf Kosten familiärer Bindungen zu nehmen. Für uns Deutsche erscheint dies selbstverständlich, für eine Türkin ist es eine bewundernswerte Emanzipationsleistung. Sie zu erbringen, muß sich jede Türkin — wie Gülnaz — ihrer Frauenrolle zuerst bewußt werden:

„Ich liebe meinen Mann, ich liebe meinen Vater. Ich liebe meinen Mann wie meinen Vater. Ich verachte meinen Mannn und kann es nicht laut sagen. Er ist ein Mann. Ich hasse meinen Vater und darf es nicht zeigen. Er ist ein Mann. Ich verabscheue den Meister und kann nicht weglaufen. Er ist ein Mann. Dennoch liebe ich meinen Mann, der mich mit der Kraft seines Körpers zu seiner Frau gemacht hat. Ich liebe meinen Vater; so muß es sein, sagte man mir.
Oder fürchte ich sie alle?"[441]

Saliha Scheinhardts dritte Veröffentlichung, „Und die Frauen weinten Blut", beschäftigt sich mit den Voraussetzungen der Deutschland-Emigration: mit dem Strukturwandel der Landwirtschaft, dem Einsatz von Maschinen in der Osttürkei, der zunehmenden Verarmung von Landarbeitern und Landarbeiterinnen und der daraus resultierenden Landflucht:

„Dann kam die Zeit der Landmaschinen. Nach und nach zogen gelbe, blaue, rote Traktoren, Bewässerungsanlagen und Pflückmaschinen in das Land. Die Menschen, die ohnehin mit der vorhandenen Arbeit, aber vor allem mit den Löhnen gerade die größte Not abwehren konnten, waren machtlos gegen die Maschinen. [...] Vor allem Frauen und Kinder fuhren mit Schlagstöcken oder mit Steinen bewaffnet auf die Teufel los, die gekommen waren, die letzten Hoffnungen auf ihre Existenzgrundlage, nämlich eine Arbeit, zu zerstören. [...]
Nach diesen Ereignissen erschien es vielen Bauern zwecklos, gegen die Macht der Herrschenden anzugehen, so verließen sie nach und nach ihre kleinen Felder, die natürlich dann zu Spottpreisen in die Hände der Wucherer und Großgrundbesitzer fielen. Die Armen zogen in die Städte, von Hoffnungen beseelt, die Reichen übernahmen ihre Ländereien und wurden reicher und reicher. Etwa in denselben Jahren beschleunigte sich zugleich die Auswanderung ins Ausland, aber nur wenige wagten sofort den Sprung vom Dorf in die Fremde. In den Dörfern blieben nur die Alten und Kranken oder Frauen, deren Männer schon seit Jahren in der Stadt arbeiteten und es nicht schafften, ihre Familien nachziehen zu lassen."[442]

Doch auch hier ist es nicht allein der Strukturwandel der Öffentlichkeit, dem die türkische Autorin nachgeht, sondern in erster Linie das Schicksal von Frauen und Kindern, die von diesem Strukturwandel besonders betroffen sind. Denn sie sind nicht nur von ihren Ehemännern und Vätern abhängig, sie werden bis zum körperlichen Zusammenbruch ausgebeutet: „Die Frauen waren am schlimmsten betroffen. Welche Demütigung für eine Frau, unter der Peitsche eines Sklaventreibers schuften zu müssen und nie genug zu sein! Viele Frauen verließen ihre Dörfer, um weit weg Erntearbeit zu machen. Manche nahmen ihre Säuglinge mit, damit sie sie bei sich hatten und in den Pausen stillen konnten. Am leichtesten war es, die Löhne der Schwangeren oder Frauen, die kleine Babys hatten, niedrig zu halten. Diese Frauen verloren ihre Jugend, ihre Schönheit in den Tee-, Haselnuß-, Baumwollplantagen und in den Tabakfeldern."[443]

Müssen solche Frauen alleine leben, sei es durch Krankheit und Tod des Ehemannes oder durch Scheidung, so wird ihnen in der Türkei kein selbstverantwortliches Leben zugestanden. Die Männergesellschaft fordert Unterordnung unter andere Männer. Eine alleinstehende Frau wird, wie dies die Geschichte der Kurdin Dilan Baci zeigt, erneut verheiratet und einem Mann unterjocht. Ihm folgt sie in die Slums der Großstädte, seinetwegen muß sie erstmals ihre Arbeitskraft verkaufen: „Wir haben nicht über den Preis meiner Arbeitskraft verhandelt", muß sie eingestehen. „Ich sagte ja. Es waren seltene Male in meinem Leben, in denen ich es mir leisten konnte, entschieden nein zu sagen. Wie immer ging es auch jetzt um das Schicksal meiner Kinder."[444]

Wie in ihren früheren Veröffentlichungen begnügt sich Saliha Scheinhardt auch hier nicht damit, die Unterdrückung ihrer Landsfrauen darzustellen und deutsche Leser für den Leidensweg von Türkinnen zu sensibilisieren. Auch hier sind die Erzählungen von der Hoffnung geprägt, daß (türkische) Frauen sich auch innerhalb einer patriarchalischen und frauenfeindlichen Männergesellschaft behaupten können und die Opfer, die Frauen seit Jahrhunderten ihren Männern darbringen, eines Tages nicht mehr nötig sein werden: „Ich bin stark", versichert eine der beschriebenen Türkinnen, „ich muß und werde meinen eigenen Weg gehen ..."[445] Wer so spricht, meint sich nicht allein, sondern alle Unterdrückten.

VIII. Das gesprochene Wort

Im Mittelalter wurden in Deutschland Fabeln, Sagen, Märchen, Lieder und Geschichten mündlich überliefert und verbreitet.[446] Die mittelalterlichen Minnesänger und Ependichter erzählten und sangen ihre Lieder und Geschichten. Lesen und schreiben konnten damals nur Pfaffen, Schreiber und wenige Adelige[447], so daß Erzählen die einzige Möglichkeit war, einen Tristan oder Parzival dem Publikum näher zu bringen.[448]

„Die Vorstellung, daß Literatur für Leser bestimmt ist und daß literarische Kenntnisse durch Bücher vermittelt werden, gilt für die höfische Gesellschaft nur mit vielen Einschränkungen. Die meisten Adeligen [und noch weniger die Nicht-Adeligen] waren außerstande, ein Buch zu lesen. Aber auch wer lesen konnte, hat sich offenbar nur in geringem Umfang dieser Fähigkeit bedient."[449]

Volkslieder und Volksgeschichten wurden noch bis ins 18. Jahrhundert auf diese Weise überliefert. Wunder- und Mordgeschichten, Familienhändel und Bubenstücke verkürzten die langen Winterabende einer Zeit ohne elektronische Medien. Im gesprochenen Wort lebte die Tradition.[450]

In unserer Gesellschaft haben mündliche Überlieferung und gesprochenes Wort keine Bedeutung mehr. Der Reichtum, der in verschiedenen Erzählvarianten bestand, ging verloren. Bislang erzählte Geschichten wurden aufgeschrieben und in Büchern weitergereicht. Das geschriebene Wort setzte sich durch und verdrängte alle nicht schriftlich fixierten Abweichungen.[451]

In Kulturen, in denen Lesen und Schreiben nicht die überragende Bedeutung erhielten wie in den Ländern des Abendlandes, wurden Volksmärchen und Volksgeschichten bis ins 20. Jahrhundert mündlich weitergetragen. Das geschriebene Wort konnte dort das gesprochene nicht verdrängen. Zu diesen Ländern gehören die arabischen Staaten und die Türkei[452], Länder aus denen Gastarbeiter nach Deutschland kamen. Sie brachten der deutschen Kultur verloren Gegangenes zurück: das gesprochene Wort.

Wer in der türkischen Geschichte nach einem Volksdichter sucht, der bis heute lebendig geblieben ist, der wird auf Nasreddin Hodscha stoßen.

Er ist der Till Eulenspiegel der türkischen Kultur, dessen Geschichten und Streiche weit über die Landesgrenzen der Türkei bekannt und vor allem in asiatischen Ländern verbreitet sind. Mit den Gastarbeitern kamen seine Weisheiten nach Westdeutschland.[453] Ein Beispiel der überlieferten Geschichten:

„Mit sich selbst verwechselt

Als Hodscha selig im Basar
Wieder einmal zum Bummeln war,
Spricht er dort irgendeinen an.
Er mag des Mannes netten Ton
Und denkt: ‚Wie schön spricht dieser Mann!
Verscheucht sind meine Sorgen schon.'
Schließlich wollen sie sich trennen;
Da will Hodscha seinen Namen kennen:
— ‚Verzeiht, Herr Nachbar, wie werdet ihr genannt?'
Darauf dieser wutentbrannt:
— ‚Wenn du mich nicht kanntest', ist die Antwort,
‚Warum dann sprachst du mit mir immerfort?'
Hodscha verschlägt es die Sprache.
Recht hat er, wie er auch heißt.
Doch bei jeder vertrackten Sache
Ist Hodscha ein Erfindergeist!
Dem Mann schenkt er reinen Wein ein:
— ‚Dein Turban ist ganz der meine;
Deine Schleife ist die meine;
Ich dachte, ich bin dieser Mann.
Das muß der Grund gewesen sein.'"[454]

Die Geschichten eines Nasreddin Hodscha und das überlieferte türkische Volksgut haben im Abendland bislang kaum Verbreitung gefunden.

Anders die arabische Erzählkunst. Wer kennt nicht die Märchen aus ‚Tausendundeine Nacht', wer ist nicht in seinen Jugendjahren von ‚Alâ ed-Din und der Wunderlampe' oder von ‚Ali Baba und den vierzig Räubern' fasziniert worden? Die Rahmenerzählung dieser Märchensammlung ist das Vorbild für alle Märchenerzähler, die im arabischen Raum bis weit ins 20. Jahrhundert das orientalische Märchengut pflegten und verbreiteten.[455] Sie beschreibt das, was orientalische Märchenerzähler auszeichnet: die Kunst des Erzählens. Da rettet eine Frau ihr Leben, weil sie durch ihren Geschichtenreichtum und ihr rednerisches Talent den königlichen Tyrannen so sehr fesselt, daß er ihre Hinrichtung Tag um Tag hinausschiebt: Nur so kann er die jeweilige Geschichte zu Ende hören.

Diese Rahmenerzählung hat noch heute in abgewandelter Form Gültigkeit. Noch heute leben arabische Märchenerzähler davon, daß sie in Kaffeehäusern und Restaurants ihr Publikum so faszinieren, daß es sich am nächsten Tag wieder einfindet, um die Fortsetzung der spannenden Story mitzuerleben. Der Kaffeehausbesitzer hat ein volles Haus, der Märchenerzähler seinen Lohn.[456]

Einzelne Einwanderer haben diese Tradition bewahrt und präsentieren sie nun einem deutschen Publikum. Vor allem der Syrer Rafik Schami und der Libanese Jusuf Naoum sorgen mit Märchen und Kaffeehauserzählungen dafür, daß das gesprochene Wort auf ihren Veranstaltungen seine frühere Bedeutung zurückerhält.

Beiden Autoren ist gemein, daß ihre Buchveröffentlichungen das nicht wiedergeben, was ihre Kunst ausmacht: das erzählerische Geschick. Da stellen sich zwei Künstler einem deutschen Publikum und verschanzen sich nicht, wie das sonst allerorten üblich ist, hinter gedruckten Lettern. Die Märchen und Kaffeehauserzählungen variieren zwar von Veranstaltung zu Veranstaltung, ihr jeweiliger Gehalt ist von der Stimmung des Erzählkünstlers und dem Temperament des Publikums abhängig, doch gerade situationsbedingte Abweichungen verleihen den einzelnen Geschichten ihren Reichtum: Märchen und Kaffeehausgeschichten „leben von der mündlichen Darstellung, von der direkten, sich ständiger Wandlung unterwerfenden Berührung mit den Zuhörern als Beteiligten. Die Gesalt der Geschichte verformt sich anhand der wechselnden Stimmung, der momentanen Eingebung, der fragend beteiligten, ungläubigen, zustimmenden oder ablehnenden Blicke der zuschauenden Zuhörer."[457] Geschichten des Augenblicks also, einmalig und nicht wiederholbar. „So gebiert der Autor nicht nur mit jedem nochmaligen Erzählen seine Märchen neu; auch für ihn selbst wird seine erzählte Literatur angesichts seiner Zuhörerschaft, angesichts der beteiligten Kinder und Erwachsenen zu einem persönlichen Jungbrunnen."[458]

Mit Jusuf Naoum und Rafik Schami kam eine Form der Literaturdarbietung nach Westdeutschland, die sich im Zeitalter technischer Reproduzierbarkeit nur bedingt verwirklichen kann. Das gesprochene Wort belegt ihren vorindustriellen Charakter. Es entfaltet sich in den Nischen von Theatercafes, Künstlerkneipen oder vor Schulklassen. Bereits dort, wo der

Erzähler auf einer Bühne sitzt und hell erleuchtet einem verdunkelten Publikum entgegenstarrt, stößt es an seine Grenzen: Die Kommunikation, die den Erzählfluß und Variantenreichtum trägt, unterbricht. Eine Buchveröffentlichung fixiert die Geschichten erneut. Der Leser verschwindet in der häuslichen Privatheit seines Wohnzimmers, der Erzähler hinter seiner Schreibmaschine. Die gedruckten Lettern beinhalten zwar die Wunderwelt arabischer Märchentradition, sie verweisen auf die Schläue Nasreddin Hodschas oder ganz allgemein auf die Erzählungen aus „Tausendundeine Nacht". Doch unmittelbarer Genuß und wechselseitige Bereicherung sind verschwunden.

Man mag sich damit trösten, daß durch eine Veröffentlichung keine fertigen, sondern nur gedruckte Texte entstehen. Die zu anderer Zeit und an anderen Orten erzählten Geschichten bleiben erneut für Veränderungen offen. Persische, türkische und arabische Literatur- und Erzähltradition lebt auch dann weiter, wenn der Erzähler sich den Gesetzen des Literaturmarktes beugt und eine seiner Märchenvarianten einem stillen Leser anvertraut.

Schließlich ist auch die fixierte Variante reich an Erzählkunst. Dies gilt für alle eingewanderten Schriftsteller: Die „objektiven Verhältnisse in diesem Land' zwingen sie „zu erzählen, laut und listig. Erzählen ist ein Gesprächsangebot an den Leser." „Bei einer Verstummung durch die elektronischen visuellen Medien ist Erzählen ein Beitrag zum kulturellen Widerstand."[459] Ein Widerstand, den deutsche Autoren längst aufgegeben haben.

1. Der Märchenerzähler

Rafik Schami hat bereits mehrere Bücher mit Märchen, Fabeln und phantastischen Geschichten veröffentlicht. „Das letzte Wort der Wanderratte" erreichte mühelos die dritte Auflage und 20.000 Leser. „Der erste Ritt durchs Nadelöhr" steht diesem Erfolg nicht nach und auch die überarbeitete Auflage von „Das Schaf im Wolfspelz" verspricht ein Bestseller zu werden.

Im Februar 1985 erhielt Rafik Schami den erstmals verliehenen Adalbert-von-Chamisso-Förderpreis, mit dem Autoren unterstützt werden, die — wie einst Chamisso — in deutscher Sprache schreiben, für die die deutsche Sprache allerdings eine Fremdsprache ist. All das belegt: Rafik Schami hat die Herzen deutscher Leser, Zuhörer und Literaturkritiker erobert.

Der syrische Einwanderer steht dabei ganz in der Tradition orientalischer Märchenerzähler. Seine vor Phantasie übersprudelnden Geschichten, die von Wunderlampen und sprechenden Büchern, von machthungrigen Königen und fliegenden Riesen handeln — sie alle erinnern an „Tausendundeine Nacht". Mit spielerischer Leichtigkeit führt uns der Autor von einer Wunderwelt in die nächste; er erzählt die Geschichte vom doch eigentlich dummen Schwein Teophil, das selbst den schlauen Fuchs hereinlegt und erfindet singende und tanzende Raupen, Blumen, die sich mit der Sonne anfreunden und mit dem Mond plaudern, ja sogar einen Hundezahnarzt, der lachend in seiner leeren Hundezahnarztpraxis auf Hundekundschaft wartet.[460]

Da gibt es die Liebesgeschichte des Elefanten Bobo, der sich in Susu, eine kleine Maus, verliebt und begreifen muß, wie schwierig es für eine Maus ist, einen Elefanten zu lieben, oder das Märchen vom kleinen Baum, der mit den Schwalben nach Süden flog, um dem kalten Winter im Norden zu entrinnen.[461]

All diese Geschichten führen in Traum- und Fabelwelten: Die Erzählkunst arabischer Märchentradition spricht aus ihnen; doch sie sind auch auf dem Boden deutscher Wirklichkeit gewachsen. Rafik Schami schreibt in seinen Märchen zwar nirgendwo von den Schwierigkeiten des Gastarbeiters, der in seiner Not zur Feder greift; doch zwischen den Zeilen legt er behutsam den Finger auf manche Unzulänglichkeit in unserem Land, etwa dann, wenn er die Sehnsucht des kleinen Bäumchens beschreibt, das dem ungastlichen Deutschland gern den Rücken kehren würde, um in der Heimat Wurzeln zu schlagen — wäre es nur möglich.

Die Sehnsucht wird als Märchen verkleidet. Der kleine Baum sehnt sich nach Wärme; Adel, ein kleiner Junge aus Heidelberg, läßt seinen Großvater wieder aufleben, wenn das Leben in der Fremde allzu trist erscheint: Aus Rauchschwaden tritt ein alter, gütiger Räuberhauptmann hervor. Die Phantasie wird im Märchen zur Wirklichkeit. Beleidigungen werden hier mit leichter Hand in ihr Gegenteil verkehrt:

> ‚,Kameltreiber ist doch ein Schimpfwort!' wandte Adel ein und winkte geringschätzig mit der Hand.
> ‚Was sagst du da? Ein Schimpfwort? Bei welchen Barbaren lebst du!? Dein Vater lobt sie über den grünen Klee!'

,Überall schimpfen die Leute so. Sogar mein Freund Horst sagt es, wenn ich ihn ärgere!'
,Dann ist er kein Freund. Ich kenne ihn nicht, aber ein Dummkopf ist niemals ein guter Freund. Weiß dieser Barbar, daß ein Kamel alle Sprachen der Welt versteht?'"462

Und so weiter, und so weiter. Im Märchen ist dies möglich; ohne große Anstrengung wird die Wirklichkeit auf den Kopf gestellt. Araber und Türken, die gelegentlich als „Kameltreiber" beschumpft werden, fühlen sich nun geschmeichelt. Derjenige, der die Beleidigung ausspricht, erscheint als Barbar, kennt er doch die hervorragenden Eigenschaften eines Kamels nicht.

Rafik Schamis Märchen leben von dieser Spannung. Seine Geschichten wurzeln in der Tradition arabischer Fabulierkunst, entstanden sind sie in Deutschland. Orient und Okzident durchdringen sich in seinem künstlerischen Schaffen.

2. Der Kaffeehauserzähler

Jusuf Naoum hat von dem, was ihn am meisten auszeichnet, bislang nichts veröffentlicht.[463] Denn Kaffeehauserzählungen lassen sich nur schwer in Bücher übertragen. Sie leben vom Augenblick und der in der jeweiligen Situation erzeugten Spannung. Mehr noch als die Märchen Rafik Schamis ist ihr Inhalt beliebig. Ihre Form allerdings gleicht der Geschichte aus „Tausendundeine Nacht". Wie die Erzählkunst Schehrezâds den mädchenmordenden König jahrelang fesselte und dazu verführte, der endlosen Geschichte am folgenden Tag weiter zuzuhören, so versucht auch Jusuf Naoum sein Publikum zu fesseln: Auch die Kaffeehauserzählung bricht dort ab, wo sie am spannendsten ist. Was Schehrezâds Überlebensprinzip war, ist dem Kaffeehauserzähler Lebensinteresse. Sein Publikum wird nur dann wieder erscheinen, wenn der Reiz der unvollendeten Geschichte über Nacht anhält. Dies versucht Jusuf Naoum einem deutschen Publikum nahezubringen.

Der libanesische Schriftsteller ist kein Kaffeehauserzähler. Er hat sich nur die Erzählform dieses Berufsstandes zu eigen gemacht und führt sie in der Bundesrepublik vor. Deshalb erscheint die Form des Kaffeehauserzählens bei Jusuf Naoum immer schon reflektiert. Sie darzustellen, ist der Sinn von Naoums Vortragsreisen. Deutsche Zuhörer werden denn auch selten in den Genuß kommen, eine Kaffeehauserzählung über mehrere Tage verfolgen zu können. Sie werden aber, wenn sie Naoums Kaffeehauserzählungen auch nur einen Abend hören, einen Eindruck davon bekommen, welch kommunikative Bedeutung die Kunst des Erzählens für Publikum und Erzähler einst hatte.

IX. Literatur auf Abruf?

Gastarbeiterautoren und -Autorinnen haben sich mittlerweile einen beachtlichen Leserkreis erschrieben. Die Vielzahl ständiger Neuerscheinungen und die zum Teil beachtlich hohen Auflagen belegen dies. Der Erfolg dieser Literatur beruht auf der einmaligen Verquickung deutscher und fremdländischer Kultur.

Wenn sich im Schreiben der Gastarbeiter die Tradition ihrer Herkunftsländer mit der Mitteleuropas überschneidet und zu einer einzigartigen Synthese findet, so stellt sich zwangsläufig die Frage, wohin diese Literatur gehört: Zum deutschen Kulturkreis, zum fremdländischen oder zu beiden?

Die Gastarbeiterliteratur gibt die Antwort selbst: Zunehmend mehr Autoren und Autorinnen bemächtigen sich der deutschen Sprache und dokumentieren damit, daß sie dem hiesigen Kulturkreis angehören. Übersetzungen aus dem Türkischen oder Italienischen werden allmählich zur Ausnahme. Die Werke Saliha Scheinhardts interessieren nur ein deutsches Publikum, die Märchen Rafik Schamis fänden im arabischen Lebensraum nur schwer einen Zuhörer. Der deutsche Literaturmarkt hat sich dieses Genres bemächtigt.

Die Autoren wiederum reagieren auf die Gesetze des Marktes und passen sich den Erfordernissen an: Der diffuse Begriff „Gastarbeiterliteratur" verschwindet allmählich und macht einzelnen Autoren Platz. Diese Autoren verstehen sich zwar nach wie vor als Vertreter dieses Genres, sie präsentieren sich aber zunehmend ihren deutschen Lesern als Individuum, als Schriftsteller mit einer jeweils spezifischen Art zu schreiben.

Das war nicht immer so. In den Jahren des Anfangs erschienen vorwiegend Anthologien, in denen sich Gastarbeiterautoren und -Autorinnen als Einheit vorstellten: Sieht man einmal von Aras Ören ab, der bereits in den siebziger Jahren als Buchautor Berühmtheit erlangte und bezeichnenderweise in keiner Anthologie zu finden ist, dann fielen Einzelautoren allenfalls Kennern der Szene auf. Heute sind Namen wie Franco Biondi, Aysel Özakin, Saliha Scheinhardt, Rafik Schami oder Şinasi Dikmen ein Begriff.

Mit ihren Namen verbinden sich bestimmte Schreibhaltungen, Erfahrungen, Erzählweisen oder Gattungen.

Obwohl noch immer Anthologien erscheinen, ist diese Publikationsform der Entwicklung des Genres „Gastarbeiterliteratur" nicht mehr angemessen. Dadurch können sich zwar immer mehr ausländische Autoren und Autorinnen einem deutschen Lesepublikum präsentieren. Bei der Vielzahl vorhandener Anthologien erscheint es allerdings zunehmend weniger sinnvoll, ständig neue Textsammlungen an die Öffentlichkeit zu tragen, die sich durch inhaltliche Breite und literarische Qualität kaum von dem unterscheiden, was auf dem Markt vorhanden ist. Es wird Masse, nicht Klasse produziert.

Qualität ist zunehmend ein Kriterium der Gastarbeiterliteratur. Wenn sich heute einzelne Autoren hervortun und wie Franco Biondi oder Rafik Schami mit Literaturpreisen bedacht oder wie Saliha Scheinhardt als Stadtschreiberin ausgezeichnet werden, so geschieht dies nicht zufällig. Es sind Autoren, denen die Verquickung heimischer Tradition und fremdländischer Erfahrung in hervorragender Weise gelang.

Daß diese Autoren ausnahmslos der ersten Generation von Einwanderern angehören, ist nicht zufällig. Die Gastarbeiterliteratur lebt von neuen Bildern und Sprachschöpfungen, von fremden Stilelementen oder lyrischen Haltungen, die diese Autoren aus der Fremde nach Deutschland mitbrachten. Sie erhält ihre Aussagekraft durch die unterschiedlichen Erfahrungen, die diese Autoren während ihres Lebens gemacht haben und nun in deutscher Sprache verbinden. Jahrhunderte vereinigen sich in einem Menschenleben und bestimmen das Schreiben der ersten Generation. Im Widerspruch von verlorener Heimat und fremdgebliebenem Neuland entsteht die bedeutende Literatur der Gastarbeiter.

Die zweite Generation trägt nichts Vergleichbares zur Gastarbeiterliteratur bei. Sie hat bislang nicht zu eigenständigen Themen gefunden, noch sich eine Sprache erschrieben, die deutschen Lesern Neuschöpfung sein könnte. Diese Generation wuchs im Herzen Deutschlands auf und erlebte die ursprüngliche Heimat allenfalls als unstillbare Sehnsucht der Elterngeneration. Mit Inhalten konnte sie diese Bilder nie füllen.

So ist das Schreiben der zweiten Generation einzig auf deutschem Boden gewachsen. Entsprechend reduzieren sich ihre Erfahrungen auf das, was in deutschen Landen ohnehin gang und gäbe ist: auf die Suche nach Identität. Über diese Suche wird lediglich das Etikett „Gastarbeiterliteratur" gestülpt. Vor allem in Anthologien werden dann Texte veröffentlicht, die voll sind von schwermütiger Sehnsucht und klebriger Wehmut und die allenfalls deshalb gedruckt werden, weil mit Gastarbeiterliteratur derzeit ein Geschäft zu machen ist. Mit dem Etikett allein wird sich auf Dauer keine Literatur machen lassen, vor allem dann nicht, wenn deutsche Autoren das gleiche Jahre zuvor und wesentlich besser beschrieben haben.

Bleiben wird nur das Schreiben der ersten Generation. Sie trägt die Auswanderungsgeschichte der Menschen aus der Peripherie in die Metropolen der Industriezentren weiter. Ihr Schreiben bezeugt, daß unser Land kulturell multinational und politisch ein Vielvölkerstaat geworden ist. Ihre Literatur wird zur Geschichtsschreibug.

Dieser Bedeutung entsprechend ist das Genre Gastarbeiterliteratur derzeit im Wandel: Wenige Autoren der ersten Generation, die inzwischen das Schreiben berufsmäßig betreiben, haben sich in der Öffentlichkeit einen Namen erschrieben. Sie ersetzen zunehmend die vielen Feierabendschriftsteller, die nach getaner Arbeit zu Bleistift und Feder greifen und ohne große Umschweife das niederschreiben, was sie tagsüber erleben — auch wenn der literarische Markt dieser Entwicklung noch hinterherhinkt.

Diese Autoren haben sich freigeschrieben. Sie mit dem Begriff „Gastarbeiterschriftsteller" zu etikettieren wird zunehmend zweifelhafter: Ihre Themen sind im Wandel und längst nicht mehr allein vom Gastarbeiteralltag geprägt: „Das deutsche Publikum muß sich mehr und mehr daran gewöhnen, daß ausländische Schriftsteller nicht nur über ihre Lage als Fremde in Deutschland, sondern auch über ewige Themen wie Frieden, Liebe oder über die Naturzerstörung, die sie ebenfalls betrifft, zu berichten haben, daß sie nicht so leicht einzustufen und zu katalogisieren sind."[464] Die Erfahrung südländischer Kultur und ihr Blick als Fremde helfen allerdings, sich von deutschen Gegenwartsautoren erheblich zu unterscheiden. Ihr erzählerischer Reichtum bleibt auch da bestehen, wo sich die Eingewanderten auf hiesige Themen einlassen. Und auch dann werden Sprache, Bilder und Symbole von zwei Kulturen geprägt sein.

Auch die zweite Generation wird weiterschreiben und weiterhin veröffentlichen. Sie hat allerdings gesagt, was sie zu sagen hat, und die Identitätskrisen all derer zu Papier gebracht, die in der Fremde aufgewachsen sind. Von ihr sind keine neuen Themen und Impulse zu erwarten.

Die Geschichte der weit mehr als vier Millionen Arbeitsemigranten hat in den Schriftstellern der ersten Generation geeignete Chronisten gefunden. An der Vielfalt ihres Schreibens läßt sich ablesen, daß die Bundesrepublik ein Einwanderungsland wider Willen geworden ist. Solange die Einwanderer weiterhin als „Gäste auf Abruf" behandelt werden, die nach Umfragen zwei Drittel der Deutschen lieber heute als morgen los wären, solange wird Gastarbeiterliteratur als Gruppenliteratur Bestand haben — um einen anderen Umgang anzumahnen.

Anmerkungen

1. Weinrich (1983), S. 915, Weinrich (1984a), S. 12.
2. Weinrich (1985), S. 14f.
3. Schierloh (1984), Titel.
4. Horn (1986), S. 213.
5. Horn (1986), S. 213.
6. Adams (1980), S. III.
7. Bade (1983), S. 17.
8. Bade (1983), S. 17.
9. Hansen (1976), S. 9.
10. Hansen (1976), S. 11.
11. Hansen (1976), S. 12.
12. Artikel „Pauperismus", Allgemeine deutsche Real-Encyklopädie für die gebildeten Stände. Conversations-Lexikon, 15 Bde, Leipzig 9. Aufl. 1843-1848, Bd. 11.
13. Zit. nach Wolf-Heino Struck (1966): Die Auswanderung aus dem Herzogtum Nassau (1806-1866), Wiesbaden, S. 24.
14. Vgl. Bade (1983), Schaubild S. 18.
15. Bade (1983), S. 19.
16. Wehler (1975), S. 20.
17. Hansen (1976), S. 14.
18. Georg Grünewald (1847): Die deutschen Auswanderungen: Eine politisch-nationalökonomische Abhandlung, Frankfurt, S. 5.
19. Hansen (1976), S. 14.
20. Hansen (1976), S. 15.
21. Julius Fröbel (1866): Die Auswanderung und ihre culturhistorische Bedeutung, Leipzig, S. 69.
22. Vgl. Hansen (1976), S. 30-33; im Dezember 1847 wurde der „Nationalverein für deutsche Auswanderung und Ansiedlung" gegründet, in vielen Teilen Deutschlands entstanden Zweigvereine; parallel hierzu wurde seit 1847 die Wochenzeitschrift „Der deutsche Auswanderer. Centralblatt der deutschen Auswanderung und Kolonisierung" in Darmstadt herausgegeben.
23. Friedrich von Hundeshagen in einer Denkschrift an die Reichsversammlung (1849): Die deutsche Auswanderung als Nationalsache, insbesondere die Auswanderung des Proletariats, Frankfurt, S. 8.
24. Wilhelm Roscher, in: Der deutsche Auswanderer, Jg. 4, 1850, S. 370.
25. Bade (1983), S. 22.
26. Statistische Mitteilungen über das Großherzogtum Baden, Bd. 3 (1880-1883), S. 166.
27. Vgl. hierzu Lenin (1946), S. 18-33: „Die wichtigsten Ereignisse der Geschichte der Monopole sind demnach: 1. In den sechziger und siebziger Jahren des 19. Jahrhunderts — [...]

kaum merkliche Ansätze zu Monopolen. 2. Nach der Krise von 1873 weitgehende Entwicklung von Kartellen, die aber noch Ausnahmen [...] sind. 3. Aufschwung am Ende des 19. Jahrhunderts [...]: Die Kartelle werden zu einer der Grundlagen des ganzen Wirtschaftslebens." (S.24). — Vgl. auch Wehler (1975), S. 48-59.

28. Vgl. Wehler (1975), S. 47f.
29. Vgl. Wehler (1975), S. 48-59.
30. Wehler (1975), S. 49.
31. Bade (1983), S. 29.
32. Bade (1983), S. 32.
33. Es gibt bislang kein Zahlenmaterial über das Ausmaß, in dem ausländische Frauen in der Landwirtschaft im Tagelohn beschäftigt werden. Zuständige Ministerien konnten nur mit dem Hinweis auf nicht vorhandene Statistiken dienen. Recherchen, die ich mit Martin Čavelis durchführte, ergaben, daß in der Obsternte (Kirschen, Erdbeeren, Pflaumen, Äpfel) eine Vielzahl vor allem türkischer Frauen benötigt werden. — Vgl. hierzu: Badische Zeitung, Wochenendbeilage vom 22./23.Juni 1985.
34. Vgl. Biondi/Schami (1983), S. 96f.
35. Bade (1983), S. 47f.
36. Bade (1983), S. 53.
37. Bade (1983), S. 58.
38. Dohse (1981), S. 133.
39. Kuczinsky, zit. nach Scheron/Scheron (1982), S. 31.
40. Hermann Kinder/Werner Hilgemann (1972): dtv-Atlas zur Weltgeschichte, München, Bd. 2, S. 221.
41. Bade (1983), S. 59.
42. Scheron/Scheron (1982), S. 32.
43. Bade (1983), S. 67.
44. Hottes/Meyer (1977), S. 309.
45. Berg (1978), S. 37.
46. Vgl. zu allen Angaben Scheron/Scheron (1982), S. 37f.
47. Bade (1983), S. 70. — Im September 1973 waren 2.595.000 ausländische Arbeitnehmer in der Bundesrepublik beschäftigt (Angaben: Bundesanstalt für Arbeit, Nürnberg 1974). Dies war der Höchststand an Beschäftigten. Damals lebten 3.966.200 Ausländer in der Bundesrepublik. Obwohl die Zahl der Beschäftigten sank, stieg die Zahl der Ausländer bis 1982 auf 4.666.917 (Der Bundesminister des Innern, 1983, S. 7 — Stichtag 30.9.) Zurückführen läßt sich dies auf Familienzusammenführung sowie Geburten ausländischer Kinder in der Bundesrepublik.
48. Der Arbeitgeber, 6/1966, S. 138.
49. McRae (1980), S. 64. — Vgl. Bade (1983), S. 72.
50. Mehrländer (1978), S. 119.
51. Der Bundesminister des Innern (1983), S. 35f.
52. Bade (1983), S. 76f.
53. Deutsches Institut für Fernstudien an der Universität Tübingen (1984), S. 82.
54. Der Bundesminister des Innern (1983), S. 9.
55. Vgl. Biondi/Schami (1983), S. 9.

56. Anthologien: Aparicio/Böhm/Taufiq (1979), Biondi/Naoum/Schami/Taufiq (1980), Förderzentrum Jugend schreibt e.v. (1980), Kürbiskern 3/1979; Einzelveröffentlichungen: Agaoglu (1979), Aparicio (1979), Bahadinli (1980), Baykurt (1980), El Hajaj (1979), Ören (1980a, 1980b), Pazarkaya (1979), Plepelić (1978, 1980), Schami (1978).
57. Zuerst Buntbuch.
58. Zuerst Verlag Atelier im Bauernhaus.
59. Zuerst Verlag Atelier im Bauernhaus.
60. Aras Ören hat zwar bislang kein Wort in deutscher Sprache geschrieben; sämtliche seiner Veröffentlichungen sind aus dem Türkischen übertragen. In richtiger Ausweitung des Genres fördert der Adalbert-von-Chamisso-Preis jedoch nicht nur Autoren nichtdeutscher Muttersprache, die in deutscher Sprache schreiben, sondern auch solche, deren Werke „in unmittelbarem Zusammenhang mit ihrem Entstehungsprozeß ins Deutsche übertragen" sind. (Ackermann/Weinrich, 1986, S. 12).
61. Vgl. hierzu ‚Die Zeit', Nr. 5, 24. Januar 1986; Frankfurter Rundschau, Nr. 4, 6. Januar 1986; Offenbach-Post, 26. November 1985.
62. Beispielsweise Die Zeit vom 6.6.1986, Nr. 24; Rheinischer Merkur/Christ und Welt vom 20.7.1984, Nr. 29; Vorwärts vom 12.7.1984, Nr. 29; Literatur Konkret, Heft 9, 1984/85.
63. Gino Chiellino (1985) und Franco Biondi (1984b) haben sich in ausführlichen Beiträgen mit der Entstehungsgeschichte der italienischen Gastarbeiterliteratur auseinandergesetzt, vor allem auch der in italienischer Sprache geschriebenen. Ich stütze mich hier auf ihre Arbeiten.
64. Chiellino (1985), S. 29f.
65. Chiellino (1985), S. 31.
66. Chiellino (1985), S. 31f.
67. Vgl. Biondi (1984b), S. 77-79.
68. Biondi (1984b), S. 78.
69. Biondi (1984b), S. 79.
70. Zu „Il Mulino": Biondi (1984b), S. 80f; Chiellino (1985), S. 34-37; Il Mulino 1982, H. 1, S. 2.
71. Chiellino (1985), S. 37.
72. Vgl. die zweisprachigen Gedichtbände, die von Chiellino (1983) und Giambusso (1982) herausgegeben wurden.
73. Zur Bedeutung der Sprache vgl. Čaveliš/Hamm (1984), S. 34-42. Berücksichtigen muß man hier auch, daß selbstverständlich nicht alle italienischen Autoren sich der deutschen Sprache bemächtigten. Vier Gruppen lassen sich unterscheiden: 1. Autoren, die nach wie vor innerhalb der italienischen Minderheit bleiben und nur italienisch schreiben und jeglichen Einbezug der deutschen Sprache als Verrat an der italienischen Sache verstehen. 2. Autoren, die sich der Grenzen ihrer deutschen Sprachfähigkeit bewußt sind, die aber die Übersetzbarkeit ihrer Gedichte und Erzählungen bereits bei der Entstehung einplanen. Zu diesen Autoren gehören Guiseppe Fiorenza, Carmine Abate, Guiseppe Giambusso, Vito d'Adamo, Pasquale Marino, Fruttuoso Piccolo (Mao). 3. Autoren, die zweisprachig oder 4. nur noch in deutscher Sprache schreiben. Diese Gruppen bestehen aus Immacolata Amodeo, Franco Biondi, Gino Chiellino, Fabrizio Libbi, Gaetano Martorino und Dora Ott-Mangani. Es ist zu erwarten, daß sich zukünftig noch weit mehr Autoren an die deutsche Sprache herantasten.

— Vgl. hierzu: Chiellino (1985), S. 51-53.
74. Biondi/Schami (1981), S. 134.
75. Unter dem Titel „Vielvölkerstaat Deutschland" erschienen bereits im Dezember 1980 17 Aufsätze, die sich mit Fragen kultureller und nationaler Besonderheiten in der Fremde befassen. (Kursbuch 62). Harald Weinrich bezeichnet die Bundesrepublik Deutschland als „ein Vielvölkerstaat", die Nürnberger Nachrichten bezeichnen die Bundesrepublik als „Einwanderungsland" und „kulturell multinational" (18./19. August 1984, S. 17), ähnlich die Südwest-Presse (20. Oktober 1984, Beilage), die Badische Zeitung (31. März/1.April 1984, Beilage) und das Darmstädter Echo (23. Juni 1984). Der Tenor vieler Beiträge ist gleich: Deutschland ist zu einem Einwanderungsland wider Willen geworden.
76. Chiellino (1985), S. 45f.
77. Chiellino (1985), S. 46.
78. Biondi u.a. (1980), S. 4.
79. Bektaş u.a. (1983), S. 7.
80. Sämtliche Daten aus: Deutsches Institut für Fernstudien an der Universität Tübingen (1984), S. 85f.
81. Vgl. hierzu „Informationen zur politischen Bildung", 1984, Nr. 201, Sonderheft „Ausländer": „Der millionste Gastarbeiter — ein Portugiese — wurde 1964 mit Marschmusik, ‚auf in den Kampf Torero' und einem Gastgeschenk begrüßt. Dieser Jubel entsprach damals durchaus der Einstellung der meisten Bundesbürger". (S. 10).
82. Hierzu ausführlich Kapitel VI.
83. Ursula Boos-Nünning/Manfred Hohmann (1977), S. 111.
84. Der Bundesminister des Innern (1983), S. 59. — Zum Vergleich: 50.516 Griechen, 43.968 Spanier, 27.427 Jugoslawen und 19.480 Türken.
85. Der Anteil der italienischen Gastarbeiter hatte sich bereits 1971 auf 18,2 Prozent verringert. Sie lagen damit hinter Türken und Jugoslawen an dritter Stelle (Boos-Nünning/ Hohmann, 1977, S. 111), während umgekehrt die türkischen Arbeitsemigranten 1972 zum ersten Mal die Mehrzahl der ausländischen Beschäftigten stellten: 511.104 Arbeitnehmer waren 1972 Türken, 474.934 Jugoslawen und 426.393 Italiener (Gehmacher/Kubat/Mehrländer, 1978, S. 135.)
86. Vgl. Chiellino (1985), S. 40f.
87. Richard von Weizsäcker beispielsweise äußerte im Juni 1981 in seiner Regierungserklärung als Regierender Bürgermeister von Berlin: „Wer an Wahlen teilnehmen will, dem ist zuzumuten, daß er zum Erwerb der Staatsbürgerschaft bereit ist." (Zit. nach Frederking, 1985, S. 14).
88. Ausländer aus den sechs ehemaligen Anwerbeländern wählten am Sonntag, den 12. Oktober 1986 zum ersten Mal in Freiburg einen Ausländerbeirat. Von den 4.500 Wahlberechtigten gaben 31,14 Prozent ihre Stimme ab. In Stuttgart war die Wahlbeteiligung noch niedriger: Dort beteiligten sich nur 26 Prozent der Wahlberechtigten. Vgl. Badische Zeitung, 13.10.1986.
89. Katsoulis (1978), S. 59.
90. Einer unveröffentlichten Materialsammlung der Rechtsanwältin Erika Woldin zufolge (archiviert im Ordner „Kamil" der Ausländerinitiative Freiburg) wird in türkischen Zeitungen davon gesprochen, daß sich rund 7.000 gesuchte Terroristen aus der Türkei in der Bundes-

republik aufhalten würden. (S. 2f.) Türkische Konsulate sammeln Informationen über politisch aktive und mißliebige Türken. (S. 4f) — Zur Paßverlängerung Anm. 130.

91. Ich stütze mich in diesem Kapitel auf drei Aufsätze Yüksel Pazarkayas, der die Entwicklung türkischer Migrantenliteratur ausführlich darstellte: Pazarkaya 1982, 1984b, 1985b. Die Aufsätze 1984b und 1985b sind nahezu identisch. Sehr hilfreich ist Riemann (1983), S. 40-118. Dort vor allem sehr ausführliche Inhaltsangaben zu Werken, die nur in türkischer Sprache erschienen sind. Frederking (1985) analysiert Örens Berlintrilogie (1973, 1974, 1980), Dikmens Satiren (1983) und Özakins autobiographische Erzählung (1983) ausführlich und versucht, die literarische Qualität dieser Werke textimmanent zu beweisen.

92. Vgl. McRae (1980): 605.000 türkische Arbeitnehmer waren am 30.9.1973 in der Bundesrepublik beschäftigt (S. 13), 920.000 Türken lebten hier (S. 35).

93. Pazarkaya (1985b), S. 18. — „Im Sprachgebrauch türkischer Literaten hat sich [...] der Begriff ‚Almanya edebiyati' eingebürgert." Ihn übersetzt Riemann (1983) mit „Deutschlandliteratur", S. 40, Anm. 92.

94. Zuerst Istanbul 1965, S. 5-19, dann in deutscher Übersetzung Tübingen-Basel 1969 (2.Aufl.), S. 190-199, hg. v. H. Wilfrid Brands; vgl. Pazarkaya 1985b, S. 18. — Eine Zusammenfassung der Erzählung bei Riemann (1983), S. 61-63.

95. Nevzat Üstün (1975): Almanya beyleri ile portekiz'in bahçeleri, Istanbul. — Vgl. Riemann (1983), S. 63, Anm. 156.

96. Riemann (1983), S. 72.

97. Pazarkaya (1985b), S. 18. — Eine ausführliche Inhaltsangabe bei Riemann (1983), S. 73-77.

98. Pazarkaya (1982), S. 198.

99. Pazarkaya (1985b), S. 19. — Riemann (1983) urteilt noch deutlicher über Yildiz' Prosa: „Wie die weitere Betrachtung seiner Werke zeigen wird, reiht er in schneller Folge Vorurteile, falsche Darstellungen und verzerrte Schilderungen aneinander" (S.72).

100. Pazarkaya (1985b), S. 18.

101. Pazarkaya (1985b), S. 18.

102. Vgl. zum Kulturschock Pazarkaya (1974b, 1980) sowie Biondi/Schami (1981), S. 124: „Die Gastarbeiter kommen meist aus südlichen Ländern, sie kommen aus ländlichen Gebieten und sind von der dortigen kulturellen Entwicklung geprägt. Sie kommen hierher [in die Bundesrepublik] und erleben einen Bruch, denn sie werden in eine festgefügte, auf einem anderen Stand der Entwicklung sich befindende Kultur hineingeworfen. Dieser Bruch in der kulturellen Entwicklung ähnelt sehr der kulturellen Katastrophe, die die Kolonialvölker erlitten. Das Resultat ist eine Phase des literarischen Verstummens, die kurz oder lang sein kann. In dieser Phase versucht der Gastarbeiter zuerst mit seiner Umwelt und seiner Identität klarzuwerden. Es ist ein umwälzender Prozeß, durch den einerseits mancher fließend schreibende Literat für immer stumm wurde, andererseits mancher Gastarbeiter, auch mit geringer Schulbildung, zum ersten Mal begriff, wie wichtig es ist, seine Erfahrung zu vermitteln."

103. Vgl. Riemann (1983), S. 99-104; dort auch knappe Inhaltsangaben der in türkischer Sprache erschienenen Veröffentlichungen.

104. Vgl. Pazarkaya (1985b), S. 17. — Ich verzichte darauf, die Vielzahl türkischer Autoren, die in der Folge die Deutschland-Thematik in ihrer Sprache aufgegriffen haben, zu wiederholen. Pazarkaya gibt eine gute Übersicht (1985b, S. 19-23).

105. Pazarkaya (1985b), S. 22.
106. Die Romantrilogie: Die Rache der Schlangen, Mutter Irazdscha und ihre Kinder, Das Epos von Kara Ahmet; Die Friedenstorte.
107. So Bektaş u.a. (1983), Biondi u.a. (1981, 1983).
108. Nach einem Gesprächsbericht der Frankfurter Rundschau vom 10. August 1977. — Vgl. auch Frederking (1985), S. 31.
109. Das Buch wurde zweimal aufgelegt: 1973 mit 6.000 und 1980 mit 7.000 Exemplaren und nach Angaben des Rotbuch-Verlages 12.000 Mal verkauft. Vgl. Frederking (1985), S. 31.
110. Vgl. Frederking (1985), S. 58 sowie Die Zeit, 8. Juli 1977: Peter v. Becker: Kurzer Traum vom langen Abschied. Aras Ören.
111. Zu Ören vgl. die textimmanente Werkanalyse seiner Berlintrilogie von Monika Frederking (1985), S. 57-81. Frederking arbeitet die Stilmittel heraus, die Ören verwendet (Metaphern, Dichotomien) und kommt zu folgendem Ergebnis: „Einerseits enthält die Berlintrilogie authentische Elemente, zu denen etwa die Straßenbezeichnungen (Naunynstraße, Wrangelstraße, Kudamm etc., die jedem Berliner Stadtplan zu entnehmen sind) und Fabrikbezeichnungen (AEG, Telefunken, Umschreibung des Springer-Verlagshauses) sowie die Nennung der Reallöhne und Mietpreise zu zählen sind. Die Redeweise der Personen ist ebenfalls authentisch in dem Sinne, daß sie eine Alltagssprache gebrauchen (z.b. Halime zu Frau Kutzer: ‚Na mach schon Alte, ich laß dich vorbei'). Auf der anderen Seite ist die Redeweise teilweise deutlich von der Umgangssprache unterschieden, dies geschieht formal vor allem durch die Inversion — die Nachstellung des Verbs —, die Wiederholungsstruktur und die Wiederaufnahme von Bildern. Durch solche Elemente scheinen die Aussagen nicht länger nur auf die Figur beziehbar zu sein, die so spricht, sondern erhalten einen allgemeingültigen Charakter." (S. 75) — Vgl. zu Ören auch Friedrich (1986), S. 15-21.
112. Pazarkaya (1985b), S. 24.
113. „Wenn Ali die Glocken läuten hört", zuerst Türkisch, Istanbul 1976, dann in deutscher Übersetzung, Berlin 1979; „Europastraße 5", zuerst Istanbul 1979, dann in deutscher Übersetzung, Hamburg 1981; der Erzählband liegt bisher nur im türkischen Original vor. — Von der Breite seines Werkes her betrachtet gehört Günay Dal zu den hervorzuhebenden Autoren. Ihm fehlt allerdings erzählerische Stringenz. Sein zweiter Roman „Europastraße 5", der inzwischen bei dtv als Taschenbuch erschien, verzettelt sich in zusammenhanglosen Episoden: Sahin und Sünbül arbeiten in Berlin und holen ihren kranken (Schwieger-) Vater nach Deutschland, um ihn heilen zu können. Der Vater stirbt jedoch, und so beschließen beide, ihn, um bürokratischen Schwierigkeiten zu entgehen, in einen Fernsehkarton einzupacken und illegal in die Türkei zu schaffen. Was für ein Stoff! Diese Einstiegsidee bleibt schmucker Rahmen. Der Rest ist Reden. Der Erzähler verliert sich nach wenigen Seiten in endlosen Tiraden. Wie sehr sich Bedeutung und Geschichte der Europastraße 5 als Brücke zwischen Europa und Asien mit der Rahmenerzählung hätten verbinden lassen — man kann es nur ahnen. — Zu Dal vgl. Riemann (1983), S. 109-111.
114. Riemann (1983), S. 109. Dort auch eine knappe Zusammenfassung.
115. Vgl. Frederking (1985), S. 105.
116. Literarisch erreichen die Veröffentlichungen Aysel Özakins nicht die Qualität anderer Einwanderer und Einwanderinnen. Ihr erzählerischer Impetus nähert sich allzu sehr der innerlichkeitsgeprägten Schreibweise deutscher Gegenwartsautoren. Da ist sie unter den

Schriftstellern der ersten Generation eher die Ausnahme. „Durch das Gedichteschreiben möchte ich mich vor den Männern, vor der Armut und vor der Angst retten", sagt sie. „Warum schreibe ich? Weil ich seit meiner Kindheit immer nur die stille Wut in mich hineingefressen habe? Nie konnte ich frei die Kontakte und Beziehungen erleben. Menschliche Nähe — durch Moral verdrängt. Nonkonformismus, den ich ohne Unterstützung ertragen mußte." (Die Zeit, Nr. 24, 6. Juni 1986, S. 53) Schreiben, um zu überleben, wie einst die Frauen in den siebziger Jahren. Diese Schreibhaltung führt allerdings dazu, daß die Gastarbeiterthematik nur benutzt wird, um einen inneren Konflikt darzustellen. Inneres Leiden führt zur Projektion der eigenen Schwierigkeiten auf die äußere Welt (etwa in dem Band „Die Leidenschaft der Anderen"). Die Außenwelt erscheint dann als böse und rachsüchtig. (Vgl. hierzu Kernberg, 1978, S. 197, 268f.). Die Einseitigkeit der Wahrnehmung führt dazu, daß wohlwollende Blicke, hintergründiger Humor oder treffsichere Analyse verloren gehen und das Schreiben Özakins sich in endloser Weinerlichkeit erschöpft. — Mein Urteil ist umstritten. Frederking (1985) kommt zu einer gänzlich anderen Einschätzung: Die „Komplexe und Ängste, die sie [Özakin] anspricht, erscheinen erst vor dem Hintergrund der Ausländerfeindlichkeit in der BRD bzw. der (auch unbewußten) Stigmatisierung von Ausländern erklärlich." (S. 132).

117. Frederking (1985), S. 105.

118. „Entwicklung", Duisburg 1983; „Ein Stein der blühen kann", Berlin 1985.

119. „Tränen sind immer das Ende", 1981.

120. Kapitel V.4.b.

121. In den Anthologien Förderzentrum Jugend schreibt (1980), Irmgard Ackermann (1984) und der im Frühjahr 1985 erstmals erschienenen Zeitschrift für Kulturaustausch kamen nur türkische Schriftsteller zu Wort, vor allem Autoren der zweiten Generation. In vielen anderen Anthologien sind sie maßgeblich vertreten.

122. Zum Kulturschock vgl. Anm. 102.

123. Frederking (1985), S. 92. „Die ironische Struktur des Textes verbindet die Ebene der Selbst- und Fremdkritik auf auch literarisch gelungene Weise", schreibt Frederking weiter. „Erst die Selbstkritik, die ironisch übertriebene Darstellung der eigenen ‚türkischen Rückständigkeit' ermöglicht es dem deutschen Leser, die Kritik an ‚typisch deutschen' Verhaltensweisen als u.U. ebenfalls übertrieben einzuordnen und somit zu ertragen. Bliebe die Wahrnehmung der schlechten Eigenschaften der Deutschen einziges Thema der Satire, wäre eine positive Rezeption schwer zu erwarten." (S. 93).

124. Dikmen (1983, 1986). — Osman Engin, Türke Jahrgang 1960 und Vertreter der zweiten Generation, versucht mit seinem 1985 erschienenen Erstling in die Spuren Dikmens zu treten. Der Satirenband „Deutschling" ist ihm gründlich mißlungen. Das, was Dikmens Satiren auszeichnen, das hintergründige Belächeln eigener und fremder Schwächen, fehlt ihm. Der junge Autor begnügt sich mit vordergründigen Plattitüden, in denen Deutsche das schlechtere Ende allemal für sich haben.

125. Pazarkaya bspw. polemisiert gegen den Begriff „Gastarbeiterliteratur": „Als jemand, der unter den türkischen Autoren als erster auch Migrationserfahrungen, die eigenen wie die der anderen, zu Papier gebracht hat, sträubt sich in mir etwas gegen den Begriff. Ich fühle mich von ihm weder angesprochen noch erfaßt. Um es deutlich auszusprechen, ich bin kein Gastarbeiterautor, und meine Texte sind keine Gastarbeiterliteratur. [...] Dieser Begriff entstand in den siebziger Jahren. In den sechziger Jahren war ich in diesem Land ein Schriftstel-

ler unter Schriftstellern." Pazarkaya (1986), S. 59. Die Motivation für die Weigerung, sich als „Gastarbeiterautor" zu begreifen, leuchtet allerdings nicht ein: „Der „Begriff ‚Gastarbeiterliteratur' setzt nämlich einen Automatismus in Gang, der zumindest in den Vorstellungen der Leser eine Spaltung zwischen den Deutschen und den Ausländern herbeiführt, die uns in der Folge von der Literaturszene dieses Landes ausschließt." (S. 63) Die Rezeption von Gastarbeiterliteratur beweist, daß gerade das Gegenteil der Fall ist: Der Begriff hilft vielen Autoren, an der Literaturszene teilzuhaben, in erster Linie deshalb, weil viele überhaupt erst veröffentlichen können, weil sie sich der Gastarbeiterszene zurechnen.

126. Zit. nach McRae (1980), S. 182.
127. Zit. nach McRae (1980), S. 183.
128. McRae (1980), S. 66.
129. Eine Statistik, die dies zweifelsfrei belegen würde, gibt es nicht. Haug/Künstler (1983) haben „Erfahrungen und Materialien zur Aufenthaltsberechtigung" zusammengetragen, aus denen ersichtlich wird, daß nicht EG-Ausländer, vor allem Türken, benachteiligt werden. Ein Beispiel: Die Ausländerbehörde in Stuttgart hat einem seit 14 Jahren dort lebenden türkischen Ehepaar die weitere Aufenthaltserlaubnis verweigert, weil ihr Sohn bei Ladendiebstählen ertappt wurde. Begründung der Behörde: „Sie haben sich nicht in das soziale Leben der Bundesrepublik Deutschland eingefügt, denn ihr Sohn T. ist erheblich vorbestraft. Dies zeigt, daß Sie als Mutter (beziehungsweise Vater) nicht in der Lage sind, Ihren Sohn so zu erziehen, daß er sich in der deutschen Gesellschaft einzugliedern vermag. Deswegen muß davon ausgegangen werden, daß Sie selber Eingliederungsprobleme haben." (S. 99 — auf den Seiten 87-101 exemplarische Beispiele aus verschiedenen Regionen).
130. Auch zu dieser Frage gibt es keine Statistiken, die Problematik läßt sich nur an Einzelbeispielen aufzeigen: Die Süddeutsche Zeitung (12.7.1985, S. 5) berichtet: „Das Generalkonsulat der Türkei in Westberlin soll den Reisepaß eines türkisches Gewerkschafters eingezogen haben, weil er sich geweigert hat, die Namen von türkischen Gewerkschaftsmitgliedern [...] zu nennen." Einem türkischen Mitglied der Freiburger Ausländerinitiative wird die Verlängerung des Reisepasses abgelehnt, weil er eine Ausstellung über die Türkei nicht verhindert habe, die als „türkeifeindlich" eingestuft wird (vgl. Badische Zeitung, 24.1.1986). — Vgl. auch Vorwärts vom 15.2.1986: „Das Vorgehen des Karlsruher Generalkonsuls hat Methode. Die AIF hat bereits zahlreiche Fälle aus dem gesamten Bundesgebiet gesammelt, in denen die Pässe politisch auffälliger Türken einbehalten wurden."
131. Biondi/Schami (1981), vgl. vor allem S. 130-132.
132. Weinrich (1984b), S. 235.
133. Ackermann (1983b), S. 50.
134. Vgl. hierzu Scheuer (1984), „Obwohl die moderne deutsche Literatur gern durch ihre Sozialkritik charakterisiert wird, so gibt es doch kaum Zeugnisse in der Gegenwartsliteratur, in denen die Situation des ‚Gastarbeiters' geschildert würde." (S. 62) Scheuer referiert im folgenden die Autoren, die die Situation der Gastarbeiter darstellen.
135. Lutz Tantow, In den Hinterhöfen der deutschen Sprache, in: Die Zeit, 6.4.1984.
136. „Vor allem die wiederholte Betonung des Begriffs ‚Betroffenheit', der Hinweis, daß die ‚Mehrzahl der Autoren [...] keine eingeweihten Literaten' seien, legen es nahe, die Bezeichnung ‚authentische Literatur' für diese Form zu bemühen. Literatur als Selbsthilfe, als Ausdruck der Betroffenheit und der eigenen Erfahrung, das Ich-Sagen — dies sind genau die

Elemente, die zusammengenommen die ,authentische Literatur' der 70er Jahre — die Frauenliteratur etc. — kennzeichnen." — Frederking (1985), S. 44.

137. Ebenda, S. 57-127.

138. Folgende Anthologien habe ich untersucht: Ackermann (1982); Ackermann (1983a); Ackermann (1984a), Bektaş u.a. (1983); Biondi u.a. (1980); Biondi u.a. (1981); Biondi u.a. (1982); Biondi u.a. (1983); Chiellino (1983); Giambusso (1982); Ney (1984); PoliKunst (1984); Schaffernicht (1981); Taufiq (1983); Werkkreis Literatur der Arbeitswelt (1981) — die Anthologie Förderzentrum JUGEND SCHREIBT (1980) habe ich nicht einbezogen, weil die dort schreibenden Autoren nicht in Kurzporträts vorgestellt werden, das Kürbiskernheft 1/1983 deshalb nicht, weil die wenigen in Frage kommenden Autoren größtenteils in anderen Anthologien vorkommen. Weitere Anthologien waren mir zum Zeitpunkt dieser Auflistung nicht zugänglich.

139. Autoren aus der Bundesrepublik, Österreich und der Schweiz, die hier ebenfalls zur Thematik geschrieben haben, kommen nicht in Betracht. Von den verbleibenden 191 Autoren waren 17 ohne Angaben aufgeführt, einer lediglich als gelähmt, ein weiterer als arbeitslos kategorisiert. Beide habe ich deshalb nicht berücksichtigt. So verblieben letztlich 172 Autoren:

Studenten/innen	45	26,16%
Lehrer/innen	23	12,96%
sonst. Akademiker/innen	23	12,96%
Schriftsteller/innen	8	4,65%
Journalisten/innen	7	4,07%
Künstler/innen	3	1,74%
Lektoren/innen	3	1,74%
Übersetzer/Dolmetscher/innen	5	2,91%
Bibliothekare/innen	1	0,58%
Schüler/innen	17	9,88%
	135	78,49%
Angestellte	6	3,49%
Beamte	2	1,16%
Gewerkschaftssekretär/innen	1	0,58%
Sozialberater/innen	1	0,58%
Mesner/innen	1	0,58%
Restaurantbesitzer/innen	1	0,58%
	12	6,98%
Facharbeiter/innen	7	4,07%
(Hilfs-)Arbeiter/innen	9	5,23%
Gastarbeiter/innen	1	0,58%
Kranken-/Altenpfleger/innen	2	1,16%
Kellner/innen	2	1,16%
Handwerker/innen	2	1,16%
Kosmetiker/innen	1	0,58%
Lehrling	1	0,58%
	25	14,53%
	172	100%

Sowohl die Statistik wie die Aufstellung der einzelnen Berufsgruppen weisen Ungenauigkeiten auf: Wie sind Schüler einzuordnen, wenn die Schulart nicht angegeben ist, wie Beamte oder Angestellte, wie ein Lehrling? Eine derart allgemeine Bezeichnung sagt nicht viel über den sozialen Status. Ich setze mich über diese Ungenauigkeiten hinweg, weil es mir nicht auf Kommastellen ankommt. Was ich zeigen will, ist ein Trend, und der ist sehr eindeutig: Die schreibenden Autoren sind beruflich zum Teil hochqualifiziert. Diese Tatsache ist umso bedeutsamer und hebt die Autoren aus dem Gros der Einwanderer heraus, da viele der Ankommenden Analphabeten sind.

140. Chiellino (1985), S. 42.
141. Insofern hat Lutz Tantow Recht, wenn er schreibt: „Interessant ist in erster Linie der verarbeitete Stoff." (Die Zeit, 6.4.1984).
142. Vgl. hierzu Kap. V.2.
143. J. Larramendi, in: Taufiq (1983), S. 109f.
144. Vgl. Peter Beicken (1980) und Deutsche Literaturgeschichte (1984), S. 557-565.
145. Zit. n. Deutsche Literaturgeschichte (1980), S. 558.
146. Peter Beicken (1980), S. 166.
147. Peter Beicken (1980), S. 166.
148. Peter Beicken (1980), S. 167.
149. Vgl. Kap. VII.3.
150. Ein augezeichnetes Beispiel hierfür: Die Trennung, in: Biondi u.a. (1982), S. 96-106. Franco Biondi beschreibt in dieser Erzählung die Trennung eines Ehepaares, indem er abwechselnd in Ich-Erzählung aus der Perspektive der Frau und der des Mannes schreibt. So entlarvt er die jeweiligen Vorurteile des anderen. — Noch verwirrender ist ein solcher Wechsel in seiner Novelle „Abschied der zerschellten Jahre" (1984): Hier wechselt der Ich-Erzähler mit der Innenperspektive des Helden Mamo manchmal innerhalb eines Satzes. Mit unerhörtem erzählerischem Geschick versteht es Biondi, Rollen und Perspektiven zu wechseln und so Vorurteile von Deutschen und Gastarbeitern gleichermaßen der Kritik preiszugeben.
151. Vgl. Kap. V.4.
152. Ich stütze mich hierbei auf folgende Veröffentlichungen: Ursula Boos-Nünning/Manfred Hohmann (1980); Pea Fröhlich/Peter Märthesheimer (1980); Der Bundesminister des Innern (1983); Verena McRae (1980); Bodo und Ursula Scheron (1982).
153. McRae (1980), S. 20.
154. Cinanni (1970), S. 83f.
155. McRae (1980), S. 24 — Nikolinakos (1973) zeigt, daß die Emigration Griechenland und Spanien vergleichbare Nachteile brachte. Sie trug dazu bei, die Rückständigkeit einzelner Regionen zu festigen und die Entwicklungsunterschiede innerhalb dieser beiden Länder zu vergrößern. (S. 127).
156. Bodo und Ursula Scheron (1982), S. 55. Vgl. auch: Schahabazian/Wilke (1971), S. 761 sowie Rist (1980), S. 47ff.
157. Boos-Nünning/Hohmann (1977), S. 103f.
158. Ebenda, S. 148.
159. Ebenda, S. 57f.
160. Ebenda, S. 197f.
161. Ebenda, S. 237.

162. Scheuer (1984), S. 65; vgl. auch S. 63-68: dort stellt Scheuer die unterschiedliche Bedeutung von Heimat für deutsche und eingewanderte Autoren einander gegenüber.
163. Berger (1983), S. 21 und 23.
164. Ebenda, S. 23.
165. Ebenda, S. 24.
166. Franco Biondi, Die Rückkehr von Passavanti, in: F.B. u.a. (1981), S. 132.
167. Ebenda, S. 120.
168. Ertunç Barin, Das Kind und seine Väter, in: Ackermann (1984a), S. 126.
169. Scheinhardt (1985), S. 7f.
170. Kemal Kurt, Bilder einer Kindheit, in: Ackermann (1984a), S. 21.
171. Hüyesin Pehlivan, Warum sollst du anders sein? in: Ackermann (1984a), S. 73.
172. Dewran (1983), S. 43 — auch in: Ackermann (1984a), S. 11.
173. Genaue Angaben über die Zahl kurdischer Migranten und Asylanten in der Bundesrepublik sind nicht zu erhalten, da offizielle Statistiken nur nach Nationalitäten unterscheiden und die türkische Minderheit nicht weiter spezifizieren. Kurden werden als Minderheit innerhalb der Minderheit nicht gesondert klassifiziert.
174. Hüseyin Erdem, Die Berge sind Zeugen, in: Taufiq (1983), S. 25f.
175. Beispielsweise die Ich-Erzählung des Türken Erçek, Ich komme aus der Türkei, in: Ney (1984), S. 103-108 oder die Erzählbände Saliha Scheinhardts (1983, 1984, 1985).
176. Mir liegen keine Angaben über alle eingewanderten Nationalitäten vor. Elisabeth Harder (1980): Rückkehr oder Verbleib. Eine Befragung griechischer Arbeiter in Nordrhein-Westfalen, untersuchte sehr detailliert die Rückkehrvorstellungen griechischer Gastarbeiter. Sie kam zu dem Ergebnis, daß 62 Prozent in den nächsten zwei Jahren zurückkehren wollte. (S. 189). Die Angaben zur griechischen Minderheit dürften sich mit anderen Minderheiten decken, auch wenn es graduelle Unterschiede gibt.
177. Vgl. Der Bundesminister des Innern (1983), S. 9.
178. Nazim Kavasoglu, Gestohlener Teppich, in: Biondi u.a. (1980), S. 83.
179. Ana Christina de Jesus Dias, Wohin gehöre ich? in: Ackermann (1983a), S. 22.
180. Abate (1984), S. 62. — auch in: Bektaş u.a. (1983), S. 126.
181. Hüseyin Murat Dörtyol, „So ist es, mein Sohn Kasim!" in: Bektaş u.a. (1983), S. 162.
182. Jusuf Naoum, Omas Auto, in: Ney (1984), S. 38; auch in: Bektaş u.a. (1983), S. 32.
183. In: Ackermann (1982), S. 165; auch in: Schaffernicht (1981), S. 34.
184. In: Ackermann (1983a), S. 22.
185. Abate (1984), S. 62f; auch in: Bektaş u.a. (1983), S. 126f.
186. Bei solch einseitiger Wahrnehmung spielt Projektion eine entscheidende Rolle: Wurde die Bundesrepublik einst zum Paradies stilisiert, so wird nun das Gegenteil auf sie projiziert, die Hölle. — Zum Verhältnis Projektion — realitätsgerechte Wahrnehmung vgl. Kapitel IV. 2.d.
187. Ashgar Koshnavaz, Als lebende Schachfigur spiele ich nicht mehr mit, in: Ney (1984), S. 14f.
188. Ebenda, S. 15.
189. Dikmen (1983), S. 11-13.
190. Handan Can, Auf dem Schulweg, in: Ackermann (1983a), S. 173.
191. Vgl. etwa die Frankfurter Allgemeine Zeitung in einer Besprechung der Wanderaus-

stellung „Die in der Fremde arbeiten..." (hg. v. Birger Gesthuisen/Tina Jerman: „Die in der Fremde arbeiten... Katalog zur Wanderausstellung, Duisburg 1983): „Alles immer nix gut: Beim Betrachten dieser Bilder scheint, daß es den ausländischen Künstlern eher vorkommt, als sei hier in der Bundesrepublik nichts besonders gut. Die Zeichnungen der Griechen, Italiener, Jugoslawen, Spanier und Türken, in einer Wanderausstellung zusammengetragen, sind Bilder einer stillen Anklage, einer traurigen Auflehnung. Humor fehlt. Beispiele positiver Normalität, erfolgreicher Anpassung kommen ebenfalls nicht vor. Aber freilich macht ja Herr P. aus Italien, lange in Deutschland, seine Tochter bereitet sich aufs Abitur vor, macht Frau D. aus der Türkei, die halbe Tage als Köchin arbeitet, längst kein Kopftuch mehr trägt und mit ihrer Familie bald ein Haus bauen wird, keine Pointe. Zeitungen melden ja auch nicht, daß der Zug pünktlich da war. [...] Da war wohl immer alles nix gut zwischen Hamburg, Kasel und Frayburg" (FAZ vom 12.11.1983). Welchen ungeheuren Preis Ausländer für die Beispiele „positiver Normalität" bezahlen müssen, davon zeugen nicht zuletzt die schreibenden unter ihnen.

192. Nur einige Beispiele: Der Italiener Carmine Abate kam 1961 in die Bundesrepublik und pendelte bis 1979 ständig zwischen Italien und der Bundesrepublik; Ertunç Barin aus der Türkei lebt seit 1970 hier, Franco Biondi seit 1965, Vito d'Adamo seit 1971 und Kemal Kurt immerhin auch schon seit 1975. Nach derart langer Abwesenheit vom Heimatland kann man davon ausgehen, daß sich genügend Distanz zur Heimat und somit ein anderer Umgang hergestellt hat. — Diese Beispiele dürfen natürlich nicht verallgemeinert werden. Ich will ohnehin lediglich einen Trend aufzeigen.

193. Biondi (1984a), S. 51f.
194. Kemal Kurt, Ich kann dir nicht mehr in die Augen schauen, in: Ackermann (1984a), S. 81.
195. Ertunç Barin, Der Tag, an dem Andreas zu Ali kam, in: Ackermann (1984a), S. 172.
196. Abate (1984), S. 70; auch in Bektaş u.a. (1983), S. 134.
197. In: Kürbiskern 1/1983, S. 42.
198. Franco Biondi, Die Rückkehr von Passavanti, in: F.B. u.a. (1981), S. 122.
199. Ebenda, S. 124.
200. Tryphon Papastamatelos, warum water, in: Biondi u.a. (1980) S. 134.
201. Biondi u.a. (1981), S. 5
202. Vgl. hierzu Kapital II.1.
203. In: Schaffernicht (1981), S. 125.
204. Biondi (1984a), S. 98-101.
205. In: Schaffernicht (1981), S. 129.
206. Acht Thesen zum Heimatverbot des Gastarbeiters, in: Kürbiskern 1/1983, S. 89.
207. In: Taufiq (1983), S. 49.
208. In: Ackermann (1983a), S. 214.
209. Ebenda, S. 215.
210. Ebenda, S. 216.
211. In: Biondi u.a. (1980), S. 132f.
212. Özakin (1985a), S. 17f.
213. In: Ackermann (1984a), S. 60f.
214. „Ich weiß nicht", so klagt die Ich-Erzählerin, „was ich mit dem Osterfest anfangen

soll. Ich denke sehnsüchtig an die Festtage zu Hause und vermisse den süßen Geschmack der Zuckerwatte." Doch im Anschluß an diese Klage verläßt sie die kindliche Ebene von „Zuckerwatte", Märchenerzähler und Rummelplatz und kann sich zunächst über den Kartengruß eines deutschen Kollegen und anschließend über die freundliche Karte einer Nachbarin freuen. — Ebenda, S. 62f.

215. Ebenda, S. 63.
216. Ebenda, S. 64.
217. Biermann (1982), S. 14.
218. Franco Biondi und Rafik Schami weisen selbst darauf hin: „Der enge Zusammenhang zwischen den Verhältnissen, in denen der Gastarbeiter lebt und seiner Suche nach einer Heimat wird u.a. am Beispiel des Buches ‚Im neuen Land' [Biondi u.a. (1980)] deutlich, denn obwohl das Thema ‚Leben in der Bundesrepublik sein sollte, kann man beim Durchlesen eine immer wiederkehrende Rückkoppelung auf die Ursprungsheimat feststellen und dies in fast jedem Gedicht und jeder Erzählung." — in: Schaffernicht (1981), S. 125; dort weitere Textbeispiele. Vgl. auch: Najem Wali, Bekenntnis über die Heimat, in: Ney (1984), S. 140f.
219. In: Biondi u.a. (1981), S. 21f.
220. In: Kürbiskern 1/1983, S. 41f.
221. In: Biondi u.a. (1981), S. 139; — auch in: Biondi (1982, 1985b); zuerst italienisch 1976 — vgl. Chiellino (1985), S. 40.
222. Ebenda, S. 141.
223. Ebenda, S. 137.
224. Ebenda, S. 137.
225. Wie man ein Brombeerstrauch wird, in: Abate (1984), S. 70; auch in: Bektaş u.a. (1983), S. 134. — Die Ich-Erzählung und die Tatsache, daß Abates Held wie Abate selbst Carmine heißt, deuten darauf hin, daß Abate hier sehr unmittelbar eigenes Erleben in Sprache umgesetzt hat.
226. Franco Biondi, Die Trennung, in: F.B. u.a. (1982), S. 105.
227. Rafik Schami, Die Sehnsucht fährt schwarz, in: Biondi u.a. (1981), S. 50.
228. Hülya S. Özkan, Kreisläufe, in: Ackermann (1984a), S. 190.
229. Franco Biondi, Die Heimfahrt, in: Biondi u.a. (1980), S. 60.
230. In: Biondi u.a. (1981), S. 73f.
231. In: Ebenda, S. 106-119.
232. Plepelić (1978), S. 40.
233. Vor allem in folgenden Veröffentlichungen: Langer Urlaub, in: Ackermann (1983a), S. 203-213; Die Heimkehr oder Tante Helga und Onkel Hans, in: Ackermann (1984a), S. 40-51; Ein Gast, in: Ney (1984), S. 45. — Das Thema Identität/Identitätslosigkeit ist in der Gastarbeiterliteratur zwar weit verbreitet; die Autoren gestalten hierzu jedoch selten den Zusammenhang mit dem realen Verlust von Heimat. — Vgl. Kapitel V.4.
234. Langer Urlaub, in: Ackermann (1983a), S. 203.
235. Ebenda, S. 204.
236. Ebenda, S. 205.
237. Ebenda, S. 205.
238. Ihre inneren Gefühle verschweigt die Erzählerin ihrer Schwester, „da meine Schwester mich nicht verstehen würde." — Ebenda, S. 207.

239. Ebenda, S. 206.
240. Ebenda, S. 212f.
241. In diesem Kapitel stütze ich mich vor allem auf folgende Veröffentlichungen: Schrader/Nikles/Griese (1976); Griese (1978); Wilpert (1980); Albrecht/Pfeiffer (1979); — zum Begriff des Selbst und zur psychoanalytischen Theorie verweise ich auf: Jacobson (1973); Kohut (1979); Kernberg (1978); Rottmann (1982).
242. Vgl. Wilpert (1980), S. 28 sowie Griese (1978), S. 114.
243. Wilpert (1980), S. 28; vgl. hierzu Kudat, A. (1975): Stability and Chance in Turkish Family at Home and Abroad. Comparative Perspektives, AVG, WZB, pre print No. p 75-6; Krahenbuhl, R.E. (1969): Acculturation Effect of International Labor Migration in Turkey, paper presented at Middle East Studies Association, Annual Meeting, Toronto.
244. Vgl. hierzu: Edmund Bergler: Der Impuls zu schreiben, in: Mechthild Curtius (1976): Seminar: Theorien der künstlerischen Kreativität, Frankfurt, S. 73-91: „Warum haben Menschen den Wunsch zu schreiben? Allen Aussagen zum Trotz schreibt kein ‚echter' Schriftsteller aus bewußt erfaßbaren Gründen. Weil der Schriftsteller selbst nichts von den unbewußten Konflikten weiß, die ihn zum Schreiben drängen" (S. 74). Vgl. auch Michel de M'Uzan: Zum Prozeß des literarischen Schaffens, in: Ebenda, S. 151-175.
245. Der Bundesminister des Innern (1983), S. 7.
246. Griese (1978), S. 93.
247. Griese (1978), S. 107; — vgl. auch Schrader/Nikles/Griese (1976), S. 121.
248. Vgl. hierzu Griese (1978), S. 107-110; Schrader/Nikles/Griese (1976), S. 119-122.
249. Habermas (1971), S. 291.
250. Griese (1978), S. 109.
251. N. Darcy (1963): Bilingualism and the Measurement of Intelligence: Review of a Decade of Research, in: Journal of Genetic Psychology, 103, J.V. Jensen (1962): Effects of Early Bilingualism, in: Elementary English, 39; Peal, E./Lambert, W. (1962): The Relation of Bilingualism and Intelligence, in: Psychological Monographs, 76. — Die Ergebnisse referiert bei Schrader/Nikles/Griese (1976), S. 122.
252. Zit. n. Schrader/Nikles/Griese (1976), S. 122.
253. Griese (1978), S. 109.
254. Schrader/Nikles/Griese (1978), S. 121; zur Herausbildung des Selbst vgl. Kernberg (1978), vor allem seine Ausführungen zur Integration von „guten" und „bösen" Teil-Selbstimagines zu einem „ganzen" Selbstkonzept, was Kernberg dann „Ich-Identität" bezeichnet: S. 47-49, 56f., 189-194, 255, 317. Sowie Rottmann (1982), der die Konzeption Kernbergs um das Problem der Triangulierung erweitert.
255. Vgl. hierzu Kernberg (1978), S. 190f: „Zum Begriff einer ‚hinreichend' guten Bemutterung gehört unter anderem, daß die Mutter beim Säugling bestimmte Ichfunktionen evoziert, stimuliert und komplementiert, die ihm selbst noch nicht zur Verfügung stehen. Der intuitive Umgang der Mutter mit ihrem Kind gewährleistet, daß beispielsweise Anlässe von Schmerz, Angst und Frustration frühzeitig entdeckt und beseitigt werden." Aus solchen Erfahrungen entsteht das Urvertrauen: „Urvertrauen bezieht sich [...] auf das Erleben — später auf das Erhoffen, Erwarten — einer lustvollen, befriedigenden Mutter-Kind-Beziehung." „Schwere Frustrationen [...] können zu einer allmählichen Sonderung von Selbstanteilen und Objektanteilen im Bereich der guten Selbst-Objekt-Imago" führen. Dies bezeichnet

Kernberg als Spaltungsprozeß, die Wesensgrundlage der narzißtischen Persönlichkeitsstörung.

256. Griese (1978), S. 119.

257. Albrecht/Pfeiffer (1979); die Studie vergleicht die Kriminalitätsbelastung von deutschen und ausländischen Jugendlichen in den Jahren 1973 bis 1977 in einigen deutschen Großstädten. Neuere Untersuchungen lagen mir nicht vor.

258. Griese (1978), S. 111.

259. Ebenda, S. 111.

260. Ebenda, S. 113.

261. Vgl. Helga Häsing/Herbert Stubenrauch/Thomas Ziehe (1980): Narziß. Ein neuer Sozialisationstyp? Bensheim; Thomas Ziehe (1979): Pubertät und Narzißmus, Frankfurt, Köln; Christopher Lasch (1980): Das Zeitalter des Narzißmus, Steinhausen.

262. Wilpert (1980), S. 47.

263. Abate (1984), S. 10-12.

264. Vgl. hierzu Miller (1979): Nicht das Selbst, die Persönlichkeit des Kindes wird vom Vater bzw. den Eltern geliebt, sondern „,ein spiegelbildlicher Bezugsrahmen, dem sich das primitive Selbst des Kleinkindes anpaßt" (S. 64). Ein Kind, dem der wohlwollende Blick von Vater und Mutter nur bei entsprechendem Leistungsnachweis zuteil wurde, wird nicht das Urvertrauen erlangen, das zur Bildung einer stabilen Ich-Identität notwendig ist. Es wird wahrscheinlich eine narzißtische Persönlichkeitsstruktur entwickeln und Anerkennung über äußeren Efolg suchen.

265. Klingenberg (1983), S. 51f. Vgl. auch Wittemann (1984): „1979 bekam nur jeder 5. ausländische Jugendliche einen Arbeitsplatz." (S. 26).

266. Vgl. Griese (1978), S. 95.

267. Griese (1978), S. 96. — Vgl. hierzu auch Günter Wallraff (1985): „Ich wußte, daß fast die Hälfte der ausländischen Jugendlichen psychisch erkrankt ist. Sie können die zahllosen Zumutungen nicht mehr verdauen. Sie haben kaum eine Chance auf dem Arbeitsmarkt. Es gibt für sie, hier aufgewachsen, kein wirkliches Zurück in ihr Herkunftsland. Sie sind heimatlos." (S. 11)

268. Ich kann leider keine genauen Zahlen als Beleg angeben. Von den 172 Autoren und Autorinnen, deren Kurzbiographie mir zur Verfügung stand — vgl. Kapitel III, Anm. 138, 139 —, ist nicht einmal bei der Hälfte angegeben, ob sie Rahmen der Familienzusammenführung in die Bundesrepublik kamen, ob sie zur zweiten oder zur ersten Einwanderergeneration gehören. Mindestens 44 Autoren sind zur zweiten Generation zu zählen, dem Alter nach zu urteilen, wahrscheinlich mehr als 50 Prozent.

269. Beispielsweise Förderzentrum Jugend schreibt (1980).

270. In Umkehrung der Verhältnisse beschreibt dies Chiellino (1985) eindrücklich: „Die Verschiebung der deutschen Aufmerksamkeit hin zu anderen Minderheiten unter den hier anwesenden Ausländern, vor allem zu der türkischen, versetzt die italienische Minderheit in eine sehr prekäre Lage. [...] Von nun an wird von den Italienern verlangt, daß sie sich in der Bundesrepublik als EG-Angehörige verstehen. [...] Damit wird ihnen offiziell die Andersartigkeit entzogen, jede Legitimierung der Schwierigkeiten mit dem deutschen Alltag streitig gemacht. Kurzum, sie haben keine Konflikte mehr zu melden, denn sie sind Italiener und keine Türken." (S. 40f.) — Chiellino beschreibt hier die Schwierigkeiten der italienischen Min-

derheit, die daraus erwachsen, daß die Ausländerfeindlichkeit vorwiegend gegen Türken gerichtet ist. Hier zeigt sich deutlich, daß mit dem Wegfall der Andersartigkeit „die Legitimisierung der Schwierigkeiten" nicht mehr möglich ist. Der Autor ringt nach äußeren Erklärungen für innere Schwierigkeiten.

271. Vgl. hierzu Carl Pietzcker: Grenzen und Möglichkeiten der Atomliteratur, in: C.P.: Trauma, Wunsch und Abwehr. Psychoanalytische Studien zu Goethe, Jean Paul, Brecht, zur Atomliteratur und zur literarischen Form, Würzburg 1985: „Die Angst vor der Atombombe ist ja meist nicht nur die Angst vor ihr und den von ihr geweckten unbewußten Phantasien, die der individuellen Geschichte des einzelnen entstammen, oft geht in sie auch die Angst vor anderen übermächtigen Gefahren, wie umgekehrt auch die Angst vor der Bombe sich auf andere Gefahren verschieben kann! Unterschiedlichen Objekten geltende Ängste neigen dazu, sich in der Angst vor einem einzigen Objekt zu verdichten. Die hierzu geeigneten Objekte wechseln je nach gesellschaftlicher Situation." (S. 127) Pietzcker kommt zu dem Schluß, daß die Angst vor der Bombe, „Phantasien der völligen Ohnmacht, der Verschmelzung, des Liebestodes, der gegenseitigen Ausrottung, der Vernichtung aller Elternfiguren und damit auch Phantasien absoluter Verlassenheit" weckt. (S. 125) Bei Pietzcker weitere Literatur.

272. Hierzu Chiellino (1985): Ein schreibener Ausländer „strebt eine neuartige Identität an: die Einheit mit sich und der nationalen und kulturellen Minderheit, zu der er nun immer bewußter gehören will. [...] Es geht um den Rückhalt, den er jetzt in dieser Minderheit und nicht in sich selbst sucht." (S. 38).

273. Larramendi, in: Taufiq (1983), S. 106-112 ist eine der wenigen Ausnahmen.

274. Ein Beispiel hierzu: Als PoLiKunst im Frühjahr 1984 in einer mehrtägigen Veranstaltungsreihe das Schaffen seiner Mitglieder der Öffentlichkeit vorzustellen suchte, hörten sich die Abschlußlesung die ohnehin teilnehmenden PoLiKunst-Mitglieder und ein paar verstreute deutsche Zuhörer an. Ausländer interessierten sich kaum für das, was über sie geschrieben wird: Im Nebenraum tagte ein griechischer Ortsverein, der sich keinen Deut um PoLiKunst oder die gemeinsamen Anliegen aller Ausländer kümmerte.

275. Ackermann (1983a), Nachwort, S. 252.
276. Ackermann (1983a), S. 14.
277. Schrader/Nikles/Griese (1976), S. 120f.
278. In: Ackermann (1983a), S. 80.
279. Ackermann (1983a), S. 104.
280. HSM, in: Ackermann (1983a), S. 14.
281. Ebenda, S. 14.
282. Alev Tekinay, Langer Urlaub, in: Ackermann (1983a), S. 211.
283. Özakin (1985a), S. 16.
284. In: Ackermann (1983a), S. 23f.
285. Sergio L. Monroy, in: Ebenda, S. 21.
286. In: Biondi u.a. (1983), S. 28f.
287. Die Zeit, 28.3.1982, zit. n. Ackermann (1985a), S. 30.
288. Vgl. Anm. 261.
289. Scheinhardt (1985), S. 39.
290. Ebenda, Titel.
291. Biondi (1985), S. 62.

292. Franco Biondi, Die Fremde wohnt in der Sprache, in: Ackermann/Weinrich (1986), S. 25-32, hier 30.

293. Zafer Şenocak, Plädoyer für eine Brückenliteratur, in: Ebenda, S. 65-69, hier 66. Vgl. hierzu auch Frederking (1985): Durch die bilderreiche Sprache Örens, vor allem durch die Verwendung fremdartig-orientalisch erscheinender Metaphern (z.B. „safrangelb sein Gesicht' [...] ‚Tee wie Hasenblut' [...] ‚Sabri, eine Pappel' [...] ‚Eselshimmel') und die lyrische Zeilenform erhält der Text [Ören (1973)] eine ästhetische Qualität." (S. 77).

294. Förderzentrum Jugend schreibt (1980), S. 18.

295. Ebenda, S. 106.

296. Ackermann (1983a), S. 31.

297. Wallraff (1985), S. 140f.

298. Bektaş u.a. (1983), S. 165. — Ähnlich: Imdat Ulusoy: Ich werde Berlin den Namen Ararat geben, in: Ackermann (1984a), S. 159-164. — Statistiken über die Selbstmordrate bei Ausländern sind mir nicht bekannt. Generell erweist sich die Suche nach genauem Zahlenmaterial über das Ausmaß von Selbstmorden in der Bundesrepublik als die Suche nach nicht vorhandenen Statistiken.

299. Hasan Dewran: Was wird aus uns? in: Ney (1984), S. 139.

300. In: Biondi u.a. (1980), S. 131.

301. In: Bektaş u.a. (1983), S. 100-109.

302. Ebenda, S. 100.

303. Ebenda, S. 108f.

304. Ebenda, S. 103.

305. Franco Biondi: Und nun schieben sie uns ab, in: F.B. u.a. (1980), S. 142.

306. Gino Chiellino: Der hausgemachte Gastarbeiter, in: Ebenda, S. 30f. — Vgl. auch Özkan/Wörle (1985), S. 28-30.

307. In: Biondi u.a. (1981), S. 7f.

308. In: Bektaş (1983), S. 64. — Weitere Beispiele für den Warencharakter eines südländischen Arbeitsemigranten: Suleman Taufiq: das exil, in: Taufiq (1983), S. 48; Kemal Kurt: Das Epos vom mustergültigen Ausländerle, in: Ackermann (1984a), S. 87f.; Zafer Şenocak: Du bist ein Arbeitsknochen, in: Ebenda, S. 89f; — es gibt sicher noch weitere Beispiele, die den Warencharakter ausländischer Arbeiter literarisch gestalten. Dennoch sind diese Beispiele zahlenmäßig gering im Vergleich zur Fülle der Gastarbeiterliteratur.

309. Diesen Zusammenhang bestätigt der 1985 fertiggestellte Dokumentarfilm „Hungry for Profit" des New Yorker Filmemachers Robert Richter. Richter zeigt, daß Milliarden Menschen in der Dritten Welt verelenden, weil Internationale Konzerne zusehens in der Dritten Welt investieren und traditionelle Arbeits- und Lebensbedingungen zerstören: Die Menschen werden arbeits- und brotlos, wandern vom Land in die Städte und bevölkern dort die Slums. — Vgl. auch Senghaas (1974), vor allem S. 159-373.

310. Wallraff (1985): „Offiziell gibt Adler seinen Umsatz mit ‚zwischen 500.000 und 1 Million' DM jährlich an, wobei bei ihm kaum reale Geschäftskosten anfallen dürften. Tatsächlich dürfte sein Umsatz bei seinem Geschäftsgebaren ein Vielfaches dieser Summe ausmachen, allein die Kopfgelder der nicht angemeldeten Illegalen zusammengerechnet." (S. 169) „Allein der Thyssen-Kuchen macht 52 Mark pro Kopf und Stunde aus, das erzählen die Kollegen. Darin sollen Staub-, Schmutz-, Hitze- und sonstige Gesundheitsschädigungszulagen

enthalten sein, von Überstundenzuschlägen ganz zu schweigen. Für Thyssen ist dieses Kopfgeld für Leute von Adler immer noch billiger als eigene Stammarbeiter. Bezahlter Urlaub, Weihnachtsgeld, Lohnfortzahlung im Krankheitsfall, alle sonstigen Leistungen sowie Kündigungsschutz entfallen. Die 52 DM teilt sich Adler mit Remmert. Remmert kassiert 27 DM, Adler 25 DM. Unterstellt man zu seinen Gunsten, daß er diesmal — völlig ungewohnt — die Sozialleistungen nicht in die eigene Tasche steckt und im Schnitt 9 Mark weitergibt, bleiben für ihn 16 DM pro Stunde, mal dreitausend im Monat macht allein von Thyssen 48.000 DM für Adler." (S. 184f.).

311. Franco Biondi, Aufstiege, in: Schaffernicht (1981), S. 57.

312. Biondi/Schami (1983), S. 101.

313. Aras Ören (1980b), S. 66 — Eine ausführliche Interpretation von Aras Örens Berlintrilogie bei Frederking (1985), S. 57-81.

314. Birol Denizeri, in: Ackermann (1984a), S. 69. — Vgl. hierzu Ertunç Barin, in: Ackermann (1983a), S. 129f.

315. Die Türkin Kadriye Güler beschreibt die Erfahrung des Verstehenkönnens folgendermaßen: „Nun verstand sie [die Heldin] die Sprache, aber jetzt wünschte sie von ganzem Herzen, sie hätte es nicht verstanden, als ihr der schrecklichste Satz ihres Lebens gesagt wurde", in: Ackermann (1983a), S. 172.

316. Biondi/Schami (1981), S. 134.

317. Ivan Tapia Bravo, in: Ackermann (1983a), S. 233. — Ein ähnliches Gedicht von Mark Chain: „Die schwierige deutsche S(pr)ache: Ich bin ja untergebrochen worden,/mehrmals täglich bebessert worden,/verleidigt, beteidigt und gescheinigt worden,/beschuldet, verduldet und gestummelt worden,/und jetzt für ein und alle mal/veriche ich dich, vereuche ich mich/und verunse ich sie .../sehe ich grimassen, die ihr macht? —/schon gut — wir werden uns noch neu besprachen", in: Ackermann (1982), S. 72.

318. In: Taufiq (1983), S. 15.

319. Rafik Schami: Die gepanzerte Haut, in: Biondi u.a. (1982), S. 24f.

320. Jiri Kral, Supermarkt, in: Ackermann (1983a), S. 89-91, hier S. 90.

321. Der Tscheche Jiri Kral, geboren 1952, kam 1980 in die Bundesrepublik; Ivan Tapia Bravo, 1951 in Chile geboren, ist seit 1974 hier; Rafik Schami, Syrer, geboren 1946, lebt seit 1971 in Westdeutschland; nur der Italiener Pasquale Marino kam 1970 als 14jähriger nach Deutschland und gehört zur zweiten Generation — aber auch er wanderte erst aus, nachdem die entscheidenden Jahre der Identitätsfindung bereits vergangen waren. — Vgl. hierzu Kapitel V.2.

322. Hohmann (1981), S. 67.

323. Richter (1979), S. 135.

324. Zit. n. Miller (1980), S. 196.

325. Richter (1979), S. 135.

326. Vgl. Meinhardt (1984), S. 16f. — Die Beleidigungen, die der Volksmund für die Gastarbeiter von Anfang an parat hatte, belegen die latente Fremdenfeindlichkeit, die mit der Rezession 1966/67 und nach 1973 offenbar wurde: „je nach Herkunft sprach man von ihnen [den Gastarbeitern] etwa als ‚Ithaker', ‚Spaghetti' oder ‚Makkaronifresser', ‚Papagallo' (vornehmlich bei Italienern) oder von ‚Kümmeltürken', ‚Kameltreibern', ‚Hammelfressern' (bei Türken). Am häufigsten, so gaben befragte ausländische Arbeiter an, wurden sie in den Be-

trieben als ‚Schwein', ‚Faulenzer', ‚Faulpelz', ‚Drecksack' und ‚Gesindel' tituliert. Wie diese Verbalinjurien aus den frühen 70er Jahren belegen, bestimmten von Anfang an Geringschätzigkeit und Hochmut das Verhältnis vieler Deutscher zu den Migranten." Ebenda, S. 17.

327. Italiener waren in den sechziger Jahren die größte Mehrheit unter den Gastarbeitern. — Vgl. Kapitel I.3.

328. Meinhardt (1984), S. 18.

329. Zur feindseligen Haltung gegenüber Türken trug auch eine konservative deutsche Bildungstradition bei: „Erinnert sei an Uhlands Gedicht von der ‚Schwäbischen Kunde', das Generationen von Schülern auswendig lernen mußten und das vom wackeren Schwaben handelt, der im Heiligen Land gegen die hitzigen und angriffswütigen Türken mit unerschütterlichem Glauben und furchtbarer Gewalt ficht. Wer kennt nicht noch das moralisierende Kinderlied: ‚Trink nicht so viel Kaffee! Nicht für Kinder ist der Türkentrank, schwächt Nerven, macht dich blaß und krank. Sei du kein Muselmann, der das nicht lassen kann!' In vielen anderen Liedern wurde das Bild vom kriegslüsternen Türken als ‚Bluthund' oder ‚blutdürstigen Hund' vom Glaubensfeind beschworen, der die ganze Christenheit bedrohe." Meinhard (1984), S. 18f. — dort weitere Beispiele.

330. Richter (1979), S. 130. Richter erläutert den Mechanismus der Projektion: „Das allgemeine Prinzip dieser Reaktion besteht in der Verwandlung von Leiden in Haß. FREUD hat dieses Reaktionsmuster entwicklungspsychologisch auf die Stufe des frühen Lust-Ichs zurückgeführt: Das Ich scheidet die Unlust gewissermaßen aus, indem es seinen Schmerz als Haß in die äußere Unlustquelle projiziert. Diese Verhaltensweise kann als eine vorherrschende Abwehrtechnik erhalten bleiben. [...] Sie dient vielen zeitlebens dazu, sich von Verzweiflung zu entlasten, indem sie das Problem stets äußeren Schuldigen anheften und sich durch deren Bekämpfung inneres Leiden ersparen. Sie retten sich unverzüglich immer wieder in Feindseligkeit, sobald sie die Gefahr spüren, innerlich zu verzagen. Das kann dazu führen, daß jemand lebenslänglich Außenfeinde zur Verfügung haben muß, um die anhaltende Gefahr depressiver Zusammenbrüche zu bannen." (S. 130). — Vgl. hierzu auch Kernberg (1978), der die Wahrnehmungsweise einer narzißtisch gestörten Persönlichkeit beschreibt: „Am Grunde" seiner Persönlichkeit „liegt, tief abgewehrt [...] das Bild eines ausgehungerten, wütenden und innerlich leeren Selbst in seinem ohnmächtigen Zorn über die ihm zugefügten Frustrationen und in ständiger Furcht vor der Welt der anderen, die der Patient als genauso haßerfüllt und rachsüchtig empfindet wie sich selbst." (S. 268)

331. Vgl. Hoimar von Ditfurth (1985): So laßt uns denn ein Apfelbäumchen pflanzen, Hamburg/Zürich. — Der Wissenschaftspublizist schildert in diesem Buch die ökologische Bedrohung der Erde und kommt zu dem Ergebnis, daß die Menschheit unrettbar ihrem Untergang entgegentreibt.

332. Richter (1979), S. 26. — „Das individuelle Ich" wird, so argumentiert Richter weiter, „zum Garanten eines modernen Sicherheitsgefühls. In psychoanalytischer Betrachtungsweise kann man von einer narzißtischen Identifizierung sprechen. Die grandiose Selbstgewißheit des Ich ist an die Stelle der Geborgenheit in der großen idealisierten Elternfigur [hier gemeint: Gott] getreten. Deren gewaltige Macht taucht nun als maßlose Überschätzung der eigenen Bedeutung und Möglichkeiten auf. Das individuelle Ich wird zum Abbild Gottes." (S. 27)

333. Der Verlust der Zukunftsperspektive ist gleichbedeutend mit dem Hereinbrechen der Todesvision. — Zur Abwehr des Todes in unserer Gesellschaft vgl. Philippe Ariès (1980): Ge-

schichte des Todes, München/Wien.

334. Vgl. hierzu Lloyd de Mause (1984): Reagan's Amerika, Basel, Frankfurt, vor allem S. 190-230.

335. Parin (1978), S. 636.

336. Vgl. hierzu Kernberg (1978), S. 269f.: Kernberg erläutert den Zusammenhang zwischen Selbstentwertung und Frustration: „Ein [...] entwertetes Selbstkonzept läßt sich besonders bei narzißtischen Patienten beobachten. [...] Man findet bei diesen Patienten eine pathologisch verstärkte Ausprägung oraler Aggression"; die Ursachen sind entweder „konstitutionell bedingt" oder beruhen auf „realen schweren Frustrationen in den ersten Lebensjahren". Vgl. auch Kohut (1973), S. 65f.

337. In vielen Fällen ist dies deshalb nicht möglich, weil der Vater in der heutigen Kleinfamiliensituation meist als blasser Dritter unbedeutend bleibt. Zur Triangulierung, d.h. zur Fähigkeit, die Mutter-Kind-Dyade zugunsten mehrerer Objektbeziehungen aufzugeben, gehört notwendig ein Dritter, in der Regel ist dies der Vater. (Zur Triangulierung vgl. Rottmann, 1978). Je enger die Bindung an die Mutter ist, desto weniger kann sich ein Kind selbst entfalten und entwickeln. Vor allem Wut und Aggression gegenüber der Mutter können nicht gelebt werden, da ein solches Kind sich nicht schutzsuchend an einen Dritten wenden kann, wenn das Mutter-Kind-Verhältnis vorübergehend getrübt ist. Die Wut wird aus dem Selbst-Konzept abgespalten und auf andere projiziert. (Vgl. hierzu Kernberg, 1978, S. 47f., 66, 76, 102-104, 109, 113f.).

338. Kernberg (1978), S. 189f.

339. Vgl. hierzu Kernberg (1978), S. 265-268.

340. Was ich hier beschreibe ist das Selbstkonzept bei Menschen mit narzißtischer Charakterstruktur. Es gibt hierzu die Variante der Borderline-Persönlichkeit: Solche Menschen sind nicht in der Lage, ihre Aggressionen dauerhaft zu projizieren; ihr Selbstkonzept und ihre Objektimagines wechseln ständig zwischen Idealisierung und Entwertung. Vgl. Ebenda, S. 19-67.

341. Ebenda, S. 49.

342. Ebenda, S. 49/51.

343. Ebenda, S. 268.

344. Der Spiegel, Nr. 38/1980: Aus Briefen an die Innenminister Baum und Gries.

345. Weitere Witze bei Meinhardt (1984), S. 58: „Was haben ein Apfel und ein Türke gemeinsam? — Am schönsten sehen sie aus, wenn sie hängen. * Ausländer sind ausgestorben, weißt du auch warum? — Ratten waren immer schneller an den Mülltonnen. * Was ist das, wenn ein Türke auf einem Mülleimer sitzt? — Eine Hausbesetzung. * Ein Türke mit einem Spazierstock, was ist das? — Dreck am Stecken. * Kommt ein Türke mit einem Frosch auf dem Kopf zum Doktor. Der Doktor fragt: Was kann ich für sie tun? Da sagt der Frosch: „Machen sie mir das Geschwür am Arsch weg!" * Die größten vier Feiertage für Türken: Ramadan, Sommer-, Winterschlußverkauf, Sperrmüll. * Was ist ein Unglück? Wenn ein Schiff voller Türken versinkt! Was ist eine Katastrophe? Wenn ein Türke überlebt." Und so weiter und so weiter. Menschenverachtende Witze, die Gewalt gegen Türken vorbereiten und legitimieren.

346. Vgl. hierzu Frankfurter Rundschau, 28.3.1981: Das sozialwissenschaftliche Institut „sinus" erforschte im Auftrag des Bundeskanzleramtes von Mai 1979 bis Juni 1980 rechtsextreme Einstellungen in der Bundesrepublik und kam zu diesem Ergebnis. 13 Prozent der

wahlberechtigten Bundesbürger haben nach Angaben der Sozialwissenschaftler rechtsextreme Einstellungen, weitere 37 Prozent leben nach Grundsätzen, „die sich zum Teil mit rechtsextremen Denkinhalten überschneiden." Wichtigster Punkt und „Rückgrat des rechtsextremen Weltbildes" sei das „reaktionäre Menschenbild". Haß und Abneigung gegen alles Andersartige bestimmt es, Haß auf „unanständige" Jugendliche, auf Gastarbeiter, sexuelle Minderheiten und sogenannte Asoziale.

347. Frankfurter Allgemeine Zeitung, 2.1.1986.
348. Vgl. Badische Zeitung, 22.1.1986.
349. Badische Zeitung, 8.10.1984.
350. Die Zeit, 16.8.1985.
351. Badische Zeitung. 26.11.1984.
352. Stuttgarter Zeitung, 11.5.1984.
353. Badische Zeitung, 10.6.1985.
354. Stuttgarter Zeitung, 1.12.1983.
355. Vgl. Badische Zeitung, 25.10.1983.
356. Hans-Günther Thiele, in: Schaffernicht (1981), S. 79.
357. Badische Zeitung, 11./12.12.1985: „Es ist unmenschlich, ausländische Kinder ihrer Heimat und ihrer Muttersprache zu entfremden. Bürgerinitiative Ausländerstop." Und am 15.12.: „Deutschland darf kein Einwanderungsland werden! Bürgerinitiative Ausländerstop." Zwei kleine Inserate, denen bald ein handgreiflicher Überfall folgt: „Griechen verprügelt. Täter sind junge Deutsche." — Badische Zeitung, 16.12.1985.
358. Frankfurter Runschau, 23.4.1981.
359. Vgl. Verfassungsschutzberichte 1980 bis 1985 oder: Frankfurter Rundschau 3.4.1980, Badische Zeitung, 8.7.1983.
360. Vgl. Verfassungsschutzbericht 1983, S. 152.
361. Stern, Nr. 34/1982.
362. Nach einer Untersuchung von INFAS im Dez. 1981, in: Der Spiegel, Nr. 18/1982, S. 39.
363. Frankfurter Allgemeine Zeitung, 7.12.1985.
364. Süddeutsche Zeitung, 23.8.1985.
365. Frankfurter Allgemeine Zeitung, 7.12.1985.
366. Süddeutsche Zeitung, 12.7.1983.
367. In Bonn wurden Ausländer mit dunkler Hautfarbe wiederholt aus Lokalen der Innenstadt gewiesen (Badische Zeitung, 28.4.1983); in einem kleinen Ort in der Nähe von Karlsruhe weigerte sich ein Wirt, türkische Gäste zu bedienen (Badische Zeitung, 30.11.1985); in einem Odenwalddorf stellte ein Wirt ein Schild mit dem Titel auf: „Türken dürfen dieses Lokal nicht betreten." (Der Spiegel, 11.2.1985).
368. Der Spiegel, 11.2.1985; Frankfurter Rundschau, 5.2.1985.
369. Frankfurter Rundschau, 3.3.1984; Süddeutsche Zeitung, 4.3.1984; Stuttgarter Zeitung, 3.3.1984.
370. Badische Zeitung. 10.11.1985.
371. Badische Zeitung, Nr. 221, 24.9.1985.
372. Nach einer Meldung von epd vom 16.1.1984.
373. Woche im Bundestag, 29.1.1986, Nr. 2, S. 5.

374. Badische Zeitung, 24.8.1985.
375. Passagenweise abgedruckt in: Frankfurter Rundschau, 16.2.1985.
376. Frankfurter Rundschau, 24.1.1986.
377. Frankfurter Rundschau, 4.10.1984.
378. Süddeutsche Zeitung. 11.2.1985.
379. Fellbacher Zeitung, 17.3.1983; zit. n. Wittemann (1984), S. 18.
380. In: Schaffernicht (1981), S. 21.
381. Biondi/Schami (1983), S. 101.
382. In: Ackermann (1983a), S. 84f.
383. Carmine Abate, in: Bektaş u.a. (1983), S. 128f.; auch in: Abate (1984), S. 64.
384. In: Bektaş u.a. (1983), S. 130; auch in: Abate (1984), S. 66.
385. In: Biondi u.a. (1980), S. 84.
386. In: Ney (1984), S. 93f.
387. In: Ackermann (1983a), S. 83.
388. Ihsan Ece, in: Ney (1984), S. 116.
389. Miltiades Papanagnou: FAKA, in: Biondi u.a. (1982), S. 55.
390. Vgl. Wallraff (1985), S. 184, 189-201.
391. Vgl. Anm. 345.
392. Servet Aksahal: Aus dem Tagebuch eines Gastarbeiters, in: Ackermann (1984a), S. 101.
393. Franco Biondi: So ein Tag, so wunderschön wie heute, in: Biondi u.a. (1980), S. 94; auch in: Biondi (1982), S. 33, sowie Biondi (1985b), S. 63f.
394. Birol Denizeri: Tote Gefühle, in: Ackermann (1983a), S. 187. — Vgl. auch Ney (1984), S. 109f., 155; Biondi u.a. (1980), S. 129; Kürbiskern 1/1983, S. 79f.; Wallraff (1985), S. 42, 107.
395. In: Schaffernicht (1981), S. 17. — Weitere Textbeispiele, die die Schwierigkeiten von Liebespartnern unterschiedlicher kultureller und ethnischer Herkunft literarisch ausdrücken von Abdolreza Madjderey, Elisabeth Gonçalves, Imam Ragab Abdou, Elham Abd-el-Attif Mohamed, Guadalupe Bedregal, Ivan Tapia Bravo, Gino Chiellino, Gyula Szanyi (alle in: Ackermann, 1983a, S. 143-160), Ihsan Atacan (Ackermann, 1984, S. 83), Melek Baklan, Chantal Estran-Goecke, Elisabeth Gonçalves, Leila Kather, Andrea Meissner (alle in: Özkan/Wörle, 1985, S. 104-140).
396. Dikman (1983), S. 105.
397. Ebenda, S. 106.
398. Jos Jacquemoth: Die Ankunft, in: Ackermann (1982), S. 145.
399. Hülya S. Özkan: Kreisläufe, in: Ackermann (1984a), S. 192.
400. Vgl. Wittemann (1984), S. 20.
401. Abate (1984), S. 64, auch in: Bektaş (1983), S. 128.
402. Ebenda — Wohnungssuche und Wohnungsnot werden auch thematisiert von Jusuf Naoum: Sindbads letzte Reise, in: Ackermann (1982), S. 147-162; Pantheater: Im Wohnungsamt, in: Ney (1984), S. 68-80; Biondi (1984).
403. „Die Ausländerpolitik der Bundesregierung ist darauf gerichtet, die weitere Zuwanderung von Ausländern in die Bundesrepublik Deutschland wirksam zu begrenzen" und „die Rückkehrbereitschaft zu stärken". Nur die „seit vielen Jahren in der Bundesrepublik Deutschland lebenden Ausländer" sollen integriert werden. (Der Bundesminister des Innern, 1983, S. 26).

404. Vgl. Badische Zeitung, Nr. 221, 24.9.1985.
405. Nach einer Statistik des „Materialdienst ausländische Mitbürger in Baden-Württemberg" (Nr. 47/März 1986) wurden von Januar bis Juni 1985 33,4 % der Asylanträge anerkannt. Und die Anerkennungsquote sinkt derzeit dramatisch: Nach Angaben des Bundesamtes für die Anerkennung ausländischer Flüchtlinge wurden 1986 nur noch 14,9% der Asylbewerber als politische Flüchtlinge anerkannt, 1987 sogar nur noch 9,4%. — Zur Asylproblematik vgl. Hamm u.a. (1988).
406. Vgl. hierzu: Materialien zum Projektbereich ‚Ausländische Arbeiter', Nr. 40/Dez. 1983: Rückkehr in die Fremde, S. 5f.
407. In: Ackermann (1984a), S. 211.
408. In: Ackermann (1984a), S. 216.
409. Scheinhardt (1985), S. 155. — Vgl. auch Kemal Kurt: Visionen von einer nicht allzu fernen Zukunft; Südafrika ist ein fernes Land : ...„ überflüssige arbeiter/schiebt man ab/in Homelands/rückführung in die heimat/nennt man das", in: Ackermann (1984a), S. 229-231; Mao: Es gibt keinen Platz mehr, in: Bektaş u.a. (1983), S. 160. — Vgl. auch Scheinhardt (1983): Saliha Scheinhardt beschreibt in dieser authentischen Erzählung die Geschichte einer Türkin, die ihren Mann aus Verzweiflung mit einem Beil erschlug und nun eine 6jährige Gefängnisstrafe absitzen muß. Nach der Entlassung droht ihr die Abschiebung. Ihre Angst, in die Türkei zurückkehren zu müssen, in ein Land, in dem ihr die Blutrache durch die Familie ihres Mannes droht, ist ein Leitmotiv dieser Erzählung.
410. Hölzl/Torossi (1985), S. 73.
411. Biondi (1984a).
412. Der Bundesminister des Innern (1983), S. 9.
413. In Bektaş (1983), S. 70. — Zum Abschluß des gesamten Kapitels will ich darauf hinweisen, daß die Ausländerfeindlichkeit, wie sie in der Literatur der Einwanderer dargestellt wird, nicht als pure Wirklichkeit genommen werden darf. Sie ist eine Mischung aus realer Erfahrung und Projektion (vgl. hierzu auch die Kapitel IV.2./3.). In vergleichbarer Weise wie Deutsche ihre Wünsche und Ängste auf Ausländer projizieren, verhalten sich auch Ausländer. An einigen Texten wird dies besonders deutlich. Ohne ironische Brechung läßt Melek Baklan ihre Ich-Erzählerin sagen: „Auch wenn ich es mit sechzig Millionen Faschisten zu tun haben sollte, war ich bereit [nach Deutschland] zu gehen." (Melek Baklan: Die Flucht, in: Özkan/Wörle, 1986, S. 26) Oder Suna Gollwitzer: ...„Ich frage euch,/ seid ihr Menschenkinder/ oder Ungeheuer, erfüllt von Haß." (Suna Gollwitzer: Ein Vorschlag, in: Ebenda, S. 132). Diese beide Beispiele zeigen besonders deutlich, daß Ausländer ebenfalls ihren Haß und ihre Aggression auf Deutsche projizieren. In der Phantasie werden „die Deutschen" dann ausnahmslos zu Faschisten oder Ungeheuern. Die wenigsten Autoren neigen zu derart extremer Schwarz-Weiß-Malerei. Dennoch muß man bedenken, daß in den Texten nie die Wirklichkeit selbst, sondern immer nur dargestellte Wirklichkeit zum Ausdruck kommt. Die Literatur der Ausländer spiegelt zwar die Ausländerfeindlichkeit in der Bundesrepublik, jedoch gebrochen durch den subjektiven Blick des jeweiligen Autors.
414. Vgl. beispielsweise den Sammelband Hölzl/Torossi (1985): Chantal Estran-Goecke: Endstation Deutschland, S. 51; Sabriye Cemboluk: Nacht in einem fremden Land, S. 51; Ende eines Traums, S. 52; Marijana Senftleben: Auf dem Weg, S. 67; Maria Gavranidou: Ramadan-Rally, S. 69; Dadi Sideri: (ohne Titel), S. 73.

415. Ausnahmen sind beispielsweise Fakir Baykurt „Die Flugkarte", in: Biondi u.a. (1981), S. 106-116, oder Franco Biondis „Die Trennung", in: Biondi (1982/Bd. 2), S. 51-62. Hier werden aus der Sicht des Mannes Ängste von Frauen beschrieben.
416. Hölzl/Torossi (1985); Özkan/Wörle (1985).
417. Marianthi Jacobs-Samolis: Zypresse, S. 32-35; Alev Tekinay: Du machst dich, Mädchen, S. 89-97; Luisa Costa Hölzl: Der Tag danach, S. 103-106; Melek Baklan: Ich wurde zur Frau erzogen! S. 17-21 (alle Hölzl/Torossi, 1985); Melek Baklan: Die Flucht, S. 13-36; Leila Kather: Nana, S. 135-138 (alle Özkan/Wörle, 1985).
418. Die Zeit, Nr. 24, 6. Juni 1986, S. 53. — Die Veröffentlichungen Tezer Kirals will ich hier nur am Rande erwähnen. Die türkische Autorin, die heute in Zürich lebt, veröffentlichte zwei Romane, zahlreiche Erzählungen und übersetzte eine Vielzahl deutscher Schriftsteller ins Türkische. 1982 erhielt sie den „Literaturförderpreis der Stadt Marburg". Ihren autobiographischen Roman „Die kalten Nächte der Kindheit" übersetzte der Turkologe Wolfgang Riemann ins Deutsche. Emigration spielt hier zwar keine Rolle, die Schriftstellerin schildert hier aber eindrücklich die aufgezwungenen Moralbegriffe einer konservativ türkischen Erziehung und den langen Weg, den sie zurücklegen muß, um sich von Familie und Konventionen zu befreien. Hierin ähnelt ihr Schreiben der „kleinen Autobiographie", die Aysel Özakin ihrem Roman „Die Leidenschaft der Anderen" voranstellt. — Eine Sonderstellung unter den schreibenden Frauen nimmt Eleni Torossi (1986) ein. In ihrem ersten Buch veröffentlichte sie „Gutenachtgeschichten" und begibt sich auf die Ebene der Kinder- und Märchenwelt. Damit schließt sie spezielle Frauenthemen von vorn herein aus.
419. Kamenko (1978), S. 78.
420. Vgl. Baumgartner-Karabek (1978), S. 12-14.
421. Glasneck (1971), S. 239.
422. Baumgartner-Karabek (1978), S. 15.
423. Vgl. Mikein (1986), S. 169.
424. Saadawi (1980), S. 15.
425. Mikein (1986), S. 175.
426. Ebenda, S. 186.
427. Saadawi (1980), S. 23.
428. Vgl. Mikein (1986), S. 179f.
429. Zit. n. Scheinhardt (1983), S. 12.
430. Vgl. Baumgartner-Karabek (1978), S. 18f.
431. Eva Gnida/Martha Sammer/Heidi Ulmer/Carmen Zeller: Beratung für ausländische Mädchen, in: Wittemann (1984), S. 119.
432. Ebenda, S. 119.
433. Als Beleg eine Statistik aus Stuttgart: Von 1516 ausländischen Mädchen im Alter von 15 bis 18 Jahren, die 1981 die Schule verließen, konnten 86 eine Lehrstelle finden und antreten. 843 haben es erst gar nicht versucht, eine Ausbildung anzutreten. Sie sind sofort in Ehe und Familie verschwunden. Von den 673 Mädchen, die sich beraten ließen, konnten 12 Prozent eine Stelle antreten. — Mündliche Angaben der Berufsberatung Stuttgart vom Oktober 1983, zit. n. Wittemann (1984), S. 120-122.
434. Das Motiv gewaltsamer sexueller Ausbeutung wird in sehr vielen Erzählungen verwendet, in denen Frauen auf die Unterdrückung von Frauen hinweisen. Vgl. die drei Erzäh-

lungen in Saliha Scheinhardt (1984): Gülnaz K. wird gegen ihren Willen von einem Verehrer entführt und anschließend zwangsverheiratet (vgl. vor allem 46-49), Zümrüt Ö. wird von einem benachbarten Türken als zwölfjährige monatelang vergewaltigt (vgl. vor allem S. 67f.), Zeynep Z. wird der Familienehre wegen verstoßen, weil sie sich mit einem deutschen Jungen anfreundet; Melek Baklan: Die Flucht (in: Özkan/Wörle. 1985) beschreibt die Vergewaltigung der Ich-Erzählerin durch einen türkischen Verehrer, der daraufhin zum Ehemann gekürt wird.
435. Scheinhardt (1983), S. 38f.
436. Ebenda, S. 40f.
437. Ebenda, S. 70. — Das Motiv völliger Isolation einer türkischen Migrantin auch in: Marianthi Jacobs-Samolis: Zypresse, in Hölzl/Torossi (1985), S. 32-35.
438. Scheinhardt (1983), S. 62. — Nicht ganz so dramatisch, aber dennoch vergleichbar beschreiben Leila Kather die Moralvorstellungen griechischer Eltern (Leila Kather: Nana, in Özkan/Wörle, 1985, S. 135-138) und Luisa Costa-Hölzl die der (portugiesischen) Heimat als Akt der Befreiung (Luisa Costa-Hölzl: Der Tag danach, in: Hölzl/Torossi, S. 103-106): „Pflichten gegenüber der Familie, das Bild des reinen Mädchens bewahren, Bitte um Vertrauen, sie sollen sich doch bitte keine Sorgen machen, die liebe, pflichtbewußte Tochter wird ihren klaren Kopf in jeder Situation behalten, fühlt sich der Tradition und ihrer religiösen Erziehung verpflichtet [...] Mit jeder Berührung einen Satz wegradiert. Mit jeder Liebkosung einen Gedanken gelöscht. Ich habe mich freigeschrieben. Ich habe mit der Familie abgerechnet." (S. 104)
439. Scheinhardt (1984), S. 105.
440. Ebenda, S. 130.
441. Ebenda, S. 15. — Ähnlich Melek Baklan: Die Flucht, in: Özkan/Wörle: „Es gab einen Mann, den ich liebte, das war mein Vater, es gab drei Männer, die ich haßte, das waren mein Vater, mein Mann und sein Vater." (1985, S. 15)
442. Scheinhardt (1985), S. 29f.
443. Ebenda, S. 29.
444. Ebenda, S. 102.
445. Ebenda, S. 63. — Das Motiv der Emanzipation läßt sich für alle Erzählungen aufzeigen, in denen Frauen die Unterdrückung von Frauen darstellen. Vgl. Özkan/Wörle (1985), S. 23, 24, 49: in diesen Textstellen steht die Emigration nach Deutschland sinnbildlich für die Befreiung der Frau; oder Hölzl/Torossi (1985), S. 17-21, 26-29, 103-106; Özakin (1983), S. 7-12.
446. Vgl. hierzu Joachim Bumke: Höfische Kultur. Literatur und Gesellschaft im hohen Mittelalter, 2 Bde. München 1986: „Die Laien hatten ihre eigene Literatur, die gänzlich schriftlos war. Von der Eigenart und Bedeutung dieser mündlichen Literatur kann man sich nur schwer eine Vorstellung machen, weil sie bis auf die geringen Spuren, die sich schriftlich erhalten haben, untergegangen ist." (Bd. 2, S. 610).
447. „Alles weist darauf hin, daß die deutschen Fürsten in der zweiten Hälfte des 12. Jahrhunderts in der Regel ungebildet waren." (Ebenda, S. 604 — detaillierte Ausführungen über die Laienbidung S. 596-609, Literaturangaben S. 839f).
448. „Angesichts der Bildungsverhältnisse in der adeligen Laiengesellschaft kann man davon ausgehen, daß die höfische Dichtung hauptsächlich hörend aufgenommen worden ist." (Ebenda, S. 721)

449. Ebenda, S. 718. — Weitere Materialien und Literaturhinweise S. 718-784, 842-846.
450. Vgl. Jan Knopf (1983): Die deutsche Kalendergeschichte, Frankfurt.
451. Von den deutschen Hausmärchen ist beispielsweise nur noch die Grimmsche Variante bekannt, die im letzten Jahrhundert von den Brüdern Grimm schriftlich festgehalten wurde.
— Vgl. auch Jan Knopf (1983): Die deutsche Kalendergeschichte, Frankfurt.
452. „Die Anfänge der türkischen Literaturgeschichte [...] sind identisch mit der Geschichte der Volksliteratur." „Ihre schriftliche Fixierung geht nur in seltenen Fällen weiter zurück als unser Jahrhundert." (Pazarkaya, 1982, S. 40) Mündlich überlieferte Texte haben in der Türkei also bis in die Gegenwart eine große Bedeutung. Für die arabischen Staaten gilt Vergleichbares.
453. Vgl. hierzu Pazarkaya (1982), S. 44-47.
454. Zit. n. Pazarkaya (1982), S. 45.
455. „König Schahzamân von Samarkand wollte seinen Bruder König Schehrijâr von Indien besuchen. Er fand, als er bei seiner Abreise noch einmal in seinen Palast zurückkehrte, seine Gemahlin in den Armen eines Negers. Sofort erschlug er beide und ritt dann traurig zu seinem Bruder. Dort entdeckte er, daß die Gemahlin Schehrijârs es ebenso trieb, wie seine Gemahlin es getrieben hatte. Nun ward er wieder froh. Sein Bruder wunderte sich über sein verändertes Aussehen und erfuhr auf sein dringendes Bitten hin die ganze Wahrheit von Schahzamân. Darauf legten beide ihre königliche Würde ab und zogen als Pilger durch die Welt auf der Suche nach jemandem, dessen Leid noch größer wäre als das ihrige. Sie fanden einen solchen in einem Dämon, der von seiner Frau in unerhörter Weise betrogen wurde. So kehrten sie denn in die Hauptstadt zurück. Dort schlug Schehrijâr seiner Gemahlin sowie den Sklaven und Sklavinnen, die an ihrem Treiben teilgenommen hatten, den Kopf ab, und von da an ließ er sich jeden Tag eine Jungfrau bringen, mit der er sich vermählte und die er am nächsten Tag enthauptete. Nachdem er das Jahr getan hatte, murrte das Volk, und alle Jungfrauen flohen aus der Stadt. Wieder befahl er seinem Wesir ein Mädchen zu bringen; doch dieser konnte keines finden und ging betrübt nach Hause. Seine kluge Tochter Schehrezâd sprach ihm Mut zu und veranlaßte ihn, sie zum König zu bringen. Als sie beim König war, bat sie ihn, ihre jüngere Schwester Dinazâd kommen zu lassen. Diese bat, als sie beim König war, Schehrezâd möchte eine Geschichte erzählen. Dann folgten im bunten Wechsel alle Erzählungen, durch die Schehrijâr veranlaßt wird, die Hinrichtung immer von einem Tag auf den anderen zu verschieben, da er stets die Geschichte zu Ende hören will. Nachdem Schehrezâd in der 1001. Nacht ihre letzte Geschichte beendet hat, führt sie dem König die drei Söhne vor, die sie ihm inzwischen geboren hatte. Der König bewunderte ihre Klugheit, läßt sie am Leben und gibt sein früheres Tun auf." Paraphrasiert von Littmann (1953), S. 666.
456. Information über arabische Märchenerzähler: mündlich von Jusuf Naoum.
457. Dan Diner (1986), S. 65.
458. Ebenda.
459. Rafik Schami (1986): Eine Literatur zwischen Minderheit und Mehrheit, in: Ackermann/Weinrich (1986), S. 55-58, hier S. 57.
460. Alle hier paraphrasierten Geschichten in: Schami (1985).
461. Die Geschichte von Bobo und Susu ist bisher nicht veröffentlicht; Der fliegende Baum, in: Schami (1984), S. 6-15.
462. Schami (1985), S. 66.

463. Naoum (1979) enthält Alltagsgeschichten aus dem Libanon, Naoum (1983) setzt sich mit dem Bürgerkrieg im Libanon auseinander. „Karakus", Naoums dritte Veröffentlichung (1986) ist ein Märchenband, der sich an die Geschichte aus „Tausendundeiner Nacht" anlehnt: Karakus ist ein Spaßmacher, der mit seinem sprechenden Esel ins Gefängnis geworfen wird: „Schon eine Woche schmachteten sie dort, als König Seilan hörte, daß Karakus ein Spaßmacher sei. Seilan ließ Karakus zu sich holen und versprach ihm, ihn und seinen Esel freizulassen, wenn es ihm gelänge, ihn zum Lachen zu bringen. Das hätte bisher niemand geschaft. Bliebe Karakus erfolglos, würde er ihn und seinen Esel aufhängen lassen." (S. 67) — Das Schicksal Schehrezâds ist hier gespiegelt. Aber auch andere Motive erinnern an Märchenerzähler und die arabische Märchenvorlage: Alah El Din findet eine Öllampe, die er reiben muß, so daß ein Riese erscheint (S. 82f, 84f); mehrere Einzelgeschichten werden durch eine Rahmenerzählung zusammengehalten.

464. Zafer Senocak (1986): Plädoyer für eine Brückenliteratur, in: Ackermann/Weinrich (1986), S. 65-69, hier: S. 67. — Vgl. auch Rafik Schami (1986): Eine Literatur zwischen Minderheit und Mehrheit, in: Ebenda: Die eingewanderten Autoren „sprengen" „die ihnen gesetzten Grenzen" und „lassen" „sich kein Thema verbieten." (S. 57)

Primärliteratur

Sammelbände

Ackermann, Irmgard (1982, Hrsg.): Als Fremder in Deutschland. Berichte, Erzählungen, Gedichte von Ausländern, München

—, (1983a, Hrsg.): In zwei Sprachen leben. Berichte, Erzählungen, Gedichte von Ausländern, München

—,(1984a, Hrsg.): Türken deutscher Sprache. Berichte, Erzählungen, Gedichte von Ausländern, München

—/Weinrich, Harald (1986, Hrsg.): Eine nicht nur deutsche Literatur. Zur Standortbestimmung der „Ausländerliteratur", München / Zürich

Aparicio, Guillermo / Böhm, B. / Taufiq, Suleman (1979, Hrsg.): Wir sind fremd — Wir gehen fremd. Gedichte. Anthologie „Ausländer schreiben", Bd. 1, Aachen

Arbeitsgemeinschaft katholischer Studenten- und Hochschulgemeinden (1977, Hrsg.): Probleme der türkischen Jugendlichen (Selbstzeugnisse), Bonn

Bektaş, Habib / Biondi, Franco / Chiellino, Gino / Naoum, Jusuf / Schami, Rafik (1983, Hrsg.): Das Unsichtbare sagen! Prosa und Lyrik aus dem Alltag des Gastarbeiters, Kiel

Biondi, Franco / Naoum, Jusuf / Schami, Rafik/Taufiq, Suleman (1980, Hrsg.): Im neuen Land. Südwind gastarbeiterdeutsch, Bremen

— (1981, Hrsg.): Zwischen Fabrik und Bahnhof. Prosa, Lyrik und Grafiken aus dem Gastarbeiteralltag. Südwind gastarbeiterdeutsch, Bremen

Biondi Franco / Naoum, Jusuf / Schami, Rafik (1982, Hrsg.): Annäherungen. Prosa, Lyrik und Fotografien aus dem Gastarbeiteralltag. Südwind gastarbeiterdeutsch, Bremen

— (1983, Hrsg): Zwischen zwei Giganten. Prosa, Lyrik und Grafiken aus dem Gastarbeiteralltag, Bremen

Chiellino, Gino (1983, Hrsg.): Nach dem Gestern. Aus dem Alltag italienischer Emigranten — Dopro ieri. Dalle vita di emigranti italiani. Südwind zweisprachig, Bremen

Friedrich, Heinz (1986, Hrsg.): Chamissos Enkel. Zur Literatur von Ausländern in Deutschland, München

Förderzentrum *JUGEND SCHREIBT* (1980, Hrsg.): Täglich eine Reise von der Türkei nach Deutschland. Fischerhude

Giambusso, Guiseppe (1982, Hrsg.): Wurzeln hier. Gedichte italienischer Emigranten — Le radici, qui. Poesie di emigranti italiani. Südwind zweisprachig, Bremen

Hölzl, Luisa Costa / Torossi, Eleni (1985, Hrsg.): Freihändig auf dem Tandem. 30 Frauen aus 11 Ländern, Kiel

Kürbiskern (1983, Nr. 1): Ausländer — Sündenbock oder Mitbürger, München

— (1979, Nr. 3): Gastland und Getto. Bundesrepublik Deutschland, München

Ney, Norbert (1984, Hrsg.): Sie haben mich zu einem Ausländer gemacht ... Ich bin einer geworden. Ausländer schreiben vom Leben bei uns, Reinbek

Özkan, Hülya / Wörle, Andrea (1985, Hrsg.): Eine Fremde wie ich. Berichte, Erzählungen, Gedichte von Ausländerinnen, München

PoLiKunst (1983): Ein Gastarbeiter ist ein Türke, Jahrbuch

— (1984): Der Tanz der Fremden. Jahrbuch

— (1985): Lachen aud dem Getto. Jahrbuch

Rind & Schlegel (1983, Januar): Ausländer schreiben deutsche Gedichte. Sondernummer

Schaffernicht, Christian (1981, Hrsg): Zu Hause in der Fremde. Ein bundesdeutsches Ausländer-Lesebuch, Fischerhude

Schierloh, Heimke (1984, Hrsg.): Das alles für ein Stück Brot. Migrantenliteratur als Objektivierung des „Gastarbeiterdaseins", Frankfurt

Taufiq, Suleman (1983, Hrsg.): Dies ist nicht die Welt, die wir suchen. Ausländer in Deutschland. Prosa, Lyrik & Fotos, Essen

Werkkreis Literatur der Arbeitswelt (1981, Hrsg.): Sehnsucht im Koffer, Frankfurt

Zeitschrift für Kulturaustausch (1985, Nr. 1): ... aber die Fremde ist in mir. Migrationserfahrung und Deutschlandbild in der türkischen Literatur der Gegenwart

Einzelveröffentlichungen:

Abate, Carmine (1984): Den Koffer und weg! Erzählungen, Kiel

Akcam, Dursun (1982): Deutsches Heim, Glück allein. Wie Türken Deutsche sehen, Bornheim-Merten

Aktoprak, Levent (1985): Ein Stein der blühen kann. Gedichte, Berlin

— (1983): Entwicklung. Gedichte, Duisburg

Aparicio, Guillermo (1979): Meine Wehen vergehen. Gedichte, Stuttgart

Apatride, Jean (1982): Die Schneide der Axt wurde stumpf. Gedichte, Kurzprosa, Aphorismen, Stuttgart

Bahadinli, Yusuf Ziya (1984): In der Dunkelheit des Flures. Erzählungen, Berlin

— (1980): Zwischen zwei Welten. Texte in zwei Sprachen, Berlin

Başargan, Özdemir (1984): Teoman, der Ungültige. Erzählungen, Berlin

Baykurt, Fakir (1984): Nachtschicht und andere Geschichten aus Deutschland, Zürich 1984

— (1980): Die Friedenstorte. Texte in zwei Sprachen, Stuttgart

Bektaş, Habib (1981): Belagerung des Lebens. Gedichte und Geschichten. Texte in zwei Sprachen, Berlin

Biermann, Wolf (1982): Verdrehte Welt, das seh ich gerne, Köln

Billich, Katharina (1986): Die Tür zum Hof. Erzählungen, Berlin

— (1968): Verwandlungen. Gedichte, Karlsruhe

Biondi, Franco (1984a): Abschied der zerschellten Jahre. Novelle, Kiel

— (1982): Passavantis Rückkehr. Erzählungen 1 / Die Tarantel. Erzählungen 2, Fischerhude (1985b: in einem Bd: Passavantis Rückkehr, München)

Chiellino, Gino (1987): Sehnsucht nach Sprache, Kiel

— (1984): Mein fremder Alltag, Kiel

Cuturic, Dragan (1983): Zerrissenes Leben. Alltagsprotokolle, Berlin

Dal, Güney (1985): Die Vögel des falschen Paradieses. Erzählungen in zwei Sprachen, Frankfurt

— (1981): Europastr. 5. Roman, Hamburg (inzwischen: Reinbek 1985)

— (1979): Wenn Ali die Glocken läuten hört, Berlin

Dayioglu, Gülten (1981): Beiß die Zähne zusammen, Berlin

Dewran, Hasan (1983): Entlang des Euphrat. Gedichte, Berlin

Dikmen, Şinasi (1986): Der andere Türke. Satiren, Berlin

— (1983): Wir werden das Knoblauchkind schon schaukeln. Satiren, Berlin

Engin, Osman (1985): Deutschling. Satiren, Berlin

El Hajaj, Mustapha (1969): Vom Affen der ein Visum sucht, Wuppertal

— (1979): Fünf Geschichten. Texte in zwei Sprachen, Stuttgart

Filip, Ota (1981): Der Großvater und die Kanone. Roman, Frankfurt

— (1981): Tomatendiebe in Aserbaidschan — und andere Satiren, Frankfurt

(1985): Café Slavia. Roman, Frankfurt

Giambusso, Guiseppe (1985): Jenseits des Horizonts. Al di là dell'orizonte. Südwind zweisprachig, Bremen

Kamenko, Vera (1978): Unter uns war Krieg. Autobiographie einer jugoslawischen Arbeiterin, Berlin

Kiral, Tezer (1985): Die kalten Nächte der Kindheit. Roman, Berlin

Kurt, Kemal (1986): Scheingedichte, Berlin

Madjderey, Abdolreza (1979): Wüstenkuß. Lyrik, Großkrotzenburg

— (1983): Traumkondor, Wermerlskirchen

Naoum, Jusuf (1986): Karakus und andere orientalische Märchen, Frankfurt

— (1983): Der Scharfschütze, Fischerhude

— (1979): Der rote Hahn, Berlin

Ören, Aras (1986a): Paradies kaputt, Erzählungen, München

— (1986b): Das Wrack. Second-hand Bilder, Frankfurt

— (1984): Widersinnige Sinnsprüche, Berlin

— (1983a): Ich anders sprechen lernen, Berlin

— (1983b): Manege, Düsseldorf

— (1982): Der Gastkonsument und andere Erzählungen in zwei Sprachen, Berlin

— (1981): Bitte nix Polizei. Kriminalerzählung, Düsseldorf

— (1980a): Mitten in der Odysee. Gedichte, Düsseldorf

— (1980b): Die Fremde ist auch ein Haus. Berlin-Poem, Berlin

— (1979): Alte Märchen neu erzählt, Berlin

— (1978): Deutschland, ein türkisches Märchen. Gedichte, Düsseldorf

— (1977): Privatexil. Gedichte, Berlin

— (1974): Der kurze Traum aus Kagithane. Ein Poem, Berlin

— (1973): Was will Nyazi in der Naunynstraße. Ein Poem, Berlin

— (1972): Der Hinterhof, U-Bahn, Berlin

— (1970): Disteln für Blumen, Berlin

Özakin, Aysel (1986a): Der Weg meiner Träume. Politik oder Lyrik? Gedichte, Hamburg

— (1986b): Zart erhob sie sich bis sie flog. Ein Poem, Hamburg

— (1985a): Du bist willkommen. Gedichte, Hamburg

— (1985b): Das Lächeln des Bewußtseins. Erzählungen, Hamburg

— (1983): Die Leidenschaft der Anderen

— (1982a): Die Preisvergabe. Ein Frauenroman, Hamburg

— (1982b): Soll ich hier alt werden? Erzählungen, Hamburg

Pazarkaya, Yüksel (1985a): Irrwege. Gedicht in zwei Sprachen, Frankfurt

— (1984a): Warmer Schnee, lachender Baum. Kinderbuch,

— (1983): Ich möchte Freuden schreiben. Zwei Gedichtzyklen, Fischerhude

— (1979): Heimat in der Fremde? Drei Kurzgeschichten, Berlin

— (1974a): Utku. Ein Kinderbuch, München

Piccolo, Fruttuoso (1985): Erlecchino „Gastarbeiter". Gedichte und Collagen, Hannover

Pirinççi, Akif (1981): Tränen sind immer das Ende.

Plepelić, Zvonko (1980): Du kommen um sieben, Berlin

— (1978): Jedem das seine oder auch nicht, Berlin

Rajcic, Dragica (1986): Halbgedichte einer Gastfrau, St. Gallen

Said (1983): Wo ich sterbe ist meine Fremde, Frankfurt

— (1981): Liebesgedichte, München

Schami, Rafik (1987a): Eine Hand voller Sterne, Weinheim-Basel

— (1987b): Malula. Märchen und Märchenhaftes aus meinem Dorf, Kiel

— (1985a): Der Fliegenmelker, Berlin

— (1985b): Der erste Ritt durchs Nadelöhr, Kiel

— (1985c): Babs, Göttingen

— (1984): Das letzte Wort der Wanderratte, Kiel

— (1983): Luki, Göttingen

— (1982): Das Schaf im Wolfspelz, Dortmund (Neuausgabe Kiel 1986)

Scheinhardt, Saliha (1985): Und die Frauen weinten Blut, Berlin

— (1984): Drei Zypressen, Berlin

— (1983): Frauen, die sterben, ohne daß sie gelebt hätten, Berlin

Şenoçak, Zafer (1985): Flammentropfen. Gedichte, Frankfurt

— (1983a): Verkauf der Morgenstimmungen am Markt, München

— (1983b): Elektrisches Blau. Gedichte, München

Taufiq, Suleman (1984): Layali. Gedichte, Essen

Toprakoglu, Yusuf (1982): Ich heiße Yusuf Toprakoglu. Zweisprachige Autobiographie eines jungen Arbeitsemigranten, München

Torossi, Eleni (1986): Tanz der Tintenfische, Kiel

Ülker, Hüdai (1986): Meyhane. Zwei Erzählungen, Berlin

Zacharieva, Rumjana (1984): Schwur, Gedichte

— (1979): Fegefeuer. Gedichte, Gelsenkirchen

— (1977): Geschlossene Kurve. Gedichte, Gelsenkirchen

Sekundärliteratur

(Forschungsarbeiten, die nur einmal verwendet wurden und die nicht über Gastarbeiterliteratur schreiben, sind nur in der jeweiligen Anmerkung aufgeführt.)

Ackermann, Irmgard (1985a): In der Fremde hat man eine dünne Haut. Türkische Autoren der ‚Zweiten Generation' oder die Überwindung der Sprachlosigkeit, in: Zeitschrift für Kulturaustausch, H. 1, S. 28-32.

— (1985b): Integrationsvorstellungen und Integrationsdarstellungen in der Ausländerliteratur, in: LiLi. H. 56, S. 23-39

— (1985c): Integrationsvorstellungen und Integrationsdarstellungen in der Ausländerliteratur, in: Informationen für Deutsch als Fremdsprache 12, S. 222-232, 292f

— (1984b): Ein Mauerblümchen in der deutschen Kulturlandschaft? in: Fremdworte, H. 4, S. 5f

— (1983b): „Gastarbeiter"literatur als Herausforderung, in: Frankfurter Hefte, H. 1, S. 56-64; auch in: Informationsdienst für Ausländerarbeit, Nr. 4, S. 49-53 (nach dieser Veröffentlichung wird zitiert)

Ackermann, Irmgard / Weinrich, Harald (1986, Hrsg.): Eine nicht nur deutsche Literatur. Zur Standortbestimmung der „Ausländerliteratur", München, Zürich

Adams, Willi Paul (1980, Hrsg.): Die deutschsprachige Auswanderung in die Vereinigten Staaten, Berlin

Albrecht, Peter Alexis / Pfeiffer, Christian (1979): Die Kriminalisierung junger Ausländer. Befunde und Reaktionen sozialer Kontrollinstanzen, München

Aparicio, Guillermo (1985): (Kein) Abgesang zum Sondertarif, in: Informationen für Deutsch als Fremdsprache 12, S. 233-236.

Bade, Klaus J. (1983): Vom Auswanderungsland zum Einwanderungsland. Deutschland 1880-1980, Berlin

Baumgartner-Karabek, Andres / Landesberger, Gisela (1978): Die verkauften Bräute. Türkische Frauen zwischen Kreuzberg und Anatolien, Reinbek

Beicken, Peter (1980): ‚Neue Subjektivität': Zur Prosa der siebziger Jahre, in: Paul Michael Lützeler / Egon Schwarz (Hrsg.): Deutsche Literatur in der Bundesrepublik seit 1965, Königstein 1980, S. 164-181

Berg, P. (1978): Ausländische Arbeiterjugend in Familie, Schule und Beruf, Darmstadt

Berger, John (1983): Heimat. Wo ist das?, in: Psychologie heute, Dezember, S. 21-25.

Biondi, Franco (1986): Die Fremde wohnt in der Sprache, in: Ackermann / Weinrich (1986), S. 25-32

— (1985): Verliert sich die Poly-Literatur im Glaslabyrinth der Fremde? in: Die Brücke, Nr. 25, Juni/Juli 1985, S. 61-65

— (1984b): Von den Tränen zu den Bürgerrechten, in: Literaturwissenschaft und Linguistik, 14. Jg. H. 56, S. 75-100.

— (1983): Über den literarischen Umgang mit der Gastarbeiteridentität, in: PoLiKunst, S. 16-20

Biondi, Franco / Schami, Rafik (1983): Ein Gastarbeiter ist ein Türke, in: Kürbiskern, Nr. 1, S. 94-106

— (1981): Literatur der Betroffenheit, in: Schaffernicht, S. 124-136

Boos-Nünning, Ursula / Hohmann, Manfred (1980, Hrsg.): Ausländische Kinder. Gesellschaft und Schule im Herkunftsland, 3. Aufl., Düsseldorf

Brands, H. Wilfried (1969, Hrsg.): Die Pforte des Glücks und andere türkische Erzählungen, Tübingen / Basel

Budzinski, Manfred (1983, Hrsg.): Aktionshandbuch Ausländer, Bornheim-Merten

Čaveliš, Martin / Hamm, Horst (1984): „Nicht nur Gastarbeiterdeutsch" — Gedanken zur literarischen Migrantenliteratur, in: Ausländerkinder, H. 19, S. 22-64

Chiellino, Gino (1985): Literatur und Identität in der Fremde, Augsburg

Cinanni, Paolo (1970): Emigration und Imperialismus, München

Classens, D. (1972): Familie und Wertsystem. Eine Studie zur ‚zweiten soziokulturellen Geburt' des Menschen und der Belastbarkeit der ‚Kernfamilie', Opladen

Der Bundesminister des Innern (1983): Betrifft: Ausländerpolitik, Bonn

Der Bundesminister des Innern (1981-1986): Verfassungsschutzberichte 1980-1985, Bonn

Deutsche Literaturgeschichte. Von den Anfängen bis zur Gegenwart (1984), 2. Aufl, Stuttgart

Deutsches Institut für Fernstudien an der Universität Tübingen (1984): Ausländerkinder in der Schule. Herkunftsland Italien, Tübingen

Diner, Dan (1986): Über Rafik Schami, in: Friedrich, S. 63-67

Döbert, R. / Nunner-Winkler, G. (1975): Adoleszenzkrise und Identitätsbildung, Frankfurt

Dohse, K. (1981): Ausländische Arbeiter und bürgerlicher Staat. Genese und Funktion von staatlicher Ausländerpolitik und Ausländerrecht. Vom Kaiserstaat bis zur Bundesrepublik Deutschland, Königstein

Dove, Richard (1986): Writing in the margin. Social Meaning in „Gastarbeiterliteratur", in: Quinquereme 9, S. 16-31

Esselborn, Karl (1986): Wer bist du hier in dieser Stadt, in diesem Land, in dieser neuen Welt? Zur Bedeutung kultureller Aktivitäten für ethnische Minderheiten in der Bundesrepublik, in: Jahresring 33, S. 7-20, 87f

Erikson, Erik H. (1966): Identität und Lebenszyklus. Drei Aufsätze, Frankfurt

Frederking, Monika (1985): Schreiben gegen Vorurteile. Literatur türkischer Migranten in der Bundesrepublik Deutschland, Berlin

Friedrich, Heinz (1986, Hrsg.): Chamissos Enkel. Zur Literatur von Ausländern in Deutschland, München

Fröhlich, Pea / Märthesheimer, Peter (1980, Hrsg.): Ausländerhandbuch für Inländer. Bausteine zum Begreifen der Ausländerprobleme, Frankfurt

Gastarbeiterliteratur (1984), Zeitschrift für Literaturwissenschaft und Linguistik, 14. Jg, H. 56

Gehmacher, Ernst / Kubat, Daniel / Mehrländer, Ursula (1978, Hrsg.): Ausländerpolitik im Konflikt. Arbeitskräfte oder Einwanderer? Konzepte der Aufnahme- und Entsendeländer, Bonn

Glasneck, J. (1971): Kemal Atatürk und die moderne Türkei, Berlin

Griese, Hartmut (1978): Sprach- und Kulturwechsel im Sozialisationsprozeß: Aufgezeigt am Beispiel ausländischer Arbeiterkinder in der *BRD*, in: Kühlwein / Radden, S. 89-121

Habermas, Jürgen (1974): „Können komplexe Gesellschaften eine vernünftige Identität ausbilden?" in: Jürgen Habermas / D. Henrich: Zwei Reden

— (1971): Zur Logik der Sozialwissenschaften, Frankfurt

Hamm, Horst / Jung, Wolfgang / Knott, Heidi (1988): Flucht nach Deutschland, Freiburg.

Hansen, Christine (1976): Die deutsche Auswanderung im 19. Jahrhundert - ein Mittel zur Lösung sozialer und sozialpolitischer Probleme? in: Günter Moltmann (Hrsg.), S. 8-61

Harbach, H. (1976): Die volkswirtschaftlichen und gesellschaftlichen Funktionen der Gastarbeiter in der *BRD*, Studien zur Kommunalpolitik, Bd. 15, Bonn

Haug, Rolf D. / Küster, Herbert (1983, Hrsg.): Wie sicher ist ein Ausländer in der Bundesrepublik Deutschland? Erfahrungen und Materialien zur Aufenthaltsberechtigung, Berlin

Hohmann, Joachim S. (1981): Schon auf den ersten Blick. Lesebuch zur Geschichte unserer Feindbilder, Darmstadt-Neuwied

Horn, Dieter (1986): Schreiben aus Betroffenheit — Die Migrantenliteratur in der Bundesrepublik, in: Alfred J. Tumat (Hrsg.): Migration und Integration, Ein Reader, S. 213-233

Hottes, K. / Meyer, U. (1977): Siedlungsstrukturelle Auswirkungen der Verteilung von Ausländern in den Gemeinden, in: Studien zur Kommunalpolitik, Bd. 16, Integration ausländischer Arbeitnehmer, Bonn

Jacobson, Edith (1973): Das Selbst und die Welt der Objekte, Frankfurt

Katsoulis, Haris (1978): Bürger zweiter Klasse. Ausländer in der Bundesrepublik, Frankfurt, New York

Kernberg (1978): Borderline-Störungen oder pathologischer Narzißmus, Frankfurt

Kohut, Heinz (1973): Narzißmus, Frankfurt

Klingenberg, Bendix (1983): Ausbildung und berufliche Perspektiven der ausländischen Jugendlichen in der Bundesrepublik, in: Jürgen Timm / Allesandro Grafini (Hrsg.): Die zweite Generation der italienischen Einwanderer in der Bundesrepublik Deutschland, Bremen

Krappmann, L. (1969): Soziologische Dimension der Identität, Stuttgart

Kreuzer, Helmut (1984): Gastarbeiter-Literatur, Ausländer-Literatur, Migranten-Literatur? Zur Einführung, in: LiLi, H. 56, S. 7-11

Kühlwein, Wolfgang / Radden, Günter (1978, Hrsg.), Sprache und Kultur: Studien zur Diglossie, Gastarbeiterproblematik und kulturellen Integration, Tübingen

Lenin, W.I. (1946): Der Imperialismus als höchstes Stadium des Kapitalismus. Gemeinverständlicher Abriß, Berlin

Lichtenberger, Elisabeth (1984): Gastarbeiter. Leben in zwei Gesellschaften, Wien-Köln-Graz

Littmann, Enno (1953): Zur Entstehung und Geschichte von Tausendundeiner Nacht, in: Die Erzählungen aus den Tausendundein Nächten. Vollständige Ausgabe in sechs Bänden, Wiesbaden, S. 655-736 (zuerst 1839)

Lohrmann, R. / Manfrass, K. (1974): Ausländerbeschäftigung und internationale Politik, München-Wien

Luchtenberg, Sigrid (1986): „Gastarbeiterliteratur" an der Berufsschule. Zum Beispiel „Ich heiße Yusuf Toprakoglu", in: Sprache und Beruf 2, S. 37-52

Lüdke, Martin (1985): Plädoyer gegen die Weinerlichkeit. I. und II. Lieferung, in: Literaturmagazin 15, S. 113-122; 16, S. 38-46

McRae, Verena (1980): Die Gastarbeiter. Daten, Fakten, Probleme, München

Mehrländer, U. (1978): Bundesrepublik Deutschland, in: Gehmacher u.a.: Ausländerpolitik im Konflikt, Bonn

Meinhardt, Rolf (1984, Hrsg.): Türken raus? oder verteidigt den sozialen Frieden, Reinbek

Mikein, Buket (1986): Die Stellung der Frau in der Türkei, in: Alfred J. Tumat (Hrsg.): Migration und Integration, S. 168-188.

Miller, Alice (1980): Am Anfang war Erziehung, Frankfurt

— (1979): Das Drama des begabten Kindes, Frankfurt

Moltmann, Günter (1976, Hrsg.): Deutsche Auswanderung im 19. Jahrhundert. Sozialgeschichtliche Beiträge, Stuttgart

Nikolinakos, M. (1973): Politische Ökonomie der Gastarbeiterfrage, Reinbeck

Parin, Paul (1978): Zunehmende Intoleranz in der Bundesrepublik, in: Psyche, H. 7, S. 633-642.

Pazarkaya, Yüksel (1986): Über Aras Ören, in: Friedrich, S. 15-21

— (1985b): Stimmen des Zorns und der Einsamkeit in Bitterland, in: Zeitschrift für Kulturaustausch, H. 1, 35. Jg., S. 16-27

— (1984b): Türkiye, Mutterland — Almanya, Bitterland ... Das Phänomen der türkischen Migration als Thema der Literatur, in: Zeitschrift für Literaturwissenschaft und Linguistik, 14. Jg., H. 56, S. 101-124

— (1982): Rosen im Frost. Einblicke in die türkische Kultur, Zürich

— (1980): Vom Kulturschock zur Diskriminierung? Zum Situationswandel der Lebensbedingungen von Emigrantenfamilien in der Bundesrepublik, in: Deutsch lernen, H. 4, S. 3-26

— (1974b): Der Kulturschock. Die Begegnung des ausländischen Arbeitnehmers mit einer ihm fremden Kultur, in: Zeitschrift für Kulturaustausch, H. 3, S. 22-26

Pommerin, Gabriele (1984): Migrantenliteratur und ihre Bedeutung für die interkulturelle Erziehung, in: Zielsprache Deutsch, H. 3, S. 41-49

Richter, Horst Eberhard (1979): Der Gotteskomplex. Die Geburt und die Krise des Glaubens an die Allmacht des Menschen, Reinbek

Riemann, Wolfgang (1983): Das Deutschlandbild in der modernen türkischen Literatur, Wiesbaden

Rist, Ray C. (1980): Die ungewisse Zukunft der Gastarbeiter, Stuttgart

Rhode-Dachser, Christa (1979): Das Borderline-Syndrom München

Rottmann, Michael (1978): Die Triangulierung der frühkindlichen Sozialbeziehung, in: Psyche, H. 12, S. 1105-1147

Saadawi, Nawal el (1981): Tschador. Frauen im Islam, Bremen

Schaffernicht, Christian (1981, Hrsg.): Zu Hause in der Fremde. Ein bundesdeutsches Ausländer-Lesebuch, Fischerhude

Schahabazian, K. / Wilke, H. (1971): Bewußtseinselemente türkischer Arbeiter in der *BRD*, in: Das Argument 68.

Schami, Rafik (1985d): Gastarbeiter und Literatur: Reden wir lieber über die Details. Bemerkungen über die Probleme der Solidarität, in: Kommune Nr. 3, März 1985, S. 53-58

Scheron, Bodo / Scheron Ursula (1982): Integration von Gastarbeiterkindern, Frankfurt

Scheuer, Helmut (1984): Der „Gastarbeiter" in Literatur, Film und Lied deutscher Autoren, in: Zeitschrift für Literaturwissenschaft und Linguistik, H. 56, S. 62-74

Schierloh, Heimke (1984): Das alles für ein Stück Brot. Migrantenliteratur als Objektivierung des „Gastarbeiterdaseins", Frankfurt

Schleyer, Walter (1985): Deutsche Literatur in einem fremden Land. Zur Einführung, in: Information für Deutsch als Fremdsprache 12, S. 195-197

Schrader, Achim / Nikles, Bruno W. / Griese, Hartmut (1976): Die zweite Generation. Sozialisation und Akkulturation ausländischer Kinder in der Bundesrepublik, Kronberg

Seibert, Peter (1985a): Zur ‚Rettung der Zungen'. Ausländerliteratur in ihren konzeptionellen Ansätzen, in: Lili, H. 56, S. 40-61

— (1985b): „Gastarbeiterliteratur" — und was darunter verstanden wird, in: Informationen für Deutsch als Fremdsprache 12

Senghaas, Dieter (1974, Hrsg.): Analysen über Abhängigkeit und Unterentwicklung, Frankfurt

Spaich, Herbert (1981): Fremde in Deutschland. Unbequeme Kapitel unserer Geschichte, Weinheim / Basel

Vielvölkerstaat Bundesrepublik (1980): Kursbuch 62

Wallraff, Günter (1985): Ganz unten, Köln

Wehler, Hans-Ulrich (1975): Das deutsche Kaiserreich 1871-1918, Göttingen

Weinrich, Harald (1986): Der Adalbert-von-Chamisso-Preis, in: Friedrich, S. 11-13

— (1985): Betroffenheit der Zeugen — Zeugen der Betroffenheit. Einige Überlegungen zur Ausländerliteratur in der Bundesrepublik Deutschland, in: Zeitschrift für Kulturaustausch, H. 1, S. 14f

— (1984a): Gastarbeiterliteratur in der Bundesrepublik Deutschland, in: LiLi, H. 56, S. 12-22.

— (1984b) Deutschland - ein türkisches Märchen. Zu Hause in der Fremde — Gastarbeiterliteratur, in: Volker Hage (Hrsg.): Deutsche Literatur 1983. Ein Jahresüberblick, Stuttgart, S. 230-237

— (1983): Um eine deutsche Literatur von außen bittend, in: Merkur, 37. Jg., H. 5, S. 911-920.

Wilpert, Czarina (1980): Die Zukunft der zweiten Generation. Erwartungen und Verhaltensmöglichkeiten ausländischer Kinder, Königstein/Ts.

Wimmer, W. (1979): Die Sklaven. Eine Sozialgeschichte mit Gegenwart, Reinbek

Wittemann, Peter (1984, Hrsg.): In der Fremde zu Haus. Ausländische Kinder und Jugendliche im Identitätskonflikt, Stuttgart

Zeitschrift für Kulturaustausch (1985): H. 1, 35. Jg: ... aber die Fremde ist in mir. Migrationserfahrung und Deutschlandbild in der türkischen Literatur der Gegenwart.